살아있는 회사
죽어있는 회사

살아있는 회사 ALIVE COMPANY

'창조적 신진대사'를 창출하는 10가지 기본원칙

DEAD COMPANY 죽어있는 회사

정진 Life

그림을 평가하는 기준은 아름다움이나 추함이 아니다.
살아 있는가 혹은 죽어 있는가 그것이 관건이다.
아름답지만 죽어 있는 것이 있다. 추하지만 살아 있는 것이 있다.[1]

나카가와 가즈마사(中川一政)

머리말

▸▸▸ '살아 있는가' 혹은 '죽어 있는가' 그것이 관건이다

30년이란 긴 세월에 걸쳐 경영 컨설턴트라는 일을 해 왔다. 그동안 대기업, 중견기업 그리고 스타트업까지 100개가 넘는 회사들과 나름대로 깊은 관계를 맺어 왔다.

롤랜드버거 일본법인 사장과 회장을 역임하고 독일 본사의 경영감사위원회 멤버로 발탁되어 글로벌 경영도 경험했다.

최근 10년은 여러 회사의 사외이사, 사외감사로 경영에 관여하고 있으며 부장 및 과장을 주요 대상으로 한 차세대 경영리더 육성 프로그램도 진행하고 있다.

이 정도 경험치를 쌓았으니 경영에 대해서는 상당히 박식하리라 생각할지 모르지만, 사실 그렇지도 않다.

안타깝지만 아직까지 '경영이란 무엇인가?' 혹은 '회사란 무엇인가?'에 대해 알고 있다고 말하기는 어렵다.

오히려 알면 알수록 더 어려워지기만 한다.

최근에는 회사란 '생물'이며 경영이란 변화하는 것이니 이걸로 충분하다고 스스로를 위로하고 있다.

하지만 30년이란 세월을 겪으며 확실히 알게 된 것이 한 가지 있다.

회사란 '살아 있어야 한다'는 것이다.

‘죽어 있는 회사’가 너무 많다

경영에서 본질적으로 중요한 것은 단 한 가지다. 그것은 바로 회사가 ‘살아 있어야 한다’는 것이다.

‘살아 있다’는 것은 단순히 존재하는 것이 아니다.

회사 전체가 높은 열정을 가지고 이치를 따져 생각하며 행동하고 새로운 창조를 향해 직원들의 마음이 불타오르는 회사야말로 ‘살아 있는 회사’다.

살아 있기만 하면 눈앞에 어떤 어려움이 닥쳐와도 미래를 개척할 수 있다. 생명체의 강인함이 회사라는 ‘생물’의 가치를 결정하는 것이다.

‘GAFA’라 불리는 알파벳(구글), 애플, 페이스북, 아마존 등의 미국 서해안 IT기업들이 세계를 석권하고 계속해서 약진할 수 있는 이유는 단순한 선견지명이나 높은 기술력뿐만이 아니다.

이들은 전 세계 어떤 회사보다 계속해서 도전하며 새로운 가치를 창조하고 있다.

또한 ‘DAY 1(첫째 날)’의 풋풋하고 참신했던 마음과 행동을 잊지 않고 계속해서 ‘살아 있는 회사’로 남아 있기 위해 열심히 노력하고 있다.

한편, 일본에는 ‘살아 있는 회사’가 얼마나 존재하는가? 계속해서 도전하고 실천하고 창조하기 위해 뜨겁게 타오르는 회사가 얼마나 존재하는가?

현실을 보면, 도전보다 방어에 급급하고 실천보다 관리를 중시하며 창조가 아닌 정체에 빠져 버린 회사가 너무도 많다. 회사로서 존재는 하지만 실체는 ‘죽어 있는 것’이다.

야망과 이상은 뒤로 미뤄두고 눈앞의 이익이나 ROE(자기자본이익률)와 같은 숫자에 휘둘려 언제부턴가 그것만 좇는 기업이 늘어나고 있다는 사실에 나는 상당한 위기감을 느낀다.

회사를 숫자만 보고 안일하게 '좋다' 또는 '나쁘다'라고 판단해서는 안 된다.

가장 중요한 것은 그 회사가 '살아 있는가(alive)' 아니면 '죽어 있는가(dead)'이다.

경영이란 '창조와 신진대사를 반복하는 것'이다

'살아 있는 회사'란 어떤 회사를 말하는 것인가. 이는 다음과 같은 말로 집약할 수 있다.

끊임없는 도전, 끊임없는 실천, 끊임없는 창조 그리고 끊임없는 신진대사를 하는 회사

'살아 있는 회사'란 미래를 개척하려는 명확한 의지를 지니며 항상 자기를 부정하고 도전하며 실천과 창조를 계속하는 회사다.

하지만 그것만으로는 부족하다. 사실 계속해서 '살아 있는 회사'로 남아 있기 위한 열쇠는 '신진대사'다.

자세히 보면 회사는 필요없는 것이 가득하다. 새로운 것을 창조하려면 '버림(정리)'과 '중단' 그리고 '교체'를 적절한 타이밍에 과감하게 해내야 한다. 우리는 자칫하면 '만드는 것'에만 주목하기 십상이다. '창작(創作)', '창조(創造)'와 같은… 새로운 무언가를 만드는 것은 재밌고 두근거리는 일이다.

대부분의 경영 서적이나 비즈니스 서적은 창조나 혁신만을 다룬다.

혁신적인 가치나 비즈니스 모델을 창조하고 혁신을 일으키기 위한 방법론이나 전략, 조직운영에만 초점을 맞춘다.

하지만 만든 것은 언젠가 진부해지고 가치를 잃게 된다. 낡고 가치를 잃어 평범해진 것을 처리하는 방법은 그다지 미래지향적인 업무로 느껴지지 않는다.

하지만 사실 정말 중요한 것은 창조가 아니라 회사의 신진대사다.

뛰어난 창조력을 자랑하는 회사는 신진대사 능력도 뛰어나다.

이들은 '창조전략'과 동시에 '신진대사 전략'을 명확히 하고 '버림', '중단', '교체'를 적절하고 대담하게 실행한다.

수익이 낮아진 사업을 정리하고 가치가 없는 업무는 중단한다. 그리고 의미를 잃은 조직은 정리한다. 과감한 직원 교체 등 회사의 신진대사를 촉진하는 일에 망설임이 없다. 신진대사를 전략적이고 미래지향적인 일로 받아들인다.

한편, '죽어 있는 회사'는 신진대사가 심각하게 정체되어 있다.

노폐물을 배출하지 못하고 이로 인해 새로운 영양분을 흡수하지 못한다. 마치 고인 물처럼 유동성이 낮고 회사 전체가 침체되어 있다.

신진대사 없이는 창조도 없다. '살아 있는 회사'가 되려면 반드시 과감한 신진대사가 필요하다.

▶▶▶ '살아 있는가' 혹은 '죽어 있는가'는 회사 규모나 나이와 상관이 없다

물론 일본에도 '살아 있는 회사'가 없는 것은 아니다.

내 주위에도 회사 규모나 역사와 상관없이 신진대사가 빠르고 생기가 넘치며 역동적이고 창조적인 회사가 존재한다.

마더 하우스는 '개발도상국에서 세계적으로 인정받는 브랜드를 만들겠다'는 이념을 내걸고 새로운 회사의 형태를 모색하는 '살아 있는 회사'의 대표적인 예다.

방글라데시, 네팔 등의 개발도상국에서 생산한 품질이 뛰어난 가방이나 스톨, 장신구 등을 일본과 대만, 홍콩에서 판매하며 차근차근 성장하고 있다.

일부러 장벽이 높은 비즈니스 모델을 선택한 이들은 넘치는 열정으로 여러 가지 장애물을 뛰어넘고 있다.

아직 작은 회사지만 나는 이들로부터 구글이나 아마존과는 또 다른 새로운 생명을 느낀다. 회사라는 관점에서 보면 작을지 몰라도 하고자 하는 일은 어마어마하게 크다.

마더 하우스 같은 젊은 회사만 살아 있는 것은 아니다.

MUJI 브랜드를 전 세계적으로 전개하고 있는 양품계획(良品計劃)은 연이어 최고수익을 갱신하고 있으며 자기자본이익률(ROE) 또한 17.1%로 매우 높다. 하지만 이들도 항상 순탄한 길만 걸어온 것은 아니다. 과거에는 실적악화로 인한 적자를 기록하기도 했다.

창업 당시의 열정이나 활력, 기세를 잃고 '죽어 있는 회사'가 된 것이다. 하지만 양품계획은 그 밑바닥을 치고 올라와 '살아 있는 회사'로 다시 태어났다.

매출이 좋다고 '살아 있는 회사'가 되는 것은 아니다. '살아 있는 회사'로 탈바꿈할 수 있었기 때문에 높은 이익을 창출하고 있는 것이다.

더욱 규모가 큰 전통적인 기업 중에도 '살아 있는 회사'는 존재한다.

예를 들어, 손보재팬일본흥아를 주축으로 한 SOMPO홀딩스는 대기업임에도 불구하고 '살아 있는 회사'가 되고자 하는 강한 의지를 지닌 회사다. '안심 · 안전 · 건강의 테마파크'를 비전으로 삼은 이 회사는 비연속적인 변신에 도전하고 있다.

SOMPO그룹은 "'옛날에 SOMPO그룹이 보험회사였대'라는 말을 들을 만큼 진화하고 싶다"라는 명확하게 공격적인 자세를 유지하고 있다.

'공격이야말로 최고의 방어'라는 사실을 알고 있는 회사가 결코 미국 서해안에만 있는 것은 아니다.

회사의 규모나 역사는 '살아 있는 회사'가 되는 데 별다른 연관성이 없다. 작아도 '죽어 있는 회사'는 너무나 많다. 반대로 큰 회사도 생명력이 넘치는 '살아 있는 회사'가 될 수 있다.

▸▸▸ '살아 있는 회사'가 되기 위한 처방전을 말하다

이 책의 목적은 단 하나다.

어떻게 하면 '살아 있는 회사'를 만들 수 있는가? 어떻게 하면 일본에 생명력 넘치는 회사를 늘릴 수 있는가? 이를 규명하는 것이 이 책의 목적이다.

책의 내용은 어디까지나 경영에 대한 내 현시점의 '지론'에 불과하기 때문에 '미완성' 상태의 책이라 할 수 있다. 오히려 완전히 알 수 없기 때문에 지금 내가 느끼고 있는 것을 있는 그대로 기록하고 싶다.

이 책은 3부로 구성되어 있다. 세 가지 큰 논점에 따라 회사의 본질을 규명하고자 한다.[그림 0-1]

첫 번째 큰 논점(제1부)은 '회사의 바람직한 모습이란 무엇인가'를 다시 묻는 것이다.

'회사란 무엇인가'를 다시금 음미하며 '창조'와 '신진대사'의 양면에 대해 고찰한다. 또한 회사를 구조적으로 인식하고 '경제체' · '공동체' · '생명체'라는 세 가지 측면에서 회사의 본질을 탐구한다.

그림 0–1	이 책의 전체적인 흐름

제1부 회사의 바람직한 모습이란 무엇인가

- '회사란 무엇인가'를 밝힌다(제1장)
- 창조적 신진대사(제2장)
- '회사의 구조'를 바르게 이해한다(제3장)

제2부 '살아 있는 회사'가 되기 위해 필요한 것은 무엇인가

- '살아 있는 회사'의 필수조건(제4장)
- '살아 있는 회사'는 '열(熱)'을 띤다(제5장)
- '살아 있는 회사'는 '이(理)'를 탐구한다(제6장)
- '살아 있는 회사'는 '정(情)'이 넘친다(제7장)

제3부 어떻게 하면 '살아 있는 회사'를 만들 수 있는가

- 실천해야 하는 '10가지 기본원칙'(제8장)
- '돌파하는 중간관리자(미들)'를 만든다(제9장)
- 경영자의 일이란 무엇인가(제10장)

내면과 외면이 모두 위대한 경영자들의 삶과 근본사상을 다시 짚어보고 이 시대에 요구되는 회사의 모습을 규명한다. 내가 '회사는 살아 있어야 한다'고 믿는 근거를 정리하고자 한다.

두 번째 큰 논점(제2부)은 '살아 있는 회사'가 되기 위한 조건을 명확히 하는 것이다.

내가 지금까지 만난 '살아 있는 회사'에 대한 고찰과 분석을 통해 '살아 있는 회사'의 공통점을 찾아내고 싶다.

'살아 있는 회사'가 되기 위한 필수조건인 '열(熱)' · '이(理)' · '정(情)'이란 세 가지 요소에 대해 통찰하고 각자가 지니는 의미와 관계성을 규명한다.

세 번째 큰 논점(제3부)은 '살아 있는 회사'를 만들기 위해 필수적인 기본조건을 밝히고 실천적 측면의 시사점을 도출하는 것이다.

'살아 있는 회사'의 엔진인 중간관리자의 활성화와 경영자의 역할에 관해서도 언급하고자 한다.

'살아 있는 회사'가 되기 위한 처방전은 사실 단순하다. 단순하고 당연하기 때문에 잊기 쉽다.

단순한 것을 집중해서 지속적으로 하는 것은 더 어렵다. 기본을 소중히 여기고 확고한 실천을 명심해야 한다.

자, 이제 '회사란 무엇인가'를 다시 발견하는 여행을 떠나도록 하자.

목차

살아있는 회사, 죽어있는 회사
–'창조적 신진대사'를 창출하는 10가지 기본원칙

제3장 '회사의 구조'를 바르게 이해한다

제7장 '살아 있는 회사'는 '정(情)'이 넘친다

제9장	'돌파하는 중간관리자(미들)'를 만든다

제10장 경영자의 일이란 무엇인가

제1부

회사의 바람직한 모습이란 무엇인가

제 1 장

'회사란 무엇인가'를 밝힌다

1 '회사의 목적'이란 무엇인가

▸▸▸ 이익의식을 높이는 일본 기업

회사는 무엇을 위해 존재하는가?

어째서 이런 교과서적이고 관념적이며 자명한 이야기부터 시작하는지 의심스럽게 생각하는 사람도 있을지 모른다.

하지만 나는 매우 진지하다.

'회사란 무엇인가'를 규명하려면 '애초에 회사란 무엇을 위해 존재하는 것인가? 그리고 그 목적은 무엇인가?'라는 근본적인 질문부터 시작해야 한다.

'2016년 경제총조사'에 따르면 일본에는 약 163만 개에 이르는 회사가 존재한다.

도요타자동차나 파나소닉 같은 세계적인 기업도 있는가 하면 동네의 작은 상점이나 공장 등 다양한 규모와 업종, 형태를 지닌 회사가 각자 활동하고 있다.

이 회사들은 대체 무엇을 위해 존재하는가?

경제학 교과서를 보면 '회사의 목적은 이윤의 극대화다'라고 적혀 있다.

이익추구가 경영의 중요한 부분을 차지한다는 사실은 누구도 부정하지 않는다. 이익을 중시하지 않는 혹은 이익을 추구하려 하지 않는 경영자는 경영자로서 실격이라고 할 수 있다.

과거 일본에는 이익에 대한 의식이 낮은 회사가 많았다. 때로는 이익을 멸시하는 경영자마저 존재했다.

훌륭한 기술이 있음에도 불구하고 저수익에 고통받는 회사, 항상 적자를 내는 사업이나 제품을 정리하지 않고 방치하는 회사, 좋은 제품만 만들면 이익은 따라올 것이라 착각하는 회사 등 이익에 대한 의식이 낮은 회사가 많았다.

최근 일본 기업 가운데 특히 대기업의 이익에 대한 의식이 크게 변하고 있다. 이익을 절대적으로 여기는 미국적인 자본논리가 일본에도 밀려오고 있다.

또한 치열한 글로벌 경쟁에서 해외 경쟁상대가 일본 기업을 능가하는 고수익을 거둔다는 사실을 깨달은 후 '이익률을 높이지 않으면 세계시장에서 이길 수 없다'라는 인식이 확실히 높아지고 있다.

▸▸▸ 일본 기업의 '벌어들이는 힘'은 높아졌는가

실제로 일본 기업의 '벌어들이는 힘'은 향상되고 있다.

'니혼게이자이신문' 조사에 따르면 토픽스 1부 상장기업의 자기자본비율(총자산에서 자기자본이 차지하는 비율)은 2016년도에 처음으로 40%를 넘어섰다. 1982년에는 20% 근처에 머물렀으나 근 4세기 반 동안 자기자본이 착실하게 충실해졌다.(1)

거품경제 붕괴나 리먼 브라더스 사태에 농락당하면서도 일본 기업은 이익을 거두어들였고 이를 내부에 축적했다. 상장기업이 보유한 현금예금은 112조 엔이라는 전대미문의 규모다. 회사의 체력은 강해지고 안정감이 높아졌다.

일본 기업은 이익의식을 높여 상당한 이익을 축적했다. 경영적인 숫자로 본다면 이는 명백한 사실이다.

하지만 생기가 넘치는 일본 기업이 늘어났느냐고 묻는다면 내 감각은 그렇지 않다고 답할 것이다. 최근 일본에서 세계가 놀랄 만한 혁신이 있었는지 생각해 보면 바로 떠오르는 사례가 없다.

도대체 이 차이는 무엇인가?

▸▸▸ '사회가 필요로 하는 회사'가 된다

물론 이익의식을 높이고 '벌어들이는 힘'을 강화하는 것은 중요하다.

하지만 이익추구를 '회사의 목적'으로 삼는 것은 적절하지 않은데다 옳지도 않다.

이익추구는 '목적'이 아닌 '회사의 대전제'이다. 이익이 없으면 추가적인 성장이나 발전을 위한 투자를 할 수 없고 주주나 종업원에게 환원할 수도 없다. 영리기업은 당연히 이익을 추구해야 한다.

한편, 이익추구가 홀로 앞서나가면 때때로 회사가 폭주해 제어불능 상태에 빠진다.

도시바의 부정회계 문제는 경영자의 사리사욕으로 인한 과도한 이익주의가 낳은 인재(人災)였다.

회사는 이익에 대한 '욕심'이 있어야 하지만 '탐욕'스러워져서는 안 된다. 그 경계선을 유지하는 것은 결코 쉽지 않지만 윤리가 결여된 이익추구는 회사를 죽음에 이르게 한다.

고베대학의 가고노 다다오 명예교수는 이렇게 지적한다.(2)

"신기하게도 이익이 목적이 아니라고 말하는 경영자일수록 높은 이익을 낸다."

이익추구가 '회사의 목적'이 아니라면 무엇을 위해 회사는 존재하는 것인가?

바로 '사회가 필요로 하는' 존재가 되기 위해서다. 회사는 사회 속에서 살아가는 존재이며 사회로 인해 살아 있는 존재이기도 하다. '이 회사는 사회에 필요하다'라고 많은 사람들이 생각하는 존재가 되는 것이 '회사의 목적'이다.

파나소닉의 창업자 마쓰시타 고노스케는 이익에 관해 이렇게 말한다.(3)

"이익은 이 (인용자 주: **회사의) 사회적 사명이 얼마만큼 실현되고 있는가를 측정하는 척도라 생각된다."**

사회가 회사를 필요로 하고, 회사가 맡은 사명을 다하면 이익은 자연스럽게 늘어난다.

반대로 이익이 늘어나지 않는다는 것은 사회가 그 회사를 필요로 하지 않는다는 것이다.

적자나 낮은 수익으로 인해 고통받는 회사는 '사회가 필요로 하지 않는 회사'라는 사실을 반증하는 존재다. 그리고 그곳에서 탈출하는 유일한 방법은 부정한 이익조작이 아니라 '사회가 필요로 하는 회사'가 되는 것이다.

분명 일본 기업의 최근 이익수준은 개선되고 있지만 이는 한계를 넘어선 비용압축이나 과도한 투자억제 등도 큰 요인을 차지한다.

결코 '사회가 필요로 하는 회사'가 되었기 때문에 이익이 늘어난 것이 아니다.

▸▸▸ 회사의 목적은 '창조'다

그렇다면 '사회가 필요로 하는 회사'가 되기 위해 회사는 무엇을 해야 하는가?

그것은 바로 '창조'다.

창조야말로 '회사의 진정한 목적'이다. 이익은 창조가 가져다주는 결과에 불과하다.

그렇다면 회사는 무엇을 창조해야 하는가? 회사는 사회를 위한 그리고 고객을 위한 '가치창조'를 해야 한다.

예를 들어, 가전 제조사는 자사 기술력을 통해 생활을 편리하고 윤택하게 하는 제품을 만들기 위해 날마다 고군분투하고 있다. 동네 미용실은 머리를 자르는 기술로 고객에게 만족스러운 헤어스타일을 제공하고 있다.

이러한 가치에 대해 고객은 대가를 지불하고 그 결과 회사는 이익을 얻는다. 그리고 회사는 자신들의 이익에 합당한 세금을 납부하고 주주나 종업원들에게 환원함과 동시에 새로운 가치를 창조하기 위해 가치창조 활동에 다시 투자한다.

'가치창조' 순환을 반복하며 회사는 성장하고 사회나 사람들도 윤택해진다.

사회나 고객을 위한 가치를 창조하는 것이야말로 '회사의 목적'인 것이다.

2 회사가 이루어내야 할 '가치창조'란 무엇인가

▸▸▸ 전 세계 사람들이 '환영'하고 있는가

희대의 사회학자 피터 드러커는 '기업의 목적'을 이렇게 정의한다.[4]

"기업의 목적은 단 한 가지다. 그것은 바로 고객창조다."

어째서 피터 드러커는 기업의 목적을 '가치창조'가 아닌 '고객창조'라 정의했는가?

이는 회사가 생각하는 가치와 고객이 원하는 가치가 반드시 동일하다고 할 수 없기 때문이다.

회사는 공급자의 이론에 치우치기 쉽다.

회사의 사정이나 기준만으로 가치를 정하고 고객에게 강요하려 한다. 이는 단지 가치의 '강요'에 지나지 않는다.

가치란 고객에게 인정받아야 한다. 가치의 유무나 정도는 고객이 정하는 것이다.

그렇기 때문에 드러커는 '가치를 인정하는 고객을 창조하는 것'이 '회사의 목적'이 되어야 한다고 주장했다.

혼다의 창업자 혼다 소이치로는 사내 반장 연수에서 이런 이야기를 했다.[5]

"우리는 기업입니다. '수익을 낼 수 있기 때문에 이 일을 해야 한다 또는

수익이 나지 않으니 하지 말아야 한다'가 아니라 더 중요한 것은 (중략) 전 세계가 우리 정책을 어떻게 받아들이고 있는가? 환영하고 있는가? (중략) 모든 사람들이 환영할 만한 것을 생각하고 그러한 정책을 강구하는 것이 바로 세계적인 관점에서 바라본다는 것입니다."

혼다 소이치로는 이익을 가볍게 여긴 것이 아니다. 이익도 중요하지만 전 세계 사람들이 '환영'하는 가치를 창조하는 것이야말로 회사의 본분이라고 강조한 것이다.

더 나아가 말하자면 회사는 경쟁을 벌이는 환경 속에서 경영을 한다. 경쟁상대도 필사적으로 가치를 창조하기 위해 열심히 노력한다.

이런 경쟁에서 이기고 고객에게 선택받기 위해서는 독자성이 높고 차별화된 가치가 필요하다.

즉, '회사의 목적'을 더욱 엄밀하게 정의하면 '사회나 고객이 인정하는(환영하는) 독자적인 가치를 창조하는 것'이 된다.

▸▸▸ 회사는 지속적으로 독자적인 가치를 창조해야 한다

고생 끝에 창조해낸 독자적인 가치도 결국 진부해지고 독자성은 사라진다.

사업에 따라 우위성이나 독자성이 유지되는 기간에 차이가 있기는 하지만 시간의 흐름에 따라 반드시 가치는 줄어든다.

가치감소의 최대 요인은 경쟁이다. 창조한 독자적인 가치가 성공할수록 경쟁자가 늘어나고 경쟁은 더욱 치열해진다.

이로 인한 시장확대 등의 이점이 있지만 경쟁상대가 유사한 가치를 제공하게 된다면 가치는 상대적으로 감소한다.

이윽고 경쟁상대는 힘을 길러 따라갈 수 없는 독자적인 가치를 창조하게 된다.

게다가 기존의 경쟁상대와 완전히 다른 가치관이나 우위성을 지닌 신규 참가자가 나타날 수도 있다. 이로 인해 기존가치가 한순간에 사라질 위험도 있다.

즉, 독자적인 가치창조에 한 번 성공한 것만으로는 진정한 성공이라 할 수 없다. 회사가 장기간 존재하며 발전하기 위해서는 고객이 인정하는 독자적인 가치를 연속적으로 그리고 지속적으로 창조해야만 한다.

화려하게 등장했지만 어느새 사라져 버린 회사를 나는 여럿 보았다. 이들은 한때는 시대의 흐름을 파악한 상품이나 서비스로 인기를 누렸지만 창조를 계속 이어가지는 못했다.

이는 경영이라 할 수 없다.

고객이 인정하는 차별화된 독자적 가치의 연속적인 창조, 즉 '끊임없는 창조(relentless value creation)'를 실현하기 위해 회사는 무엇을 해야 하는가?

이것이야말로 경영자에게 주어진 근본적이며 가장 큰 질문이다.

▸▸▸ '지도 없는 전투, 전열(戰列) 없는 전투'시대다

끊임없는 창조, 말은 쉽지만 이를 실현하는 것은 엄청난 도전이다.

'일본 기업의 승자'라 불리는 도요타자동차조차도 현재 엄청난 위기감을 느끼고 있다.

도요타 아키오 사장은 자동차 업계의 현황을 '지도 없는 전투'라고 표

현한다.(6)

알파벳, 애플, 아마존, 테슬라 등 신규 참가자가 잇따라 등장해 자율운행, 전기자동차(EV), 커넥티드카, 셰어링 등의 새로운 가치창조를 선도하고 있다.

휘발유 차량이나 하이브리드 차량을 대량생산하고 고객의 지지를 두고 경쟁하는 기존의 '게임 규칙'이 완전히 다른 차원의 경쟁으로 옮겨가고 있다.

약 110년 전에 'T형 포드'가 탄생하며 이동수단의 주역이 말에서 자동차로 바뀐 것만큼 엄청난 변환기를 맞이하고 있다.

세계의 양대 시장인 미국과 중국이 환경 규제를 강화하고 영국과 프랑스 정부는 휘발유 차량과 디젤 차량 판매를 2040년부터 금지할 계획이다.

대기오염 대책을 위한 움직임이 전 세계로 확산되고 있다. 이 시대는 역사적 전환점을 맞이한 것이다.

새로운 게임에서 지금까지 쌓아온 도요타의 독자적인 경쟁우위가 앞으로도 유효하다는 보장은 어디에도 없다.

반대로 지금까지의 성공이 오히려 발목을 잡을지도 모른다.

이는 자동차 업계에 국한된 이야기가 아니다. 다양한 업계에서 기존의 가치나 질서를 파괴하는 '게임 체인저'가 등장하고 있다.

과거의 영광이나 자산에 의지하며 안정을 추구하고 변화를 거부하는 회사에게 미래는 없다.

3 '회사의 본질'이란 무엇인가

도전하지 않으면 창조할 수 없다

새로운 독자적 가치를 창조하기 위해서는 무엇이 필요한가?

그것은 바로 도전이다. 도전하지 않으면 아무것도 탄생하지 않는다. 도전이야말로 회사의 생명줄이다.

도전이란 '어려움에 맞서는 것'이다.

그러기 위해서는 실패나 위험을 두려워하지 말고 항상 앞을 내다보며 미래를 향해 나아가야 한다.

흥분이나 감정의 고양은 사람을 도전하게끔 하고 이러한 노력의 축적은 창조로 이어진다.

도전이라는 기백과 행동만이 창조를 낳는다.

도전하지 않으면 영원히 창조를 이룰 수 없다. 회사의 성장이나 이익은 도전의 결과에 불과하다.

아마존은 창업 이래 2017년까지 22년간 70개에 가까운 신규사업에 도전하고 있다. 그 중 18개는 실패로 인해 철수했다.(7)

하지만 도전과 실패의 반복을 통해 아마존은 다른 어떤 회사보다 많은 것을 빠르게 학습했고 이를 통해 다른 사업의 성공을 이루어냈다.

2017년에는 고급 슈퍼마켓인 홀푸드 마켓을 약 1.5조 엔에 인수했다. 빠르게 성장하는 인터넷 소매기업의 오프라인 매장 진출은 산업의 장벽을 초월한 파괴적 창조로 여겨진다.

이렇게 미래를 개척하려는 도전정신이나 개척욕구, 야망이야말로 이 시대의 일본 기업에 심각하게 부족한 것이다.

일본 기업은 '벌어들이는 힘'을 키웠고 내부에 이익을 보류해 안정성이 향상됐다.

하지만 이익을 새로운 도전이나 개척으로 연결하지 못하면 일본 기업에게는 미래가 없다.

도큐전철의 노모토 히로후미 사장은 '니혼게이자이신문' 인터뷰에서 이렇게 말했다.(8)

"월급쟁이 경영자는 자신이 임원으로 재직하는 동안에만 남보기에 좋은 실적을 유지하겠다는 마음을 갖기 쉽다. 해야 하는 투자나 보수를 게을리 할 위험이 있다."

목적은 '벌어들이는 힘'을 높이는 것이 아니다. 이는 어디까지나 수단에 불과하다.

무엇을 위해 벌어들이는가? 바로 도전하기 위해서다.

나는 도전이야말로 회사에서 무엇보다 중요한 것이라 믿는다. 수비에 치우쳐 공격을 잊은 회사는 매력이 없는 것은 물론 반드시 쇠퇴해 결국 망하게 된다.

회사는 '도전의 장'이 되어야만 한다.

▸▸▸ '하지 않는 리스크'보다 '하는 리스크'를 선택한다

회사가 '도전의 장'이 되어야만 한다는 것은, 달리 말하면 회사는 리스크를 부담하기 위해 존재한다는 것이다.

리스크를 부담하는 것은 회사의 본분이다.

'도박'과 '리스크 부담'은 다르다.

회사는 아무 증거도 근거도 없는 '도박'을 해서는 안 된다. '감당할 수준'을 크게 넘어서는 무모한 도박은 해서는 안 되며 회사를 파산에 이르게 할 만용은 결코 용납되지 않는다.

하지만 어느 정도의 리스크를 부담하지 않으면 창조를 이룰 수 없다.

도전이란 '리스크 부담'이다. 경영자는 '하지 않는 리스크'보다 '하는 리스크'를 선택해야 한다.

혁신적인 가치는 시행착오 끝에 탄생하는 법이다. 구글의 에릭 슈미트나 조나단 로젠버그는 이렇게 말한다.(9)

"제품 개발은 더욱 빠른 속도와 유연성이 요구되는 과정이 됐다. 정말 뛰어난 제품을 만드는 데 필요한 것은 거대한 조직이 아니라 셀 수 없는 시행착오의 반복이다."

가치창조에는 실패와 좌절이 따르게 마련이다. 누구든 할 수만 있다면 실패나 좌절은 하고 싶지 않을 것이다. 그렇기 때문에 머리로는 안다 해도 좀처럼 도전하지 못하는 것이다.

하지만 인생은 다르다. 실패를 통해 실로 많은 것을 배운다. 다음 단계로 이어지는 실패라면 그것은 실패가 아니다.

혼다 소이치로는 사내 '퇴임인사'에서 이렇게 말했다.(10)

"중요한 것은 새로운 대형 프로젝트의 성공 뒤편에는 연구와 노력의 과정 속에 99%의 실패가 축적되어 있다는 사실이다. 이 사실을 알고 있었기 때문에 다 함께 힘을 내서 여기까지 올 수 있었다고 생각한다."

수많은 히트상품을 내놓은 카오의 사와다 미치타카 사장도 같은 말을 했다.(11)

"결코 성공만 한 것은 아니었습니다. 사업에서도 연구에서도 정말 많이 실패했습니다. 하지만 실패해도 거기서 무언가를 배워야 다음에 성공할 수 있습니다. 마음과 위기의식을 지탱해 주는 것이 바로 이 '계속되는 도전'입니다."

우리는 무조건 성공에만 집중하려 한다.

하지만 그 성공에 이르는 긴 여정에 어떤 일이 있었는지는 궁금해하지 않는다.

우리가 진정으로 주목해야 하는 것은 '성공의 뒤편'이다.

▸▸▸ 도전을 '회사의 문화'로 만든다

물론 일본 기업의 경영자들도 '도전'의 필요성을 머리로는 이해하고 있다.

많은 경영자들은 직원에게 "도전하라"고 항상 이야기한다. 하지만 경영자의 목소리가 허무하게 느껴질 만큼 '도전하는 분위기'는 사내에서 자취를 감췄다.

아마존 CEO인 제프 베조스는 기업가 정신의 쇠퇴를 '죽음을 동반한 정체'라 부른다.

도전을 위한 과감하고 적극적인 정신을 상실한 시점부터 회사는 사실상 도산했다고 할 수 있다.

도전에는 용기가 필요하다. 도전이란 용기를 내는 것이다. 용감한 자가 아니면 도전할 수 없다.

'수학의 노벨상'이라 불리는 필즈상을 수상한 세계적인 수학자 히로나카 헤이스케 씨는 창조에 관해 이렇게 말했다.(12)

"어떤 수준의 창조든 창조에는 지식이나 기술 외에 또 다른 한 가지, 용기가 필요하다. (중략) **창조란 용기다."**

용기를 바꿔 말하면 '담력'이다.

담력이 있는 직원이 얼마나 있는가? 회사의 미래는 이런 인재의 손에 달려 있다.

새로운 사업에 도전하고 새로운 시장을 개척하는 것, 선진기술의 개발 등 대단한 일에 도전하는 것은 훌륭하지만 이런 대단한 도전만이 도전인 것은 아니다. 일상 속의 작은 개선이나 창조적인 아이디어도 가치 있는 도전이다.

안정을 추구하는, 즉 변화를 싫어하는 일상 속에서 설령 작다 해도 새로운 일에 도전하는 것은 결코 쉽지 않다.

또한 작은 도전이 큰 도전의 계기나 힌트가 되는 경우도 많다. 도전에 있어 크기는 아무 상관이 없다.

중요한 것은 일부 사람들만 도전하는 것이 아니라 조직에 속한 모든 사람들이 도전하는 기백과 용기를 가지고 행동하는 것이다.

이를 실현하는 것은 어렵지만 도전을 '회사의 문화'로 만들지 못하면 '살아 있는 회사'가 될 수 없다.

▸▸▸ 경영이란 실천이다

창조에 성공한 회사는 무엇보다 실천을 중시한다.

사전에 분석하거나 계획을 세우는 것도 필요하지만 거기에 과도한 시간이나 에너지를 투자하지 않는다. 적정한 논의와 준비를 마치면 '일단 해본다'라는 실천주의를 중요하게 여긴다.

새로운 것 혹은 미지에 대한 도전에는 모두 신중해지게 마련이다.

하지만 아무리 용의주도하게 준비를 한다 해도 사전에 알 수 있는 것은 한계가 있다. 반대로 예측할 수 있는 것이 많다면 그것은 '도전'이라 부를 수 없다.

스스로도 이러한 실천을 고집한 혼다 소이치로는 이렇게 말했다.[13]

"인생은 보거나 듣거나 시도하거나 등 세 가지 지혜로 정리할 수 있다. 하지만 많은 사람들은 '시도하지' 않는다. 흔한 이야기지만 실패와 성공은 앞면과 뒷면이라 할 수 있다. 모두가 실패를 두려워하기 때문에 성공의 기회도 적은 것이다. 시도도 해보지 않고 말이다."

나는 '경영이란 실천'이라고 믿는다. '탁상공론'은 누구든 아무 말이나 할 수 있기 때문이다.

하지만 현실에서는 보기 좋은 기획서나 논리정연한 계획서는 잘 만들지만 자기 손을 더럽히지 않고 땀을 흘리지 않는 꾀돌이들이 늘고 있다.

이런 현실에 대해 나는 매우 위기를 느낀다.

'해보지 않으면 아무것도 알 수 없다', '일단 해보자'라는 실천을 중시하는 자세야말로 도전을 촉진하고 창조를 탄생시킨다는 사실을 결코 잊어서는 안 된다.

▶▶▶ '도전-실천-창조'야말로 회사의 본질이다

지금까지 '회사의 목적'에 관해서 논했다.

'뭘 그리 도도하게 당연한 이상론과 관념론을 늘어놓는 거야'라고 생각하는 사람이 있을지도 모른다.

하지만 오늘날 일본에 창조라는 목적을 위해 직원들이 반짝이는 눈으로 도전하고 구체적인 행동을 매일 실천하고 있다고 자신있게 말할 수 있는 경영자가 얼마나 있을지 모르겠다.

새로운 가치의 창조보다 단기적인 이익확보에 쫓긴다. 도전하는 것보다 무난하게 리스크가 없는 선택지를 선호한다. 실천보다 과도한 분석이나 현실감이 떨어지는 계획수립에 시간을 투자하고 관리강화에 중점을 둔다.

'회사의 목적과 본분'을 잊고 '회사의 본질'에서 크게 벗어난 일에 막대한 에너지와 노동력을 투자하는 회사가 확실히 늘고 있다.

소니의 창업자 중 한 명인 모리타 아키오는 '회사의 본질'에 관해 이렇게 말했다.(14)

"본질은 바뀌어서는 안 되는 것이며, 바꿔야 하는 곳과 바꿔서는 안 되는 곳을 명확하게 인식해야 한다. 혁신이라는 미명하에 정말 중요한 본질을 잃어버리기도 한다."

'도전-실천-창조', 회사가 해야 하는 일은 이 세 가지 단어로 집약된다.

이상주의적인 이야기라며 못 본 척하기는 쉽다. 하지만 우리에게 지금 가장 부족한 것이 바로 이상이다.

우리는 지금이야말로 '도전-실천-창조'라는 어찌 보면 진부하게 느껴지는 말에 '회사의 본질'이 있다는 사실을 떠올려야 한다.

제2장

창조적 신진대사

1 회사가 내포하는 자기모순

▸▸▸ 회사는 노화한다

'끊임없는 창조', 즉 독자적인 가치의 지속적인 창조야말로 '회사의 목적'이다. 하지만 우리 모두 현실은 쉽지 않다는 사실을 알고 있다.

한 번은 창조에 성공한다 해도 대부분의 경우 창조를 지속하지 못한다. '단 한 번의 창조'와 '끊임없는 창조'는 전혀 다르다.

어째서 '계속해서 창조하는 것'은 이렇게 어려운 것인가?

그것은 바로 회사가 '늙기' 때문이다.

회사는 탄생했을 때 가장 생기와 활기가 넘친다. 무언가를 창조하기 위해서 회사가 탄생하기 때문에 회사와 창조는 동의어라 할 수 있다.

경영자만이 아니라 직원들도 창조를 위해 모이고 창조를 위해 분주하게 뛰어다닌다. 회사 전체에 창조의 에너지와 기쁨이 넘친다.

하지만 회사는 시간의 흐름에 따라 노화한다.

창립 당시의 열기나 열정은 점차 사라지고 창조보다 관리에 치중하게 된다. 드러커는 이렇게 지적한다.(1)

"혁신하지 않는 회사는 나이 들고 쇠약해진다. 특히 오늘날과 같은 급격한 변화의 시대, 기업가의 시대에는 더욱 급속히 쇠약해진다. 한 번 뒤를 돌아보면 방향을 바꾸기는 쉽지 않을 것이다."

노화야말로 '살아 있는 회사'를 유지하는 데 가장 큰 적이다.

‘안주’와 ‘오만’이라는 노폐물이 회사에 쌓인다

회사의 노화 원인은 여러 가지가 있지만 최대요소 중 하나는 ‘안주’라는 노폐물이다.

성공이 쌓이면 쌓일수록 이 노폐물도 함께 쌓인다. 이것이 바로 노화의 진짜 원인이다. 반대로 말하면 ‘안주’하지만 않으면 회사는 노화하지 않는다.

‘현재 상태를 유지하는 것으로 충분하다’, ‘무리하게 확장할 필요없어’, ‘굳이 리스크에 도전하지 않아도 어떻게든 되겠지’, ‘내가 하지 않아도 누군가가 하겠지’… 이러한 노폐물이 회사의 변혁을 방해하고 서서히 안에서부터 썩어 들어가게 만든다.

그리고 ‘안주’ 뒤에는 ‘오만’이라는 더 심각한 노폐물이 숨어 있다. ‘우리 회사가 망할 리 없어’, ‘회사는 영원할 거야’라는 오만과 자만 그리고 위기감의 결여가 행동을 둔하게 만든다.

초우량 기업으로 유명한 미국의 코닥은 2012년에 파산법을 신청하고 파산했다.

“그 코닥이…”라며 전 세계가 놀랐고 다양한 미디어가 코닥의 파산에 대해 다루었다. 한 잡지에서는 ‘침식(erosion)’이라는 단어를 사용했다. 침식이란 물이나 바람 등 외부 힘에 의해 암석이나 토양이 조금씩 깎이고 결국 무너지는 것을 말한다.

코닥 경영진도 아무런 대책을 강구하지 않았던 것은 아니다. 하지만 노폐물이 쌓이고 둔감해진 회사의 침식과 붕괴를 멈출 수는 없었다.

일본에도 같은 사례가 여러 개 있다. 그 중 하나가 가네보다.

1887년에 창업한 명문 기업은 섬유업을 시작으로 사업의 다각화를 추진했고 경영 다각화로 유명해졌다.

하지만 경영자의 독재적인 군림과 장기간 적자가 이어진 섬유사업 철수 지연, 사업 간 장벽, 전례주의(역주: 과거의 경험을 토대로 행동하는 경향), 만연한 무사안일주의 등으로 인해 몰락했다.

결국 2004년에 3,553억 엔의 채무초과 상태가 되었고 그 후 분식결산까지 밝혀져 이 명문 기업은 사실상 파산하고 해체됐다. '망할 리가 없다'고 모두가 생각했던 회사가 사라진 것이다.

어떤 회사든 '안주'와 '오만'이라는 노폐물이 쌓일 수 있다. 그리고 그 사실을 깨달을 즈음에는 이미 손을 쓸 수 없는 상황이 되어 버린다.

▸▸▸ 경영은 '노화와의 싸움'이다

'생물'인 회사가 쇠약해지거나 노화하는 것은 어찌 보면 당연한 일이다.

그렇기 때문에 위대한 업적을 남긴 경영자들은 '노화의 무서움'을 인식하고 적절하게 이에 대응하고 있다. 예를 들어 야마토운송을 중흥시킨 오구라 마사오는 성장 도중인 야마토의 상황에 대해 다음과 같이 지적했다.(2)

"야마토는 현재 몸집은 크지만 속을 들여다보면 여기저기가 썩기 시작한 상태다. 노화현상이 심각하다고 할 수밖에 없다. 그렇기 때문에 쇄신이 필요하다."

성공하면 할수록 흔히 말하는 '대기업병'이 조직 내부에 만연하게 되고 새로운 창조를 향하는 에너지가 고갈된다.

어느새 리스크를 부담하는 도전정신이나 개척욕구는 자취를 감추고 현상유지에 익숙해진다. ‘현상유지는 쇠퇴’라는 사실을 머리로는 알고 있지만 그 누구도 행동을 하려 하지 않는다. 회사는 ‘계속해서 가치를 창조해야 하지만 노화한다’는 자기모순을 내포하고 있다.

목적과 실체의 모순, 경영이란 ‘노화와의 싸움’이다.

2 신진대사를 하지 않으면 창조할 수 없다

▸▸▸ 어떻게 'DAY 1'의 활력을 유지하는가

눈부시게 발전하는 미국 서해안의 회사는 '노화의 무서움'을 정확히 인식하고 있다. 아마존의 CEO 베조스는 주주들에게 보내는 편지에서 이렇게 말하고 있다.(3)

"큰 조직 내부에서 어떻게 DAY 1의 활력을 유지할 것인가."

이 말이 지닌 의미는 매우 깊고 묵직하다.

'살아 있는 회사'를 유지하기 위한 핵심이 여기에 있다.

아마존도 창업으로부터 20년이 지났다. 그렇기 때문에 노화에 저항하며 'DAY 1'의 신선함을 유지하기 위해 필사적으로 노력하고 있다.

베조스에게 DAY 2(둘째 날)인 회사는 '죽어 있는 회사'인 것이다. 이는 창업 당시의 창창한 야심이나 엄청난 에너지가 점차 사라지고 어느새 수비태세를 취하게 된다.

'DAY 1'을 유지하지 못하면 회사는 반드시 노화하고 결국 죽음을 맞이하게 된다. 베조스는 'DAY 2' 기업의 쇠퇴와 몰락을 잘 알고 있다.

물론 베조스만 'DAY 2'의 무서움을 알고 있는 것은 아니다. 도요타자동차의 도요타 아키오 사장은 신흥 전기자동차(EV) 제조사인 테슬라를 예로 들며 이렇게 말했다.(4)

“테슬라의 도전정신을 배우고 싶다. 도요타도 수십 년 전에는 벤처기업이었다.”

많은 회사들이 정체기를 맞이하면 ‘제2의 창업’ 등을 외치며 직원들을 고무시켜 ‘살아 있는 회사’로 되돌아가려 한다.

하지만 겉만 번지르르한 표어만으로는 노화를 멈추거나 노화에서 재생하는 것은 불가능하다.

▸▸▸ ‘살아 있는 회사’는 ‘신진대사 전략’이 뛰어나다

갓 창립한 스타트업 기업은 창조에만 전념할 수 있다.

‘DAY 1’ 기업에는 실적도 명성도 자산도 없지만 노폐물이나 불필요한 군살이 없다. 그들은 오직 도전과 창조를 위해 존재한다.

‘무(無)’는 위대한 가능성이다. ‘무’란 빛나는 미래다. ‘무’만큼 매력적인 것은 없다.

한편, 창업 후 시간이 흘러 회사가 적당한 성공을 거두고 규모가 커지면 상황이 조금 달라진다. 노폐물이나 군살이 붙은 몸체를 유지하는 데 급급해 창조는 안중에도 없다.

하지만 회사는 인간과 달리 제대로 유지보수만 하면 영원히 유지될 수 있다. 그 열쇠가 ‘신진대사’다.

신진대사란 ‘오래된 것이 새로운 것으로 계속해서 교체되는 것’을 말한다.

노폐물을 적절히 처리하고 새로운 영양분을 섭취하며 군살을 제거할 수만 있으면 회사는 ‘살아 있는’ 상태를 유지할 수 있다.

회사가 창조를 지속하려면 반드시 신진대사가 필요하다. 나는 이를 '창조적 신진대사(creative turnover)'라 부른다.[그림 2-1]

그림 2-1	창조적인 신진대사

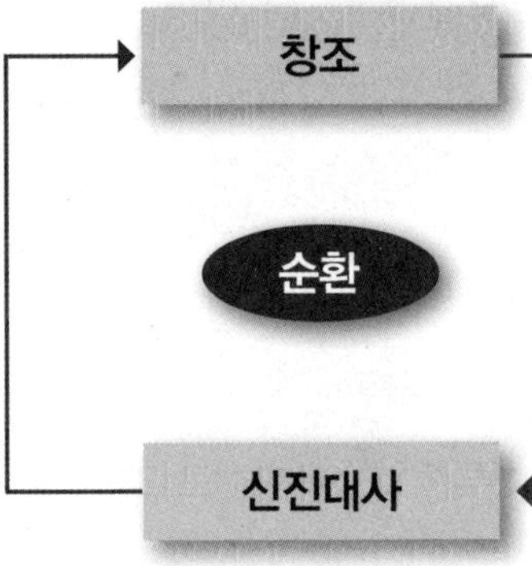

'회사의 목적'은 창조지만 사실 그 성패의 열쇠는 창조가 아닌 신진대사에 달려 있다.

'살아 있는 회사'는 '창조전략'만이 아니라 '신진대사 전략'을 명확히 하고 적시에 적절한 신진대사를 한다. 새로운 창조만이 전략이 아니라는 사실을 제대로 인식하고 있는 것이다.

한편, '죽어 있는 회사'는 신진대사 전략의 중요성을 충분하게 인식하지 못해 신진대사가 정체된 상태를 말한다.

궁지에 몰려 어쩔 수 없이 신진대사를 하거나 느린 신진대사로 인해 충분히 배출하지 못한다. 그 결과 신진대사 비용도 크게 불어난다.

'죽어 있는 회사'는 창조와 신진대사가 동전의 양면이라는 사실을 이해하지 못한다.

▸▸▸ 신진대사란 '버림' · '중단' · '교체'다

경영에서 신진대사란 구체적으로 무엇을 의미하는가?

이는 다음의 세 가지 행동을 의미한다.

❶ 버린다

예를 들어, 우위성을 잃고 적자 혹은 저수익 상태에 빠져 재생될 가능성이 없는 사업이나 상품, 서비스 분야에서 철수한다.

❷ 중단한다

예를 들어, 가치를 창조하지 못하는 업무나 프로세스를 정리하거나, 역할을 마치고 무의미해진 조직을 해체한다.

❸ 교체한다

예를 들어, 과거의 성공체험에서 탈피하지 못하고 미래를 향한 도전을 망설이는 경영진이나 간부를 교체한다.

오래된 것이 모두 나쁘다는 말이 아니다. 오래됐기 때문에 가치가 있는 것도 있다.

또한 적자이기 때문에 모든 것이 나쁘다는 말이 아니다. 미래가 느껴지는 건전한 적자는 오히려 회사에 필요하다.

문제는 '낡음'이나 '눈앞의 수익'이 아닌 '평범함'이다.

사업이든 업무이든 조직이든 경영자든 진부해져 평범해지고 가치를 잃어버린 것을 회사에 남겨두는 행위는 전혀 합리적이지 않다. 이를 방치하면 회사를 소멸시키는 위험요소가 될 수도 있다.

진정한 '살아 있는 회사'란 '도전-실천-창조-신진대사'라는 순환이 계속되고 항상 'DAY 1' 상태를 유지하는 회사를 말한다.

신진대사야말로 회사의 노화를 방지하고 '살아 있는 회사'를 유지하기 위한 절대적인 열쇠인 것이다.

미니 사례 ❶

'무엇을 버릴지'를 먼저 생각해 회생에 성공한 고마쓰(5)

성공적인 경영을 한 훌륭한 경영자 대부분은 '무엇을 버릴지'를 합리적으로 그리고 전략적으로 생각하고 실행한다.

예를 들어, 고마쓰를 적자에서 회생시키고 세계적인 건축기기 제조사로 부활시킨 당시의 사장 사카네 마사히로 씨는 항상 '무엇을 버릴지'를 가장 먼저 생각했다. 당시의 고마쓰에는 노폐물과 군살이 쌓여 있었기 때문이다.

매년 400억 엔에 가까운 적자를 내던 자회사의 사업을 정리하고 통합한 결과 300개사에 가깝던 자회사는 1년 반 만에 110개사로 줄었다. 반도체의 실리콘웨이퍼를 제조하던 자회사 매각 등 비핵심사업 정리도 단행했다.

핵심사업인 건설기기의 경우에도 '버림' 전략을 철저히 지켰다.

국내시장이 축소되는 가운데 한 대라도 더 많이 판매하기 위해 갖추고 있던 특수 사양 차량을 반으로 줄였다.

한편, 자신있게 판매할 수 있는 '최고 제품' 개발에 주력했다. 개발에서도 라이벌 기업에게 져도 되는 부분, 라이벌 기업과 동등해도 되는 부분을 미리 정해 놓는 전략을 고수했다.

그 전까지 고마쓰의 상품개발은 '평균점수주의'가 만연했기 때문에 독자적인 상품이 적었다. 하지만 '평균점수주의'에서는 평범한 것만 탄생한다.

그렇기 때문에 '어디를 희생해야 하는가?'를 톱다운 방식으로 미리 명확히 전달했다. 여기서 중요한 것은 '미리'라는 점이다. 현장만으로는 좀처럼 '버린다'는 결단을 할 수 없기 때문이다.

최고 경영자가 직접 관여해 '버릴 곳', '희생할 곳'을 경영 의사로 명확하게 밝힌다. 그리고 이를 통해 마련된 재원을 강점을 더욱 갈고 닦는 데 투입했다.

'버린다', '중단한다', '깎아낸다', '포기한다', '희생한다' 등의 신진대사 전략을 명확히 하고 단행했기 때문에 고마쓰는 놀라울 만큼 튼튼한 회사가 될 수 있었다.

3 어째서 '회사는 늙는' 것인가 1 - 관료주의의 대두

▸▸▸ 'DAY 1'을 고집하는 이유

신진대사 전략의 구체적인 내용을 언급하기에 앞서 회사가 노화하는 이유에 대해 좀 더 생각해 보고자 한다.

더 깊이 생각해 보면 회사의 노폐물은 두 가지 요소로 인해 생성된다는 것을 알 수 있다.

❶ 관료주의의 대두

회사가 발전하고 성장하는 과정에서 관리하는 업무가 사내에 증식하게 된다. 그리고 언제부턴가 관리의 힘이 창조보다 강해진다.

사내에 만연한 형식주의, 전례답습주의가 직원들의 사기와 생산성을 서서히 좀먹는다.

❷ 성공의 복수

성공체험은 회사에게 중요하다. 하지만 성공체험이 초래하는 부정적인 측면도 부인할 수 없다.

큰 성공을 거둘수록 그 체험을 부정하지 못하게 되고 결국 회사 전체가 사고정지상태에 빠진다.

베조스는 왜 'DAY 1'을 고집하는가? 'DAY 1'인 회사에는 관료주의도, 나중에 이야기할 '성공의 복수' 씨앗이 되는 성공체험도 없기 때문이다.

베조스는 이 두 가지만 없다면 회사는 항상 신선하고 '살아 있는' 상태를 유지할 수 있다고 생각한다.

'DAY 1'이야말로 '살아 있는 회사'의 상징이다.

▸▸▸ 관리 부문이 비대해지면 관료주의가 만연하기 시작한다

먼저 '관료주의의 대두'에 관해 생각해 보자.

회사는 성장에 따라 '관리'라는 기능이 필요해진다.

창업 당시에는 회사 규모도 작고 서로 잘 아는 동료만으로 경영을 유지하기 때문에 소통도 용이하다.

하지만 회사가 성장궤도에 오르면 회사를 운영하는 데 다양한 관리업무가 필요해진다. 그러한 관리업무를 수행하기 위해 관리기능을 관장하는 관리 부문이 마련된다.

그리고 어느새 비대해진 관리 부문이 다양한 '악행'을 저지르기 시작한다.

오구라 마사오는 이에 대해 이렇게 지적한다.[6]

"사업의 발전에 따라 회사는 커진다. 하지만 간접 부문 특히 관리 부문이 사업의 발전과 관계없이 해마다 커지는 현상은 어떤 회사에서나 공통적으로 관찰된다."

관리 부문의 비대화는 비용증가로 이어질 뿐만 아니라 형식중시, 전례답습 등 '관료주의의 만연'이라는 더욱 심각한 병을 초래할 위험성을 내포한다.

히토츠바시대학의 노나카 이쿠지로 명예교수는 이를 '오버 애널리시스'·'오버 플래닝'·'오버 컴플라이언스'라고 지적한다.[7]

경영에는 당연히 분석, 계획, 법령 준수가 필요하지만 그 자체가 목적이 되어 '과잉(오버)' 수준에 이르게 되는 것이다.

▸▸▸ 지나친 '가시화'는 안하느니만 못하다

관리라는 일에는 '브레이크'가 없다. 세밀하게 하려고 마음만 먹으면 얼마든지 세분화해 세밀하게 업무를 진행할 수 있다.

이렇게 일을 하는 것이 경영자에게는 좋아 보일지도 모른다. 전체가 '보이게' 되면 더욱 안심할 수 있기 때문이다.

하지만 그 결과 관리기능과 관리업무가 자가증식해 과잉관리로 이어진다.

정밀하게 분석하고 세밀하게 관리할수록 다양한 상황이 눈에 들어온다. 그 자체는 나쁘지 않다. 하지만 굳이 신경 쓸 필요가 없는 사사로운 사항까지 의논의 대상이 되고 조치를 강구하게 된다.

'가시화'라는 정책을 회사 전체에서 추진하던 한 회사의 간부는 자조하듯 내게 이렇게 말했다.

"지나친 '가시화'는 안하느니만 못하다."

《가시화(미에루카) 경영전략》이라는 책의 저자인 내게는 언뜻 비꼬는 것 같은 말처럼 들리지만, 사실 나도 동일한 위기를 느끼고 있다. '가시화'라는 단어에만 초점이 맞춰져 '관리강화의 도구'로 사용되는 경우가 상당히 많기 때문이다.

경영에서 '가시화'는 중요하다. 특히 현장의 문제를 빨리 파악하고 대책을 강구해 빨리 문제를 해결하려면 '가시화'는 필수다. 애초에 '가시화'는 '현장력'을 강화하기 위해 탄생했다.

하지만 '관리의 가시화'가 너무 과해지면 관리강화 또는 과잉관리가 발생한다. 그리고 이는 현장에 부담을 주고 사기를 잃게 만든다.

아무리 관리를 강화해도 모든 상황이 '보이게' 되는 것은 아니며 '보일' 필요도 없다.

치밀한 관리가 경영의 컨트롤(control)이 아니라는 사실을 잊어서는 안 된다.

▸▸▸ 과잉관리로 아무도 위험을 감수하지 않게 된다

과잉관리의 폐해는 생산성에 국한된 이야기가 아니다. 더 심각한 것은 리스크 부담을 망설이게 된다는 점이다.

톰 피터스와 로버트 워터맨은 《초우량기업의 조건》에서 이렇게 지적했다.[8]

"우리가 이론(異論)을 제기하고자 하는 부분은 방향이 잘못된 분석, 너무 복잡해서 실용적이지 못한 분석, 과도한 엄격성으로 인해 다루기 어렵고 유연성이 없는 분석, 본질적으로 예측불가능한(특히 시기가 부적절한 경우) 분석 (중략) **그리고 현장에서 멀리 떨어진 관리자가 현장에 대해 관리 중심적인 사고방식으로 전개한 분석 등이다."**

관리의 힘이 강해질수록 모든 리스크의 단점을 찾으려 한다. 리스크 분석, 리스크 관리가 경영에 필요하다는 사실은 인정하지만 모든 리스크를 사전에 다 파악할 수는 없다.

경영의 본질은 리스크 부담이기 때문에 '해보지 않으면 알 수 없는 것', '해봤기 때문에 알 수 있는 것'이 어마어마하게 많다. 선택해야 하는 합리적인 리스크를 선택하지 못하는 것은 매우 비합리적이다.

중요한 것은 '하지 않을 이유', '할 수 없는 이유'를 잔뜩 늘어놓는 것이 아니라 '어떻게 하면 할 수 있는가'를 생각하는 것이다.

과잉관리나 과잉분석은 사원들의 마음을 위축시키고 도전정신을 잃게 만든다. 이를 방치한 상태에서는 결코 새로운 것이 탄생할 수 없다.

▸▸▸ '관리–억제–정체–폐쇄'라는 악순환

앞서 말했듯이 회사의 기본축은 '도전–실천–창조–신진대사'다.

'살아 있는 회사'가 되려면 이 기본축이 회사 중심에 자리잡고 있어야 한다.[그림 2–2]

하지만 회사가 커지면 어느새 '다른 축'이 사내에 끼어들게 된다. 이는 바로 '관리–억제–정체–폐쇄'라는 축이다.[그림 2–3]

경영에는 적절한 관리가 필요하지만 '관리는 가능한 한 적을수록 바람직하다'는 사실을 잊어서는 안 된다. 관리가 너무 강해지면 도전을 억제하고 실천이 아닌 정체를 초래하며 폐쇄적인 회사가 된다. 그 결과 창조가 사라진다.

마쓰시타 고노스케의 뜻에 따라 일개 임원에서 24명의 선배를 제치고 마쓰시타전기산업(현 파나소닉)의 사장으로 채택된 야마시타 도시히코는 이렇게 말했다.

"본사 같은 건 없는 편이 나아."

그림 2-2	'살아 있는 회사'의 순환

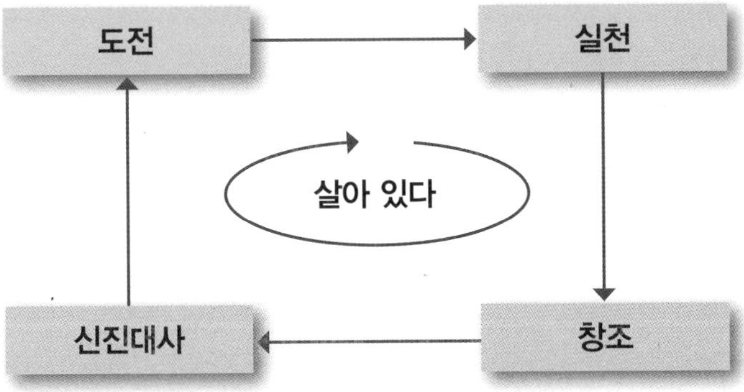

그림 2-3	'죽어 있는 회사'의 순환

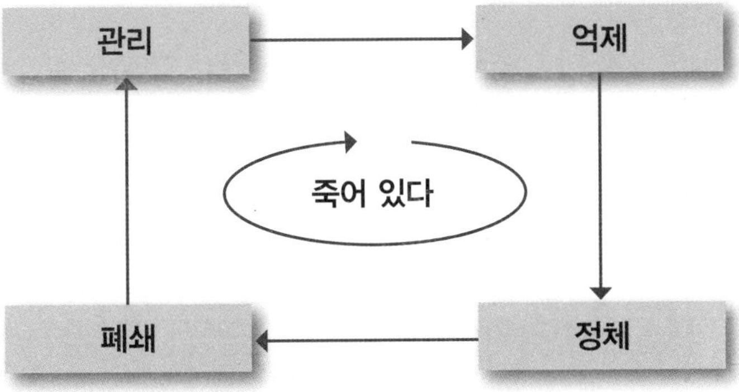

야마시타는 거대화 그리고 관료화가 진행된 마쓰시타전기를 개혁하기 위해 나섰다.

그는 '종잇장 위에서 1원도 못 버는 업무만 하면서 현장에 대해 잘난 체하며 참견하는' 본사의 관리 부문 따위는 필요없다고 지적했다.

기업가 정신을 훼손하는 관료주의가 조직 내에 만연한 결과 '관리-억

제-정체-폐쇄'라는 악순환이 회사를 좀먹게 된다.

이것이야말로 '노화'의 원흉이다.

▸▸▸ '브레이크'는 무엇을 위해 존재하는가

회사가 발전하고 성장하기 위한 원동력은 액셀이지만 한편으로는 브레이크도 필요하다. 브레이크가 있기 때문에 액셀을 밟을 수 있다.

오구라 마사오는 홋카이도의 눈길에서 브레이크를 밟으면 미끄러지기 때문에 어떤 차도 브레이크를 밟지 않고 천천히 달리는 모습을 보고 한 가지 사실을 깨달았다.(9)

"자동차가 빨리 달리려면 브레이크가 필요하다는 사실을 뼈저리게 느꼈다. 브레이크를 밟으면 언제든지 자동차를 멈출 수 있다는 사실을 알기 때문에 속도를 낼 수 있다. 브레이크가 없는 차는 무서워서 아무도 타지 못할 것이다."

자동차는 어디까지나 이동수단이며 앞으로 나아가지 않으면 차량으로서의 가치가 없다. 브레이크는 언제든지 멈출 수 있도록 마련된 장치다. 액셀을 밟는 것을 망설이며 계속해서 브레이크를 밟고 있으면 영원히 목적지에 도착할 수 없다.

회사도 이와 같다. 경영에는 관리가 필요하지만 관리가 도전을 방해해서는 안 된다. 회사에는 브레이크가 필요하지만 이는 어디까지나 액셀을 제대로 밟는 것이 전제가 되어야 한다. 고성능 브레이크가 있어도 액셀을 밟아 전진하지 못한다면 '살아 있는 회사'가 될 수 없다.

4 어째서 '회사는 늙는' 것인가 2 - 성공의 복수

▸▸▸ 성공체험이 사고의 정체를 초래한다

노화의 두 번째 요인은 '자신의 성공이 원인이 되어 노화가 진행된다'는 현상이다.

사실 성공한 회사일수록 병에 걸리기 쉽다. 자신의 성공체험에 집착해 스스로를 부정하지 못하기 때문이다.

과거에 얽매여 '새로운 일에 도전'한다는 회사의 본분을 잊고 어느새 '현상유지만 하면 어떻게든 되겠지'라고 생각하게 된다.

'도전–실천–창조–신진대사'라는 회사의 주축이 흔들리고 도전하는 분위기가 사라진다.

도요타의 대개혁을 이끄는 도요타 아키오 사장은 이렇게 토로했다.[10]

"무언가를 그만두거나 바꾸는 결단이 필요하다. 하지만 성공한 회사는 무언가를 그만두는 데 상당한 어려움을 겪는다."

성공이 '안주'와 '오만'이라는 노폐물을 생성해 현실부정이나 자기부정을 할 수 없게 된다. 변화로 인해 잃는 것에만 치중해 사고가 소극적으로 변하고 결국 사고가 정지해 버린다.

이런 상황을 '성공의 복수'라 부른다. 성공으로 인해 회사가 기능감퇴에 빠져 자신이 이룬 성공에게 복수를 당하는 것이다.

▸▸▸ '갖지 못한 자'가 '가진 자'를 밀어낸다

하버드경영대학원의 클레이튼 크리스텐슨은 1997년에 '혁신자의 딜레마'라는 이론으로 크게 주목을 받았다. 이는 혁신 분야의 '성공의 복수'를 의미한다.

대기업 입장에서는 신흥산업이나 기술은 아직 작고 확립되지 않았기 때문에 매력이 떨어진다. 또한 기존의 사업과 겹쳐 이익이 분리될 위험이 있기 때문에 좀처럼 도전하지 못한다. 그 결과, 기존 제품의 개량을 추진하는 '지속적 혁신'에만 치중하고 기존 제품의 사고방식을 근본부터 부정해 전혀 새로운 가치를 창출하는 '파괴적 혁신'을 경시하는 경향이 있다. 그 사이에 신흥기업이 기존 기술의 조합을 통한 새로운 가치창조에 성공해 기존의 가치를 밀어낸다.

대기업은 최첨단 고도기술을 보유하고 있으며 경영자원도 풍부하다. 수많은 경험과 실적이 있고 우수한 인재도 있다. 그럼에도 불구하고 기술도 자원도 대기업에 훨씬 못 미치는 신흥기업 앞에서 무너진다.

'갖지 못한 자'가 '가진 자'를 밀어낸다.

기술력이나 자원이 아무리 풍부해도 노화가 진행되는 '죽어 있는 회사'는 리스크를 두려워하지 않는 새로운 '살아 있는 회사'를 이기지 못한다.

▸▸▸ '건설적 대립'이 발생하지 않는 것은 노화의 징조다

애초에 새로운 무언가는 충돌에서 탄생한다. 다른 의견이나 아이디어를 건전하고 긍정적인 방향으로 제시하고 이들의 충돌, 마찰, 혼돈 속에서 혁신적인 번뜩임이 탄생한다. 창조에는 '건설적인 대립'이 반드시 필요하다.

혼다는 혼다 소이치로와 후지사와 다케오라는 두 명의 위대한 경영자 덕분에 '세계의 혼다'로 성장했다. 이 둘의 성향은 정반대였고 때로는 다툼도 불사하며 진심을 나눴다. 혼다는 이렇게 술회한다.[11]

"나와 후지사와 사이에도 당연히 의견충돌이나 견해의 대립이 있었다. 그럴 때는 뜨거운 토론이 전개됐다. 하지만 이는 다툼이라는 감정의 균열이 아니다. 열정을 다해 서로 생각을 나누는 것이다. 말하자면 이해를 위한 노력이다."

창조를 위해서는 '건설적인 대립'이 필요하다는 사실을 모두 머리로는 알고 있다. 하지만 성공체험이 축적된 회사일수록 발상이나 접근법이 비슷해져 '건설적인 대립'이 발생하지 않는다. 다들 비슷비슷해져 우물 안의 논의가 되기 십상이다.

'살아 있는 회사'의 회의에서는 활발한 논의가 이루어진다. 단순히 자신의 말을 하는 것만이 아니라 타인의 다른 의견이나 생각에 귀를 기울이고 이해하기 위해 노력한다. 뜨겁게 의논하지만 머릿속은 냉정하다.

나는 '빨리 정리되는 회의가 늘어나면 주의해야 한다'고 생각한다.

그렇기 때문에 사외이사로 출석하는 회의에서는 오히려 토론을 유발하며 판을 뒤집어 놓는 것 같은 의견을 의도적으로 내놓는 경우도 많다. 무사안일주의로 인해 '건설적인 대립'이 일어나지 않는 것은 틀림없는 노화의 징후이기 때문이다.

회사는 성공하기 위해 존재하며 직원들은 열심히 노력한다. 하지만 성공은 이미 과거의 일이다. 과거의 성공은 미래를 보장하지 않는다. 그뿐 아니라 새로운 창조의 심각한 방해가 된다.

5 경영이란 '뺄셈'이다

▸▸▸ 무엇인가를 버리지 않으면 새로운 것을 얻을 수 없다

아무것도 하지 않으면 회사는 반드시 노화한다. 사람과 똑같이 나이를 먹으면 쇠약해지고 노폐물이 쌓여 결국 죽음에 이른다.

'살아 있는 회사'를 유지하기 위해서는 신진대사가 반드시 필요하다.

반대로 말하자면 회사가 적절한 신진대사만 할 수 있다면 언제까지나 '살아 있는 회사'를 유지할 수 있다.

성장과 발전을 위해서는 신규사업, 신제품, 새로운 인재, 새로운 제도, 새로운 시스템 등 '덧셈'만 지향하기 십상이다.

하지만 새로운 것을 더하거나 새로운 것으로 바꾸기 위해서는 필요없어진 것이나 평범해진 것을 정리하거나 버려야만 한다.

신진대사란 '뺄셈'이다.

무의미한 것이나 무가치한 것을 회사에서 싹 제거해야 한다. 무언가를 버리지 않는다면 새로운 것을 탄생시킬 수 없다.

'뺄셈'에는 고통과 비용이 따르지만, 이를 전략적으로 실행하는 것이 최고 관리자의 중요한 업무다.

▸▸▸ '사업' · '업무' · '조직' · '사람' 네 가지 신진대사를 촉진하다

그렇다면 계속해서 '살아 있는 회사'로 존재하기 위해서는 어떤 신진대사를 해야 하는가? 그 대상이 바로 '사업' · '업무' · '조직' · '사람' 네 가지다.

❶ 사업

현재 당연하게 운영하고 있는 사업은 미래에도 운영해야 하는 사업인가? 지금 제공하고 있는 제품이나 서비스가 앞으로도 모두 필요한가?

❷ 업무

예전부터 동일하게 진행되는 업무는 이대로 계속해도 되는가? 불필요한 업무나 무가치한 업무는 없는가?

❸ 조직

현재의 조직형태는 최적이라 할 수 있는가? 현재 존재하는 부문이나 부서는 정말로 필요한가? 해체하거나 통합할 필요는 없는가?

❹ 사람

지금 회사에 있는 사람들만으로 미래를 창조할 수 있는가? 적절한 시기에 미래를 짊어질 젊은 세대에게 인계하고 있는가?

회사에는 필요없는 것이 가득하다. 항상 가벼운 상태를 유지하기 위해 모두가 이를 의식해야 한다. '당연하다'고 생각하는 사실에 대해 오히려 부정적인 질문을 던져 과감하게 개혁을 단행한다. 명확한 의사 없이는 '뺄셈'을 할 수 없다.

회사라는 '생명체'는 신진대사의 반복을 통해서만 활성화되고 '살아 있는' 상태를 유지할 수 있다.

사업이나 조직, 업무에 메스를 대고 구조개혁을 추진하는 LIXIL의 사례를 보고자 한다.[12]

[미니 사례 ❷]

대담한 신진대사를 추진하는 LIXIL

신진대사의 구체적인 사례는 LIXIL그룹을 보면 알 수 있다.

2016년에 취임한 세토 긴야 사장은 기존의 M&A를 통한 확대노선을 크게 변경하고 대담한 신진대사를 추진했다. "통합효과를 충분히 발휘하기 전에 계속해서 다음 단계로 나아가는 바람에 문제가 발생한 상황이었습니다"라고 세토 사장은 말했다.

처음에 실행한 것은 사업 정리다. 일본 국내의 주택 건축자재회사나 중국의 문 제조회사 매각에 이어 이탈리아의 건축자재회사 퍼마스틸리사도 매각했다. 사업내용이나 경영방식이 너무 달라 상승효과를 기대할 수 없다는 것이 그 이유였다. 그렇지만 이 회사는 창업가가 주도한 대형 인수안건이었으며 매각으로 인해 100억 엔에 가까운 손실이 발생할 것을 알고 있었다.

그럼에도 불구하고 세토 사장은 매각을 결단했다. 이 결단은 '개혁에는 성역이 없다'는 사실을 사내외에 알리는 계기가 되었다.

세토 사장이 추진하는 신진대사는 사업에만 머무르지 않았다.

조직이나 직위에 대해서도 '어째서 이런 부문이 있는가?', '왜 여기에 임원이 있는가?'라는 관점으로 근본적인 재검토에 돌입해 결과적으로 114명이었던 임원을 53명으로 줄였다.

게다가 '발표만 하는 회의'나 '회의를 위한 자료 작성' 등을 없애고 회의시간을 30분 이내로 정했다. 이러한 연속적인 신진대사는 직원들의 마인드를 크게 변화시켰다. 그 결과 2017년 3월기 결산(2016년 4월~2017년 3월)에는 사상 최고이익을 기록하며 단기간 V자 회복에 성공했다.

이와 같은 일련의 과감한 신진대사 전략이 사실 창조전략의 입구다. '신진대사야말로 창조를 향한 길'이라는 사실을 명심해야 한다.

6 '사업의 신진대사'는 어떻게 추진하는가

▸▸▸ 사업에는 '수명'이 있다

회사는 사업을 운영한다. 사업활동을 통해 가치를 창조하고 이익을 창출한다. 사업에는 '수명'이 있다. 비교적 수명이 긴 사업이 있는가 하면 짧게 끝나는 사업도 있다.

자동차는 포드가 T형 포드를 세상에 내놓은 이래 100년 이상 이어지는 사업이다. 그간 다양한 기술혁신이 있었고 자동차의 성능이나 품질은 크게 진보했다. 하지만 내연기관을 이용한 이동수단이라는 자동차 사업의 본질은 변하지 않았다.

한편, 최근 급속하게 진보하는 ICT나 디지털 분야는 잇달아 신규사업이 탄생하지만 금세 사라지는 경우도 적지 않다. 사업에 따라 수명의 길이는 크게 달라진다.

경영자의 최대 업무 중 하나는 사업의 라이프 사이클 관리다. 운영하는 사업의 수명을 읽고 전략적으로 사업'교체'를 실시해 사업 포트폴리오를 항상 최적의 상태로 유지해야 한다.

마이크로소프트는 과감한 사업'교체'로 재탄생했다.[13] OS(오퍼레이팅 시스템)라 불리는 기본 소프트웨어로 업계 표준이라는 위치를 장악하고 엄청난 양의 소프트웨어 판매로 성장했지만, 마이크로소프트는 그 성공 체험에서 벗어나지 못하고 있었다.

2014년에 취임한 CEO 사티아 나델라는 사업 방향을 클라우드로 전향하겠다고 선언하고 '컴퓨터 소프트웨어를 판매하는 회사'에서 탈피하는 과정을 이끌고 있다.

'모바일 분야에서 뒤처졌다'는 현실을 받아들이고 일부 OS를 무료로 제공하거나 숙적인 애플이나 구글의 OS에 대항하는 소프트웨어도 준비했다. 일본 마이크로소프트의 히라노 다쿠야 사장은 "금기로 여겨지던 일을 CEO가 먼저 실천했고 이를 통해 직원들의 마음도 바뀌었다"고 말했다.

마이크로소프트의 주식 시가총액은 2012년에 9위까지 하락했지만 현재는 3위로 상승한 상태다. 마이크로소프트는 사업의 대담한 '교체'를 통해 부활했다.

▸▸▸ 수십 년 앞을 내다보다

사업'교체'에는 시간이 걸린다.

가령 M&A 전략을 구사한다 해도 사업을 안정화하고 수익원이 될 때까지 성장시키기 위해서는 상당한 시간이 필요하다. 중장기적인 관점에서 전략적으로 사업의 신진대사를 실시해야 한다.

제너럴 일렉트릭(GE)은 1982년 창업 이래 대담한 사업'교체'로 여러 번의 경영위기를 극복했다. 1981년에 CEO로 취임한 잭 웰치는 각 산업 분야에서 점유율이 1위나 2위가 되는 것을 비즈니스 존속 조건으로 내걸었다.

잭 웰치의 후임으로 CEO에 취임한 제프리 이멜트는 '세계 최고의 인프라스트럭처 기업'을 목표로 공업 부문 확충 및 금융 부문 축소, 비핵심 부문 분리와 매각을 추진했다. 예를 들어, 큰 이익을 내던 보험사업을 스위스재보험에 매각했으며 미디어&엔터테인먼트 사업을 NBC 유니버설에 매각했다.

독일의 지멘스도 2000년대 후반 이후 정보통신이나 자동차부품, 원자력 발전 등의 사업에서 철수하고 '재생가능을 중심으로 한 에너지', '제조업이나 사회의 디지털화(IOT)'를 사업의 주축으로 교체하고 있다.

GE나 지멘스 등 세계적인 우량기업은 항상 메가트렌드를 읽고 수십 년 앞을 내다본 장기 비전을 토대로 사업 포트폴리오를 전략적으로 교체하고 있다.

미래를 내다보고 이상향을 만들어 '사업의 신진대사'를 추진한다

맥킨지 등이 2016년에 설립한 NPO 'FCLT(Focusing Capital on the Long Term)글로벌'은 미국의 상장 글로벌기업 615개사를 대상으로 조사를 실시했다.[14]

그 결과에 따르면 장기지향적인 회사의 매출액 증가는 1개사당 평균 100억 달러(약 1.1조 엔)를 넘었고 단기지향적인 회사를 47% 웃돌았다. 이익 평균도 장기지향적인 회사가 36%나 많았다.

한편, 장기지향적인 회사를 소중히 여겨온 일본 기업 대부분은 근시안적인 경영의 늪에 빠져 어느새 눈앞의 이익에만 신경 쓰고 있다.

중장기 트렌드를 읽어내고 이를 토대로 이상(되고 싶은, 되어야 하는 모습)을 제시하지 않고 3~5년 정도의 중기계획을 세워 적당히 상황을 모면하려 한다. 사업 연명에만 몰두해 과감한 사업'교체'에 손을 대지 못하는 상태다.

'사업의 신진대사'는 단순히 사업의 수익성이나 성장성만으로 판단해 추진하는 것이 아니다. 세계의 큰 그림을 보며 미래를 내다보고 이상향을 제시할 때 비로소 '사업의 신진대사'가 진행된다.

7 '업무의 신진대사'를 어떻게 추진하는가

▶▶▶ 업무가 내포하는 세 가지 리스크 '팽창' · '체류' · '과잉'

가치를 창조하기 위해서는 일을 해야만 한다. 일이란 업무를 말한다. 회사는 '업무의 집합체'다.

모든 업무에 의미나 가치가 있는 것은 아니다. 무의미해진 업무, 무가치한 업무, 비효율적이고 비생산적인 업무는 끊임없이 배출해야 한다.

한번 발생한 업무는 자연스럽게 사라지지 않는다. 업무를 운영하는 현장에서 항상 업무에 메스를 대고 업무의 신진대사를 추진하지 않으면 회사는 '비효율의 집합체'가 된다.

업무효율을 높이고 회사의 생산성을 높이려면 업무가 내포하는 '팽창' · '체류' · '과잉'이라는 세 가지 리스크에 대한 대책을 세워야 한다.

리스크 ① – 업무는 '팽창'한다

업무에는 다음의 세 가지 특성이 있다. 이 모든 특성이 업무의 '팽창'을 일으켜 효율성이나 생산성의 저하를 초래한다.

❶ 업무는 비대화된다

회사의 성장과 함께 업무는 증가하며 눈사람처럼 팽창한다. 그렇기 때문에 불필요한 업무, 쓸데없는 업무, 부가가치가 낮은 업무를 찾아내 항상 배출해야 한다.

❷ 업무는 개별화된다

현장의 담당자는 자신에게 맞는 방법으로 업무를 하고 싶다고 생각한다. 가령 비효율적이라 해도 자신의 방식이나 경험에 집착하고, 그 결과 사람에 따라 업무방식이 달라진다. 그렇기 때문에 업무의 표준화를 추진해야 한다.

❸ 업무는 진부화된다

가장 효율적인 업무를 정해도 여전히 다음날도 그 업무가 최적의 방식이 되리라는 보장은 어디에도 없다. 외부환경은 항상 변화하고 새로운 기술혁신이 기다리고 있다. 그렇기 때문에 업무는 항상 진화해야 한다.

업무의 팽창을 막기 위해서는 업무개선을 '주기적인 업무'로 만들어야 한다.

많은 회사들이 생각났다는 듯이 업무개선 프로젝트를 진행하고 업무정리를 하지만 일회성에 그친다.

업무개선은 각자의 현장에서 일상적으로 해야 한다. 불필요한 것을 제거하고 항상 효율화와 최적화를 지향하며 업무에 메스를 대는 것이 가장 중요한 현장의 본래 업무다.

리스크 ② – 업무는 '체류'한다

생산성을 저해하는 최대 요인은 사실 업무가 아니다. 업무와 업무가 제대로 연결되지 않고 '체류'하는 것이다.

상사의 판단이나 지시를 기다리거나 이후 공정의 정체로 인해 발생하는 '체류', 즉 대기시간 발생이 큰 손실을 일으킨다.

업무 자체를 마무리하는 것은 그리 시간이 걸리지 않지만 의사결정이나 판단에 시간이 걸리거나 내부조정에 막대한 시간을 투자하는 경우가 상당히 많다. '의사결정의 재고'나 '판단의 재고'가 업무속도를 크게 훼손한다.

업무의 '체류'를 없애기 위해서는 업무과정 전체의 재설계 및 권한규정의 재정비 등이 반드시 필요하다. 전체 과정 중 어디에서 '체류'가 발생하는지 찾아내고 병목지점을 없애야 한다.

리스크 ③ – 업무는 '과잉'된다

일본 기업 현장의 업무 비효율 특징 중 하나가 '과잉'이다.

요구 이상의 업무를 추구하는 것이 미덕이 되어 어느새 '과잉품질', '과잉서비스' 등이 현장에 정착하게 된다.

과잉의 성가신 점은 현장에서 일하는 직원들은 잘되라고 하는 일이라는 점이다. 고객에 대한 과잉서비스, 사내의 자료작성 과잉 등 '과한 것이 좋은 것이다'라는 분위기는 여전히 남아 있다.

하지만 고객에게 대가를 받지 못하는 서비스나 필요 이상의 사내 자료작성 등은 단순히 현장의 자기만족에 지나지 않는다.

'과잉'을 박멸하기 위해서는 회사의 방침을 명확하게 제시하고 표준이나 기준을 설정하는 것이 매우 중요하다. 품질기준이나 서비스 기준 등 회사의 기준을 철저히 명시하는 것이 업무 최적화의 필수요소다.

▸▸▸ 'ECRS' 접근방식

지금까지 많은 업무 신진대사 방법론이나 도구가 개발되었다.

현장에서 바텀업(bottom-up)으로 개선을 추진하는 일본적인 접근방식이 있는가 하면 톱다운(top-down)으로 삭감목표를 설정하는 6시그마와 같은 접근방식도 있다.

나는 경영 컨설턴트로서 많은 업무개혁 프로젝트를 담당했다. 이러한 경험에 입각했을 때 가장 중요한 것은 단기적이거나 일시적인 업무개선에 그치는 것이 아니라 조직적으로 업무개선 능력을 확립하고 연속적이며 지속적인 개선을 하는 것이다.

개선을 일과성 '활동(activity)'으로 끝내지 않고 현장에 뿌리내리는 '조직능력(capability)'으로 만들어야 한다.

직원 한 명 한 명이 개선에 대한 인식을 갖고 문제를 발견하고 이를 해결하기 위해서 일상적으로 노력한다. 이러한 '현장력'이야말로 업무의 지속적인 신진대사에 반드시 필요한 능력이다.

업무개선의 하나의 접근방법으로 'ECRS'라는 사고방식이 있다. 고전적인 나는 여전히 매우 유효한 방식이라고 생각한다.

'ECRS'란 업무의 네 가지 관점을 나타낸다.

① Eliminate(중단한다)

② Combine(집약한다)

③ Replace(대체한다)

④ Simplify(간소화한다)

중요한 것은 순서다.

먼저 ① '중단할 수 없는가'를 생각한다. 중단해도 문제가 되지 않는 업무는 중단하면 된다. 중단이 가장 효과적인 신진대사다.

다음으로 ② '집약할 수 없는가'를 생각한다. 분산된 업무를 한곳으로 집약해 생산성을 높일 수 있다.

나아가 ③ '대체할 수 없는가'를 검토한다. 아르바이트 직원 활용이나 로봇 활용 또는 외부 아웃소싱 등 비핵심 업무를 잘라내는 것에 대해 검토해야 한다.

그리고 마지막으로 ④ '간소화할 수 없는가'를 생각한다. 매뉴얼을 활용한 표준화나 IT 활용 등으로 업무의 단순화와 규범화가 가능해진다면 업무개선은 빨라진다.

비대해지고 팽창하는 업무와 어떻게 대치할 것인가?

업무의 지속적인 신진대사가 효과적으로 이루어지지 않으면 '살아 있는 회사'가 될 수 없다.

▶▶▶ '양질의 아날로그 시간'을 되찾는다

업무 신진대사에서 IT 활용은 필수다. GAFA의 생산성과 높은 효율성은 탁월한 IT 활용 없이는 논할 수 없다.

한편, 일본 기업은 대부분 IT를 충분히 활용하지 못하고 있다. IT에 방대한 투자를 하고 있음에도 불구하고 효과는 매우 한정적이다.

그 이유 중 하나로 '정보의 홍수'를 들 수 있다. IT 발전으로 인해 과거와 비교할 수 없을 만큼 많은 양의 정보나 데이터에 접속할 수 있게 됐다.

언뜻 보면 좋아 보이지만 현실에서는 인간이 처리할 수 없을 정도로 정보가 난무해 사내 곳곳에서 '정보의 홍수'가 발생하고 있다. 이로 인해 직원들은 별로 중요하지 않은 저질 정보에 휘둘려 불필요한 소통이나 불필요한 자료작성 등에 쫓기고 업무효율은 심각하게 떨어진다.

나는 드림 아트라는 IT기업의 사외이사다. 드림 아트는 대기업을 위한 기업정보 포털형 그룹웨어나 웹 데이터베이스, 베스트 프랙티스형 클라우드 서비스 등 IT 솔루션을 제공하는 회사다. 일본을 대표하는 쟁쟁한 대기업이 이 회사의 고객이다.

이 IT기업의 사장인 야마모토 다카아키 씨는 "모든 기술은 사람에게 적의를 드러내게 된다"고 지적하며 일찍이 IT의 무서움에 대해 말해 왔다. 나와 함께 집필한 공저에서 야마모토 사장은 이렇게 말했다.(15)

"IT는 우리 생활이나 기업의 활동에 극적인 혁신을 가져다주었다. IT가 사라지면 지금과 같은 안전하고 청결하며 쾌적한 생활을 유지할 수 없게 된다. 하지만 다른 기술이 과거에 그러했듯이 IT도 중대한 변혁기를 맞이했다. 정확히 말하자면 'IT와 관계를 맺는 방법'이 엄청난 변혁기를 맞이하고 있다."

가장 큰 문제는 '정보의 홍수'로 인해 직원들은 귀중한 시간을 뺏기고 있다는 것이다. 공저에서 지적한 바와 같이 우리는 모르는 사이에 'IT 중독'이라는 병을 앓고 있다.

직원 각자가 3현주의를 실천하고 직접 대화하며 충분히 생각하는 '양질의 아날로그 시간'이 사라지고 있다. 그 결과 업무의 부가가치가 심각하게 저하됐다. 일본 기업의 창조성이 떨어지는 요인 중 하나가 여기에 있다.

일본 기업이 창조성을 회복하기 위해서는 '정보의 홍수'를 '다스려' IT에 구속된 시간을 반드시 되찾아야 한다.

지금이야말로 IT에 의해 '사용되는 것'이 아니라 IT를 '현명하게 사용하는' 지혜가 요구된다.

8 '조직의 신진대사'는 어떻게 추진하는가

▸▸▸ 사람은 조직을 만들고 싶어 한다

회사에게 조직이란 매우 성가신 문제다.

회사를 운영하기 위해서는 조직이 필요하다. 조직은 '회사의 목적'을 이루기 위한 수단이다.

하지만 어느새 '조직을 존속'시키는 것이 자기목적이 되고 만다.

조직을 지키기 위해 또는 조직을 존속시키기 위해 그다지 필요하다고 생각되지도 않는 기능이나 업무를 만들어내서 조직을 지키려 한다. 회사라는 전체의 최적보다 개별 부문의 이익을 우선시하는 부분최적 발상에 빠지게 된다.

사람은 조직을 만들고 싶어 한다. 조직을 만드는 것은 사람의 본능이다.

사람은 무언가 새로운 것을 시작하려 할 때 먼저 그릇을 만든다. 그 속에 사람을 모으고 조직의 장이 임명된다.

이렇게 잇달아 새로운 조직이 탄생하고 어느새 회사의 조직도는 복잡하고 기괴하게 변한다.

회사 운영에 필요한 것은 사실 조직이 아니다. '회사의 목적'을 수행하기 위해 필요한 것은 기능이며 업무이다. 이러한 기능이나 업무를 효율적이고 효과적으로 수행하기 위해서는 최적의 조직을 설계해야 한다.

▶▶▶ 조직을 항상 슬림한 최적의 상태로 유지하는 '세 가지 포인트'

조직을 항상 슬림한 최적의 상태로 유지하기 위해서는 다음의 세 가지 포인트를 염두에 두어야 한다.

❶ 만들지 않는다

한번 만든 조직은 쉽게 없앨 수 없다. 그렇기 때문에 안이하게 조직을 만들어서는 안 된다. 새로운 기능이나 업무가 필요해질 경우 기존 조직 내 대응 가능 여부를 먼저 생각해야 한다.

❷ 남기지 않는다

역할을 마친 조직은 바로 해산하거나 다른 부문과 통합해야 한다.

무의미해진 조직을 남겨둬서는 안 된다. 조직이 남아 있으면 자기보호를 위한 자가증식을 시작한다.

❸ 중복시키지 않는다

닮은 기능이나 업무를 복수의 부문 혹은 부서에서 수행하고 있는 경우를 자주 본다.

이러한 상황은 비효율적인 것은 물론 회사가 통제하지 못하고 있다는 증거로 여겨진다. 정기적으로 기능집약과 업무집약을 재검토해야 한다.

조직은 한번 만들면 고정된다. 그리고 '보이지 않는 벽'을 만들어 그 속으로 움츠러든다. 이것이 회사의 생산성이나 효율성을 훼손한다.

단순하고 큼직하게 나누는 것이 조직설계의 기본이다.

▸▸▸ '미션별 조직'을 활용한다

일반적으로 조직은 기능별로 편성되는 경우가 많다. 안정적으로 작동해 기능 내부의 과제를 해결하기 위해서는 기능별 조직이 합리적인 선택지다.

하지만 새로운 경영 테마나 기능횡단적인 과제를 해결하려면 기능별 조직은 적절한 선택지가 될 수 없다. 기능 내부의 업무수행이나 과제해결이 우선이 되어 중장기적인 테마나 회사의 전체적인 과제는 뒷전이 된다.

새로운 테마나 기능횡단적인 과제를 해결하는 데 유효한 것은 '미션별 조직'이다. 어떤 특정한 미션(사명)을 수행하기 위한 조직이다.

많은 회사가 프로젝트나 특별팀을 편성하고 조직횡단적인 업무를 진행한다. 하지만 구성원의 헌신도가 낮거나 책임과 권한이 애매해 큰 성과를 내지 못하는 경우가 상당히 많다.

도요타의 효과적인 '미션별 조직' 활용 사례를 보도록 하자.[16]

[미니 사례 ❸]

퇴로를 막아 문제를 해결하는 도요타의 'BR조직'

'미션별 조직'의 좋은 예시가 도요타의 'BR조직'이다.

BR이란 'Business Reform'의 약자로 '어떤 특정한 테마 추진에 특화된 기간한정 조직'이다.

보통 조직의 틀 속에서는 좀처럼 해결할 수 없는 테마를 위해 'BR

조직'을 편성한다. 운영 키워드는 '특명'·'납기'·'전임'의 세 가지다.

즉, 회사의 미래에 매우 중요한 테마를 특별명령으로 제시하고 정해진 납기까지 퇴로를 없앤 전담팀이 전력을 다해 해결하는 것이다.

임무를 수행하면 'BR팀'은 해산한다. 고정되지 않은 조직이기 때문에 기동적으로 조직을 편성하고 해산할 수 있다.

'BR조직' 활용으로 탄생한 성과는 셀 수 없지만 그 중 가장 유명한 성과 중 하나가 하이브리드 차량 '프리우스'의 개발이다.

당시 하이브리드 차량 개발은 보통 라인 조직에서 진행하고 있었지만 좀처럼 진척이 보이지 않자 오쿠다 히로시 사장(당시)이 BR조직 활용을 결단했다.

최초의 'BR조직'은 1994년 12월에 편성됐다. 그들의 미션은 하이브리드 시스템 개발이었다.

멤버들은 이미 원리가 발표된 약 80종의 하이브리드 시스템을 다면적이고 총합적으로 검토해 도요타가 채용해야 할 콘셉트를 확립해 나갔다.

그 후 'BR조직'은 제2의 활동으로 옮겨갔다. 미션은 하이브리드 시스템의 구체적인 개발에 필요한 기능요건을 명확히 하는 것이었다.

그리고 시스템 개발의 전체적인 정리와 신뢰성을 확보한 후 마지막 완성이라는 목적을 향해 제3차 활동이 전개됐다.

제1부터 제3까지의 기간을 모두 합해도 불과 2년 8개월에 지나지 않는다. 1997년 12월 '초대 프리우스'가 발매됐다.

역사에 이름을 남길 하이브리드 차량은 경이로운 속도로 개발됐다.

9 '사람의 신진대사'는 어떻게 추진하는가

▸▸▸ 지금 필요한 것은 '매니저'가 아닌 '리더'다

회사의 노화를 방지하는 데 가장 중요하고 가장 어려운 것이 사람의 신진대사다. 특히 리더의 신진대사는 회사라는 조직에서 결정적인 역할을 담당하기 때문에 매우 중요하다.

누가 회사의 리더가 되느냐에 따라 조직 멤버의 의식이나 가치관, 행동이나 규범이 결정된다. 그리고 그것이 회사의 흥망성쇠를 결정한다.

나는 '평범한 리더는 평범한 회사밖에 만들지 못한다'고 믿고 있다.

여기서 말하는 '평범'이란 능력의 수준이 아니다. 비범해야 하는 것은 '에너지의 크기'와 '마음의 유연성'이다.

뜨거운 에너지와 참신한 발상을 지닌 리더가 아니면 미래를 개척하는 창조를 이룰 수 없다.

일본 기업도 최고 경영자가 젊어지는 경향이 있지만 서구 국가들에 비하면 아직 멀었다. 서구 국가들은 40세를 넘으면 대통령이건 최고 경영자건 사람 및 능력에 따라 높은 직책을 맡는 것이 당연하다고 여긴다.

프랑스 대통령 에마뉘엘 마크롱은 39세라는 나이에 사상 최연소 대통령으로 취임했다. "그는 아직 젊다"는 이유로 반대하는 소리는 전혀 없었다.

'리더십'과 '매니지먼트'는 명백히 다르다. 우리에게 지금 필요한 것은 '리더'지 '매니저'가 아니다.

경험은 풍부하지만 리더로서는 평범한 사람을 최고 경영자 자리에 앉혀서는 안 된다. 경험은 부족해도 비범한 리더십을 지닌 인재를 주저하지 말고 최고 경영자 자리에 앉혀야 한다.

전례없는 미래를 개척하는 것은 틀림없이 젊은 에너지이며 참신한 발상이다.

▸▸▸ 젊다고 양보하는 것을 망설여서는 안 된다

메이지시대 실업가이자 제2대 스미토모 총이사였던 이바 데이고는 58세의 나이에 모든 일을 내려놓고 고향인 시가현으로 돌아가 은둔생활을 했다. 그 때 "사업의 진보와 발전을 가장 방해하는 것은 젊은이의 과실이 아니라 노인의 발호다"라는 명언을 남겼다.(17)

리더의 자리를 언제, 누구에게, 어떻게 넘겨줄 것인가? 이는 가장 중요한 경영 판단 중 하나다.

적절한 후계자가 없는 상황에서 자리를 넘기는 것은 무책임하다. 하지만 완벽한 후계자를 찾느라 언제까지 자리를 넘겨주지 못하는 것은 더욱 무책임하다. 이바 데이고는 이렇게 지적하기도 했다.

"사람이 하는 업무 중 가장 중요한 것은 후계자를 얻는 것과 후계자에게 자리를 넘겨줄 시기를 선택하는 것이다. 이것이 모든 업무 중 가장 큰 것이다. 후계자가 젊다고 해서 자리 넘겨주길 주저하는 것은 자기가 죽는 것을 모르는 것이다."

일본 기업에서도 석세션 플래닝(승계계획)을 내놓는 회사가 늘어나고 있다. 하지만 여전히 투명성이나 대담함이 부족하다.

아무리 잠재력이 높다 해도 리더는 경험을 통해 진정한 능력을 키워 간다. 차세대 리더는 계획적으로 훈련시키고 육성해야 한다.

▸▸▸ 일률주의 인사는 악이다

탁월한 리더 후보는 실천을 통해 자연스럽게 드러난다.

'이 사람이다' 싶은 인재에게는 '능력을 개발할 수 있는 자리'를 의식적으로 마련해 빠른 시기에 리더의 경험을 쌓게 하는 것이 중요하다. 가루비의 회장 겸 CEO인 마쓰모토 아키라 씨는 이렇게 지적한다.(18)

"사람에게는 반드시 개인차가 있다. 그럼에도 불구하고 일률적인 인사 배치를 하고 있지는 않은가? 능력이 있는 사람에게 30년 혹은 40년씩 말단 경험을 시킬 필요는 전혀 없다."

연공서열을 배제하려는 일본 기업이 늘어나고 있다. 하지만 지금까지 있던 관례를 타파하지 못하고 어정쩡한 시도로 끝나는 회사가 많다.

일률주의적인 인사를 유지한 채로는 유능한 인재를 육성할 수 없다. 그뿐 아니라 외부에서 유능한 인재를 채용하는 것도 불가능하다.

'살아 있는 회사'는 과감하게 회춘을 위한 결단을 하고 끊임없이 도전한다.

예를 들어, 일본 종합 소매기업인 양품계획은 해외사업을 본격적으로 시작할 때 대담한 이사 교체를 단행했다. 단기간에 해외사업을 발전시키고 성공시킬 수 있었던 요인 중 하나는 이 인사에 있다.

당시 41세, 43세, 45세 부장급을 이사로 채용하고 해외사업을 동아시아, 서구, 서남아시아 · 오세아니아 세 지역으로 나눠 세 명이 담당하도록 했다.

셋은 서로 자극하며 성장해 리더로서 '한 꺼풀 벗겨지는' 경험을 했다. 사업 창조의 실천을 통해 차세대 리더를 의식적으로 육성하고 있는 것이다.

▶▶▶ 사람은 조금 적은 편이 오히려 적당하다

최고 경영자와 경영간부의 적절한 신진대사는 '살아 있는 회사'를 유지하기 위해 반드시 필요하다.

한편, 사원을 신진대사의 대상으로 삼아서는 안 된다.

물론 회사가 파산 위기에 처한 경우에는 어쩔 수 없이 구조조정을 선택할 수밖에 없다. 하지만 이는 궁여지책이다. 사람을 회사 실적을 위한 완충장치로 사용해서는 안 된다.

사람이라는 경영자원은 '활용하는 것'이 아니라 '완전히 활용하는 것'이다.

회사의 중대한 책무는 사람의 강점과 약점을 파악하고 그 잠재능력을 온전히 발휘할 수 있는 자리를 마련하는 것이다. 혼다 소이치로는 이렇게 말했다.[19]

"한 사람 한 사람이 자신의 강점과 약점을 숨기지 않고 명확히 표명해야 합니다. 돌은 돌이면 됩니다. 다이아몬드는 다이아몬드면 됩니다. 그리고 감독자가 부하의 강점을 빨리 파악해 키워줘야 합니다. 적재적소에 배치하는 겁니다. 그렇게 되면 돌도 다이아몬드도 모두 다 진짜 보석이 됩니다."

성벽은 다이아몬드로 쌓을 수 없다. 돌이기 때문에 강인한 성벽이 된다.

돌이 그저 길바닥에 굴러다니는 데 그치면 단순한 돌에 불과하다. 성벽을 쌓는다는 목적을 통해 돌을 '완전히 활용'할 수 있는 것이다.

직원들의 '완전한 활용'을 위한 가장 좋은 방법은 사람을 늘리지 않는 것이다. 회사는 규모에 비해 사람이 조금 적은 편이 적당하다.

사람은 일을 통해 성장한다. 사람이 적당히 적은 편이 각자에게 더욱 큰 역할과 책임을 부여하기에는 적절하다. 또 새로운 업무를 경험할 기회를 마련할 수도 있다.

사람이 적으면 신진대사도 필요없다. 지금 있는 경영자원을 최대한 '완전히 활용'하는 데 전념할 수 있다.

한편, 사람이 과잉상태일 경우 각자의 역할이나 담당영역은 작아지고 '노새'가 되어 버린다. 스트레칭(기지개)을 할 수 있는 성장의 기회를 마련하는 것도 어려워져 결국 사람을 '완전히 활용'할 수 없게 된다.

게다가 회사에 아무런 기여도 하지 않는 '무임승차 직원'이 생겨나 회사의 '짐'이 되는 건 물론 다른 직원들의 사기도 떨어뜨린다.

회사를 적은 인원으로 운영하면 모두 정예부대가 된다. 사람을 너무 늘리지 않는 것이야말로 사람을 '완전히 활용'하기 위한 필수조건이다.

제3장

'회사의 구조'를 바르게 이해한다

1 회사에는 '세 가지 측면'이 있다

▶▶▶ 회사는 '생물'이다

회사의 목적은 창조다. 그리고 '끊임없는 창조'를 위해서는 신진대사가 반드시 필요하다. '창조+신진대사'야말로 회사의 본질이다.

그렇다면 '도전–실천–창조–신진대사'라는 순환을 만들기 위해서는 무엇을 해야 하는가? 이것이 바로 '살아 있는 회사'를 유지하기 위한 근본적인 질문이다. 이 질문에 답하기 위해서는 '회사의 구조'를 바르게 이해해야 한다. 이 장에서는 '회사의 구조'를 규명하고자 한다.

회사는 '생물'이라는 말을 자주 듣는다.

고정적이고 균일한 존재가 아닌, 지구라는 환경에서 사람이 운영하는 사회에 속해 '생물'처럼 끊임없이 변화하고 움직이며 존재하는 것이다.

회사는 인간사회가 구성될 때 비로소 존재할 수 있다. 인간사회 속에서 살아가며 인간사회로 인해 살아 있을 수 있는 존재다.

그렇기 때문에 회사를 단순히 이익을 얻기 위한 머신(기계)으로 인식해서는 안 된다. 사회가 풍족해지고 인간이 행복해지지 않는다면 가령 거액의 이익을 창출한다 해도 회사라는 '생물'에는 가치가 없다.

▶▶▶ 세 가지 측면으로 '생물'을 파악한다–'경제체' · '공동체' · '생명체'

그럼 '생물'로 빗대어 설명되는 회사의 구조는 어떠한가.

여기서 말하는 구조는 눈에 보이는 조직적이고 시스템적인 구조만을 의미하는 것이 아니다. 회사를 '생물'이라고 생각하고 눈에 보이지 않는 부분까지 포함해 회사의 구조를 이해해야 한다.

회사는 다음의 세 가지 측면으로 구조화할 수 있다.[그림 3-1]

그림 3-1	회사의 구조

❶ 경제체

'경제체'란 가치를 창조하고 영리를 추구하는 회사의 목적과 역할을 수행하기 위해 필요한 기능적이고 합리적인 측면이다. 전략이나 조직제도 등 경제활동을 위해 필요한 요소와 기능이 여기에 포함된다. 경제체 측면에서 회사를 한 마디로 표현하면 '가치변환 시스템'이라 할 수 있다. '사람 · 물건 · 돈'이라는 경영자원(인풋)이 가치변환 시스템을 거쳐 더욱 큰 부가가치(아웃풋)를 창출한다. 새로운 가치나 부는 이 순환을 통해 탄생한다.

❷ 공동체

'공동체'란 사람들이 같은 목적을 공유하고 일체감을 갖고 '함께 일하는 곳'이라는 측면이다.

회사는 복수의 사람들로 운영된다. 사람 간의 관계성이나 연결을 통해 회사는 '공동체'를 형성하고 협력하며 가치를 창조한다.

❸ 생명체

그리고 '생명체'란 거기서 일하는 사람들이 일을 통해 보람을 느끼고 성장하며 활성화되는 곳이라는 측면이다.

회사는 사람이 운영한다. 사람들이 일을 통해 생동감을 느끼고 성장하며 회사에 공헌했다는 뿌듯함과 성취감을 충족할 수 있게 하는 것이 회사의 큰 사명이다. 아무리 이익을 내도 직원들의 눈이 죽어 있으면 실패한 경영이다. 직원들의 눈을 빛나게 하는 것이 경영자의 책무다.

기존의 기업론이나 경영론은 대부분 '경제체' 측면에 초점을 맞춰 왔다. 회사는 '생물'이라 지적하지만 정적이고 부분적이며 단편적인 관점과 고찰에 빠지기 쉽다.

하지만 이는 회사라는 '생물'에 대한 진정한 이해라 할 수 없다.

'경제체' · '공동체' · '생명체'라는 세 가지 측면을 통합해 회사를 하나의 '생명체'로서 받아들이고 고찰해야 한다.

▸▸▸ 보이지 않는 것, 측정할 수 없는 것이 중요하다

'경제체' · '공동체' · '생명체'라는 세 가지 측면은 동일 선상에 위치하는 것이 아니다. 마치 나이테처럼 층별로 나눠진다. '회사의 구조'를 이해하기 위해서 중요한 점이 바로 이것이다.

가장 바깥에 위치한 것이 '경제체'다. 회사의 '표면적인 얼굴'이며 회사의 경제적 퍼포먼스가 여기에서 드러난다. 그 속에 있는 것이 '공동체'다. '경제체'의 퍼포먼스를 최대화하기 위해서는 '공동체'의 질과 능력을 높여야 한다. 그리고 더 깊이 들어간 곳에 위치한 핵심부가 '생명체'다. 회사가 '생물'로 활성화하기 위해서는 그 근원인 '생명체'의 힘이 필수다. '생물'인 회사는 생명력이 넘쳐야 한다.

우리는 회사를 '경제체'로만 평가하기 쉽다. '경제체'적 회사는 보이는 부분이나 측정가능한 부분이 많고 '좋음' · '나쁨'의 판단이 비교적 용이하다. 실제로 가치변환 시스템인 '경제체'적 회사에 대해서는 지금까지 다면적이고 다각적인 고찰이 이루어졌다. 가치변환 시스템을 설계하고 구축하기 위해 필요한 기능이나 구조, 요소로 분해해 회사를 파악하려 했다. 전략, 조직, 인사, 재무, 회계, 오퍼레이션, 거버넌스 등 경영대학원에서 가르치는 경영지식은 대부분 가치변환 시스템을 구축하고 운용하기 위해 필요한 것이다.

하지만 여기에 엄청난 함정이 숨어 있다. '경제체'는 사실 회사의 극히 일부분에 지나지 않는다. 회사의 '경제체' 측면에 관한 지식의 습득만으로는 회사를 이해했다고 할 수 없다. 그 관점은 부분적이고 단편적이며 단락적이기 때문에 때때로 회사에 대해 잘못된 판단을 하게 된다.

회사라는 '생물'을 진정으로 이해하기 위해서는 눈에 보이지 않는 부분이나 측정할 수 없는 부분에 주목해야 한다. 나는 '공동체'와 '생명체'야말로 회사의 본질이라고 확신한다.

즉, '살아 있는 회사'가 되기 위해서는 '공동체'의 역동성 그리고 '생명체'의 힘과 빛을 상승시키기 위해 전력을 다해야 한다.

'경제체'적 회사는 많은 경영학자나 컨설턴트가 이미 충분히 설명했다. 그렇기 때문에 이 책에서는 다음 절 이후부터 회사의 '공동체'와 '생명체'적 측면에 대해 깊이 알아보고자 한다.

2 '공동체 관점에서 회사'를 이해한다

▸▸▸ 조화로운 하나의 힘

많은 일본 기업이 회사를 '공동체'로 규정한다.

'공동체'란 집단으로서의 장기적인 관계성을 전제로 한 조직이며 여기에 일본 회사의 한 가지 특징 혹은 특성이 있다. 모리타 아키오는 이렇게 말했다.(1)

"경영자의 수완은 얼마나 많은 사람을 조직하고 그곳에서 개개인이 지닌 최고의 능력을 끌어내 조화로운 하나의 힘으로 집결시키느냐로 측정해야 한다."

개개인을 하나로 모아 잠재능력을 끌어내고 '조화로운 하나의 힘'으로 만든다. 이것이야말로 '공동체'다.

사람과 사람이 결합해 때로는 부딪치며 연결되어 가치를 창조한다. 그 과정을 통해 사람도 조직도 성장한다.

회사를 단순히 '이익을 벌어들이기 위한 수단'으로 규정하지 않고 사람이 성장하고 자기를 실현하는 곳이라고 생각한다. '공동체'란 바로 사람이 성장하는 곳이다.

▸▸▸ 개인에 입각하는가 혹은 집단에 입각하는가

'공동체'라는 생각은 결코 일본에 국한된 것이 아니다. 유럽에도 비슷한 사고방식이 존재한다.

프랑스인이며 EU위원회 경제구조 · 개발 명예국장을 지낸 미셸 알베르는 "자본주의에는 적어도 두 가지 타입이 있다"고 지적했다.[(2)]

하나는 미국이나 영국에서 볼 수 있는 '앵글로색슨형' 자본주의다. 다른 하나는 독일이나 네덜란드 등 라인 강 근처 국가들에서 볼 수 있는 '라인형' 자본주의다. 일본은 '라인형' 자본주의에 가깝다고 여겨진다.

'앵글로색슨형'은 개인에 입각해 시장을 중심으로 하는 자본주의다. 이에 반해 '라인형'은 집단에 입각해 '공동체'를 중심으로 하는 자본주의다.

알베르는 경제적으로도 사회적으로도 '라인형' 자본주의의 퍼포먼스가 높지만 현실세계는 '앵글로색슨형'으로 수렴될 것이라 예측했다.

나는 일본 기업은 '라인형'을 유지하고 강화해야 한다고 생각한다.

결코 '앵글로색슨형'을 부정하는 것이 아니다. 유효하다고 여겨지는 사고방식이나 제도는 시비를 가려 도입하면 된다.

다만 일본 기업의 근간에는 집단이나 팀을 중시하는 '공동체'적 발상이 반드시 필요하다. 왜냐하면 이것이야말로 일본 그리고 일본인의 좋은 특성을 가장 합리적으로 살리는 길이기 때문이다.

▸▸▸ 연대감이라는 '보이지 않는 자산'이 중요하다

가고노 다다오 명예교수는 "일하는 사람들과 직장 공동체 간에 생애에 걸친 강한 연대감이 있다"는 점이 일본 기업의 특징이라고 지적했다.

그리고 이는 '적극적으로 직장을 개선하는 정신적 토대', '회사를 상처 입히는 행동을 용서하지 않는 내부통제비용 삭감', '안심하고 인재에게 투자 가능' 등의 경영상 이점이 있다고 했다.

하지만 실제로는 많은 일본 기업이 연대감을 상실했고 '공동체'는 붕괴되고 있다. 가고노 다다오 명예교수는 다음과 같이 경종을 울린다.(3)

"연대감이라는 자산은 눈에 보이지 않지만 기업의 건전한 발전에 매우 중요한 의미를 지닌다. 실로 '눈에 보이지 않는 자산'인 것이다. 우리는 눈에 보이지 않는 것에 대해서도 냉정하게 고려하는 현명함을 되찾아야 한다."

우리는 사람들과의 관계 속에서 살고 있다.

이 관계는 같은 목적을 향할 때 더욱 강해지며 그 결과 새로운 가치가 탄생할 가능성이 높아진다. 그리고 삶의 즐거움이나 행복은 이 연대에서 비롯된다.

▸▸▸ 일본인은 '장소'라는 사고방식을 소중히 여긴다

'공동체'라는 발상의 근저에 있는 것이 '장소'라는 사고방식이다.

일본인은 '장소'라는 사고방식을 소중히 여겨 왔다. 회사라는 조직에도 이것이 큰 영향을 미친다.

여기서 말하는 '장소'란 물리적인 장소와는 다르다. 마에카와 제작소 고문인 마에카와 마사오 씨는 이렇게 지적한다.(4)

"서구 사고방식에는 먼저 자신이 있다. 그리고 자신이 존재하는 장소(환

경)는 자신에게 부속된 것이며 언제든지 바꿀 수 있다고 생각한다. 이에 대해 일본의 사상가 니시다 이쿠타로는 '장소' 속의 자신이야말로 진정 자신이며 장소를 떠난 자신은 애초에 존재하지 않는다고 생각했다."

개인에 입각해 장소를 개인에게 부속된 것이라고 생각하는 서구와 비교해 개인과 장소의 연결을 더욱 깊이 생각하는 일본인은 좀처럼 장소를 바꾸지 못한다. 일본인의 유동성이 낮은 이유 중 하나가 여기에 있다.

하지만 개인과 장소를 분리하지 못하는 것이 장소에 대한 귀속의식과 집단에 대한 동료의식을 조성하고 회사라는 '공동체'로 이어지는 것도 사실이다. 마에카와 씨는 이어서 이렇게 말했다.

"200년의 전통을 지닌 일본의 회사를 보면 자본주의가 아닌 '장소주의'로 경영된다. 자본도 있고 임원과 종업원도 있으며 물론 시장도 있지만, 이 모든 것이 공동체를 이루고 있다. 즉, 공동체가 주체이며 자본은 하나의 도구에 불과하다."

일반적으로 회사의 경영자원은 '사람 · 물건 · 돈'으로 알려져 있지만 마에카와 씨는 일본과 유럽 모두 과거에는 '사람 · 물건 · 장소'가 경영의 자원이었다고 분석했다.

하지만 20세기에 들어서며 자본의 논리가 대두하는 가운데 '장소'가 '돈'으로 바뀌었다고도 지적했다. 우리는 다시금 '장소'라는 경영자원에 일본의 개성이 존재한다는 사실을 인식해야 한다.

▸▸▸ 단순히 '사이좋은 모임'이 되어서는 안 된다

'공동체'라는 장소주의적인 사고방식을 부정적으로 생각하는 사람들도 물론 있다. 히타치제작소의 V자 회복 주역인 가와무라 다카시 전 사장(현 도쿄전력홀딩스 이사 회장)은 이렇게 말했다.(5)

"일본은 가족이나 지역사회 등 자연발생적인 연결을 중시하는 '촌락 공동체'적 조직입니다. 서구 사회는 군대나 행정과 같은 외적인 목적을 달성하기 위한 '기능집단'적 조직입니다. 기업은 '이익추구'를 위해 만들어졌기 때문에 본래는 '기능집단'입니다."

히타치는 현장의 반대나 OB의 간섭으로 인해 많은 개혁을 단념한 결과 거액의 적자상태에 빠졌다. 가와무라 씨는 히타치의 부활을 위해 "정에 흔들리지 않고 이론적으로 판단한다"는 과감한 개혁을 단행했다.

조직이 '공동체'라는 미명하에 상조회처럼 '사이좋은 모임'이 되면 무의미해지는 것은 물론 기업가치가 크게 훼손된다. 합리성이 결여된 미지근한 물과 같은 '공동체'에는 아무런 의미가 없다. 가와무라 씨는 이렇게 지적했다.(6)

"(인용자 주: 촌락 공동체는) 시간이 흐르면 부패의 온상이 됩니다. 직원들 간에 생성된 과도한 친밀함은 새로운 도전을 하려는 '모난 돌'을 철저하게 부숴 버립니다. 상사의 눈치를 보며 비위를 맞추는 부하도 늘어나게 됩니다. 이러한 촌락 공동체는 치열한 글로벌 경쟁 속에서 살아남을 수 없습니다."

마을이라는 좁은 '장소'에 갇혀 있으면 그 속에서 살아남는 것만 생각하게 된다. '공동체'라는 조직에는 '부정적인 측면'이 존재하는 것도 사실이다.

▶▶▶ 창조를 가속시키는 '공동체'가 되어야 한다

하지만 만일 '부정적인 측면'이 있다고 해도 나는 일본 기업은 '공동체'를 고집해야 한다고 생각한다. '부정적인 측면'을 억제할 수만 있다면 '공동체'는 가치창조에 큰 힘을 발휘한다고 믿는다.

'공동체'를 존속시키는 것이 목적이 아니다.

'공동체'가 '회사의 목적'인 '독자적인 가치의 끊임없는 창조'에 유익하고 유효하다면 '공동체'를 고집하는 것은 합리적이고 유의미하다.

대부분의 일본 기업은 '뛰어난 개인의 힘'보다 '팀이나 집단의 결합적인 힘'을 기반으로 기업활동을 운영해 왔다. 이는 일본의 특징이며 개성이자 우위성이기도 하다.

일본의 럭비 국가대표 주장을 맡아 강호인 남아프리카를 이기는 쾌거를 이룬 리치 마이클 씨는 일본의 강점에 대해 다음과 같이 지적한다.(7) 뉴질랜드 태생으로 고등학교 시절부터 일본에서 생활한 리치 마이클 씨의 지적은 매우 날카롭고 본질적이다.

"마음이 가장 강하다. 일본에는 재능이 없어도 끈기로 싸우는 사람이 많다. 마음이 단련되어 있다. 자신의 팀에 대한 애정이 있는 일본 선수는 매우 강하다."

내가 오랜 세월 주장하고 있는 '현장력'은 '공동체'이기 때문에 탄생하는 경쟁우위다. 현장이라는 '공동체'를 축으로 삼아 경쟁력을 키운다는 발상은 일본이라는 국가 그리고 일본인과 높은 친화성을 나타낸다.

개개인의 능력을 최대한 끌어내고 이러한 힘을 결집시켜 창조로 이어간다. 이런 회사를 만드는 것이 바로 혼다 소이치로의 목표였다. 그는 이렇게 말했다.(8)

"기업이라는 배에 보물인 사람을 싣고, 키를 잡는 사람과 노를 젓는 사람이 순풍이 부는 망망대해를 화기애애하게 하나의 목적을 향해 나아가는 것만큼 즐거운 항해는 없다고 생각한다."

'공동체'는 끊임없는 창조라는 목적을 위해 존재해야 한다. 중요한 것은 '공동체의 질'이다.

3 '생명체 관점에서 회사'를 이해한다

▸▸▸ '생명체'야말로 회사의 핵심이다

'경제체'로서의 회사는 합리성과 기능성을 보장한다. '공동체'로서의 회사는 일체성과 협동성을 지닌다.

하지만 그것만으로는 '살아 있는 회사'를 만들 수 없다.

'생물'인 회사의 근원은 '생명체'로서의 강인함에 있다. '도전-실천-창조-신진대사'라는 회사의 근간을 추진하는 원동력은 '생명체'다.

아무리 합리적이고 기능적인 '경제체'를 설계하고 구축해도 그곳에 에너지가 주입되지 않으면 '경제체'는 기능을 발휘하지 못한다. 집단이 '공동체'를 형성하고 일체감을 조성해도 활력이나 열량이 부족하면 창조를 이룰 수 없다.

회사는 빛나는 '생명체'가 되어야 한다.

'생명체'로서의 강인함을 지니고 힘이 넘쳐야 한다. '생명체'로서의 힘을 잃어버리면 '경제체'도 '공동체'도 아무런 의미가 없다.

가고노 다다오 명예교수는 '생명체'로서의 활력을 '원기'라 부르며 이렇게 말했다.(9)

"전략도 중요하지만 그것보다 중요한 것은 바로 원기다. 나는 이 원기야말로 전략을 창조하는 원동력이 된다고 생각하고 '전략 구동력'이라 부르기로 했다."

많은 일본 기업들은 지금 '생명체'에 심각한 문제를 안고 있다.

패기가 없다, 의지가 부족하다, 눈동자가 죽어 있다, 이도저도 아니다, 차게 식어 있다, 포기한 상태다… 모든 것의 근간이 되는 생명력이나 활력이 고갈된 상태로는 '경제체'나 '공동체'를 조금 손질한다고 해도 아무것도 바뀌지 않는다.

특히 장기간에 걸쳐 실적이 저조하거나 경영자가 관여한 심각한 불상사가 발생할 경우 '생명체'는 심각하게 훼손된다.

이로 인해 발생하는 데미지는 상당히 크고 심각하며 장기화된다. 회사의 핵심이 상처입고 약해지기 때문에 표면적인 대처로는 상처를 치유할 수 없다.

▸▸▸ '기(氣)'야말로 '생명체'의 정체다

그렇다면 '생명체'로서의 회사의 정체는 대체 무엇인가.

그것은 바로 '기'다.

원기, 활기, 열기, 의기, 기백, 기합… 일본에는 활력을 나타내는 단어에 '기'라는 말을 자주 사용한다.

회사 또한 '기'가 근원이 되며 '기'가 충만할 때 회사는 진정한 '생명체'가 된다. 덴소의 아리마 고지 사장은 이렇게 말했다.(10)

"유명한 신사나 훌륭한 교회에 가면 그 안에 들어선 순간 자세를 바로 하게 만드는 특유의 긴장감을 느낍니다. 장엄한 건물이나 고요한 환경과 같은 물리적인 이유뿐만 아니라 그곳에 머무르는 사람들에게서도 일종의 아우라가 느껴집니다. 이 모든 요소가 모여 독특한 분위기를 만들어낸다

고 생각합니다. 우리 회사의 공장도 입구에 들어선 순간 다른 회사의 공장과는 다른 독특한 '기'를 느끼는 사람이 있으리라 생각합니다. 철저한 모노즈쿠리(역주: 장인정신을 바탕으로 한 일본의 독특한 제조문화)**를 추구해 이러한 '기'를 더욱 갈고 닦고자 합니다."**

'기'란 생명의 근원이며 생명력의 상징이다.

진지함이나 우직함 그리고 높은 몰입도는 독특한 '기'를 만들어내고 다른 사람에게도 이를 전달한다. 역사가이자 '기' 연구의 대가인 다쓰카와 쇼지 씨는 '기'의 특성에 관해 이렇게 말했다.[11]

"'기'는 눈에 보이지 않는 에너지로 알려져 있지만 사실 방향성을 지녔습니다. '마음이 없다'는 것은 '마음(기)이 가지 않는다'는 것을 의미합니다. 그렇다면 어떻게 '마음(기)이 가게' 할 것인가…."

인간은 '기'라는 감추어진 에너지를 지니고 있다. 문제는 이것이 감추어진 채로 내면을 향하고 있다는 점이다.

직원들이 마음을 열고 '기'가 충만해져 하나의 방향성을 따라 외부를 향한다. 이것이 회사의 높은 행동력이나 신체성으로 이어진다.

'기'야말로 '생명체'의 정체다.

▸▸▸ '기(氣)'는 회사의 '표정'으로 나타난다

'기'는 눈에 보이지 않는다고 생각하지만 사실 나는 잘 보인다고 생각한다.

회사에는 각자의 '표정'이 있다. 회사로서의 활력, 즉 '기'는 '표정'으로 나타난다.

창조를 향해 도전하는 '살아 있는 회사'는 희로애락이 매우 풍부하다. 어려움에 도전하고 성공하면 모두가 기뻐하고 실패하면 모두가 낙담한다.

때로는 의견이 충돌하고 화를 내기도 하지만 일 자체를 모두가 즐긴다. '숨김없이 드러내기' 때문에 인간미가 느껴진다.

한편, 창조하지 못하는 '죽어 있는 회사'는 무표정하다.

표정이 없는 것도 하나의 표정이다. 아무리 이익을 창출해도 무기력하고 무관심한데다 무표정이 만연하다면, 명백히 경영에 실패했다고 할 수 있다.

각각의 회사가 내포하는 '기'는 회사의 '표정'으로 드러난다.

우리는 회사를 '경제체'로만 인식하고 회사의 퍼포먼스를 경영적인 숫자로 측정해 비교하려 하지만, 이는 회사의 한쪽 측면만 보고 있는 것에 불과하다.

진정으로 '살아 있는 회사'인지를 알아내려면 '생명체'로서의 회사를 평가해야 한다.

▸▸▸ 뿌리를 건강하게 만든다

이 장에서 알아보고 있는 '회사의 구조'는 식물로 빗대어 생각하면 이해하기 쉽다. 회사가 창조하는 독자적인 가치나 최종적으로 남게 되는 이익은 식물의 열매나 꽃이다.

큰 열매를 맺고 아름다운 꽃을 피우기 위해 가장 중요한 것은 흙 속의 뿌리다. 뿌리는 식물의 본체를 고정하고 지탱하며 성장에 필요한 수분이나 영양소를 흡수한다.

뿌리가 건강하지 않은 식물은 쇠약해지고 결국 시들어 버린다. 반대로 건강하고 튼튼한 뿌리는 땅 속에 깊이 뿌리를 내리고 열심히 영양분을 흡수한다.

식물을 볼 때 그 크기나 가지의 상태 그리고 열매나 꽃에 눈길이 간다.

하지만 이는 어디까지나 표면적으로 보이는 부분에 불과하다. 식물의 진정한 건강상태를 알려면 땅 속 깊이 자리잡은 뿌리를 보아야 한다.

나는 뿌리가 썩어 버린 회사 혹은 썩어가는 회사를 여러 곳 보아 왔다. 그 상태를 방치한 채로 새로운 중기경영계획을 수립하거나 조직을 손봐도 결코 회사는 회복될 수 없다.

'생명체'를 회복시키는 마법은 없다. 유기체인 회사를 살리는 방법은 단 하나다.

썩어가는 뿌리를 제대로 파악하고 가령 시간이 걸린다 해도 토양부터 튼튼해지도록 영양분을 보충해야 한다. 뿌리의 재생 없이는 '살아 있는 회사'가 될 수 없다.

▸▸▸ '사람'이 건강해지면 뿌리가 건강해지고 회사가 건강해진다

식물은 뿌리 끝에 있는 가느다란 털처럼 생긴 근모를 통해 수분이나 영양분을 흡수한다. 근모는 아주 작은 세포로 이루어져 있다. 근모 하나하나 건강하지 않으면 뿌리는 제 기능을 다할 수 없다.

이를 회사에 대입하면 하나하나의 근모는 '사람'이 된다.

한 명 한 명의 직원이 활성화되어 열의를 갖고 각자의 업무를 할 때 '생명체'로서의 회사가 건강해진다.

건강한 뿌리가 영양분을 필요로 하고 흡수력이 뛰어난 것처럼, 건강한 직원들은 배움에 목말라 있고 많은 것을 흡수하려고 한다. 근모가 건강해지면 뿌리가 건강해지고 회사가 건강해진다.

한편, 건강하지 않은 직원은 흡수하는 힘이 약해 점점 말라간다. 근모가 약해지면 뿌리가 빈약해지고 회사도 쇠약해진다.

경영에서는 왜 사람이 중요하다고 하는 것인가? 이는 바로 근모의 역할을 담당하는 '사람'이 건강하지 않으면 유기체인 회사가 활성화되지 못하기 때문이다.

▸▸▸ 뿌리를 건강하게 만드는 것이 경영자의 가장 중요한 일이다

가치변환 시스템인 '경제체'는 다양한 요소로 구성되어 있다.

많은 회사는 '사람'을 그 요소 중 하나로 규정한다. 전략이나 조직 혹은 제도 등과 같은 선상에 '사람'을 두고 가치변환 시스템을 작동하게 하는 하나의 '부품'으로 취급한다.

여기에 근본적인 차이가 있다.

'사람'은 전략이나 조직 · 제도 등과 동일하게 취급되거나 규정되어서는 안 된다. 모리타 아키오는 '인간'에 관해서 이렇게 말했다.[12]

"일본이든 미국이든 뛰어난 회사의 성공에 특별한 비결이 있는 것이 아니다. 비즈니스를 성공으로 이끄는 것은 이론도 아니고 계획도 아니며 정부의 정책은 더더욱 아니다. 그것은 바로 인간이다. 만일 일본식 경영에 비결이 있다고 한다면 '인간'이 모든 것의 원점이 된다는 점이 아닐까 생각

한다."

회사를 '생명체'로 인식한다면 '사람'을 회사의 중심에 두어야 한다. '사람'이야말로 회사의 근원이며 핵심이다.

일반적으로 회사에서 '사람'에 관한 다양한 부분을 다루는 부서는 인사부다.

인사제도를 만들고 '채용-배치-평가-이동'이라는 일련의 운영을 관장한다. 이러한 구조 정비나 실제 운영에 인사부가 필요하다는 점은 이해한다.

하지만 인사란 회사의 근본을 다루는 업무다.

'생명체'·'유기체'인 회사의 활성화 여부는 뿌리의 건강상태에 달려 있다. 그렇기 때문에 인사를 인사부에만 맡겨두어서는 안 된다.

'생명체'의 뿌리를 건강하게 만드는 것은 경영자의 가장 중요한 일이다.

제1부의 핵심

'회사란 무엇인가'를 밝힌다

▶회사의 존재목적은 '독자적인 가치창조'다.

▶'독자적인 가치창조'란 고객이 인정하는 차별화된 가치를 연속적으로 창조하는 것이다. '끊임없는 창조'야말로 '회사의 목적'이다.

▶창조하기 위해서는 도전이 필수다. 기업은 '하지 않는 리스크'보다 '하는 리스크'를 선택해야 한다.

▶도전에는 용기가 필요하다. 큰 도전만이 도전이 아니다. 작은 도전에서 큰 도전을 위한 계기나 힌트를 얻을 수 있다.

▶'끊임없는 창조'에 성공한 '살아 있는 회사'는 실천을 중시한다. '일단 해보자'는 실천주의야말로 도전을 촉진하고 창조를 탄생시킨다.

창조적 신진대사

▶회사는 노화한다. '안주'와 '오만'이라는 노폐물이 쌓여 창조가 어려워진다.

▶계속해서 창조하는 회사는 노화의 무서움을 잘 알고 있다. 그렇기 때문에 'DAY 1'을 유지하기 위해 열심히 노력한다.

▶창조에는 반드시 신진대사가 필요하다. 신진대사란 '오래된 것이 새로운 것으로 교체되는 것'을 말한다.

▶'살아 있는 회사'는 '창조전략'만이 아니라 '신진대사 전략'을 명확히 하고 실행하는 회사다. 창조와 신진대사는 동전의 앞뒤와 같다.

▶신진대사란 '버림' · '중단' · '교체'다.

▶'살아 있는 회사'의 주축은 '도전–실천–창조–신진대사'다. 한편, '죽어

있는 회사'는 '관리–억제–정체–폐쇄'에 빠져 있다.

▶신진대사의 대상은 '사업' · '업무' · '조직' · '사람'의 네 가지다.

'회사의 구조'를 바르게 이해한다

▶회사는 '생물'이며 '경제체' · '공동체' · '생명체'의 세 가지 측면으로 형성되어 있다.

▶'생물'인 회사를 이해하려면 '공동체' · '생명체'라는 눈에 보이지 않는 부분과 측정할 수 없는 부분에 주목해야 한다.

▶'공동체'로서의 회사는 일체감과 연대감이라는 '보이지 않는 자산'을 만들어내고 창조를 가속시킨다.

▶회사는 '기'가 충만하고 뿌리가 활성화된 '생명체'로서의 빛 없이는 창조를 이루어낼 수 없다.

▶회사를 '생명체'로 인식한다면 '사람'을 회사의 중심에 두어야 한다. '사람'이야말로 회사의 근원이며 핵심이다.

제2부

'살아 있는 회사'가 되기 위해 필요한 것은 무엇인가

제4장

'살아 있는 회사'의 필수조건

1 ‘살아 있는 회사’가 되기 위한 핵심

▸▸▸ 우리는 사상과 사람밖에 없다

끊임없이 창조와 신진대사를 반복하는 ‘살아 있는 회사’를 만들기 위해서는 무엇이 필요한가? 제2부에서는 그 조건에 대해서 생각해 보고자 한다.

힌트를 준 것은 양품계획의 가네이 마사아키 회장이다.

양품계획에서는 항상 이사회 회의 전에 사외이사와 가네이 회장이 차를 마시며 ‘잡담’을 하는 시간이 있다. 15~20분 정도의 시간이지만 사방에서 이야기꽃이 핀다.

어느 날 이 ‘잡담’ 중에 가네이 회장이 이런 말을 했다.

“우리는 사상과 사람밖에 없으니까요.”

무심코 한 그 말에 나는 큰 충격을 받았다.

양품계획은 현재 일본의 ‘살아 있는 회사’의 대표선수라 할 수 있다. ‘도전－실천－창조－신진대사’라는 회사의 기본축이 확실하고 새로운 일에 계속해서 도전한다. 그 결과 탁월한 실적을 올리고 있다.

이런 회사의 경영자가 “우리는 사상과 사람밖에 없다”는 이야기를 아무렇지 않게 한다. 이 단순함과 떳떳함은 대체 어디서 오는 것인가?

양품계획의 훌륭한 경영을 주변에서 보는 사람들은 다양한 각도에서 이 회사를 분석하고 무엇이 성공의 비결인지 찾아내려 한다.

다른 회사가 흉내낼 수 없는 독자성이 높은 비즈니스 모델과 기능적이고 디자인성이 우수한 상품 그리고 뛰어난 브랜딩 및 마케팅 시책, 해외전략 성공, 효율성이 뛰어난 오퍼레이션, 효과적인 디지털 활용 등 다양한 요소를 찾아내고 이에 관해 이야기한다.

물론 모두 맞는 말이다. 하지만 그것이 양품계획이 이루어낸 성공의 핵심은 아니다.

가네이 회장은 양품계획의 성공의 핵심은 '사상과 사람'이라고 단언한다. 이는 '살아 있는 회사'를 만드는 데 매우 중요한 지적이다.

즉, '사상과 사람'만 있으면 양품계획과 같은 '살아 있는 회사'가 될 수 있다는 말이다.

▸▸▸ 정말 중요한 것은 '기초'를 다지는 것

제1부에서 회사는 '경제체' · '공동체' · '생명체'라는 세 가지 측면으로 구조화할 수 있다고 말했다.

지금까지의 경영학은 회사를 '경제체' 측면에서만 바라보고 어떻게 하면 '경제체'로서 강해질 수 있는가에 대해서 논하는 것이 중심이었다.

'효과적인 전략이란 무엇인가', '조직은 어떠해야만 하나', '어떤 제도가 필요한가', '어떻게 하면 건전한 재무체질을 키울 수 있는가', '지금 요구되는 거버넌스(governance)는 무엇인가', '전략적인 IT 활용이란 무엇인가' 등 각자의 요소에 대해 논하는 경향이 두드러졌다.

'전략은 불필요하다' 혹은 '조직 따위 중요하지 않다'는 말을 하려는 것이 아니다.

하지만 이러한 요소는 사실 회사의 핵심이라 할 수 없다.

집을 짓는다고 가정해 보자.

보기 좋은 집을 지으려면 고품질 알루미늄 새시나 멋진 창문이 필요하다. 하지만 일단 집이 튼튼해야 한다.

튼튼한 집을 세우기 위해 무엇보다 중요한 것이 바로 '기초'다.

'기초'를 바로 세우는 것이 건축구조물의 기본이다. 아무리 멋진 알루미늄 새시나 창문을 준비해도 '기초'가 흔들리면 '모래 위의 성'에 불과하다.

가네이 회장이 지적하는 '사상과 사람'이란 집의 '기초'와도 같다. 조금 극단적인 표현이지만 이 기초만 바로잡혀 있다면 나머지는 어떻게든 할 수 있다.

사상이란 회사의 존재이유이자 '회사의 목적'이다.

확고한 사상이 회사의 중심이 되고 그 사상에 공감하는 사람들이 있으면 조직은 자연스럽게 움직인다. 어떤 가치창조를 어떻게 해야 하는지 스스로 생각하고 답을 찾아가며 늠름하게 자신의 힘으로 전진할 것이다.

반대로 '기초'가 흔들리면 아무리 전략이나 조직, 제도를 손질해도 '살아 있는 회사'가 될 수 없다.

▸▸▸ 경영은 실천을 통해 배우는 수밖에 없다

경영대학원의 한계가 바로 여기에 있다.

다양한 요소가 복잡하게 얽혀 있는 경영을 가르치기 위해서는 각각의 요소를 분해해서 가르칠 수밖에 없다. 이를 통해 각각의 요소에 관한 지식이 풍부해지고 각 분야의 전문가를 육성할 수도 있을 것이다.

하지만 정말 중요한 튼튼한 '기초'를 만드는 방법은 가르쳐주지 않는다. 이 방법으로는 경영자를 육성할 수 없다.

'가르쳐주지 않는다'라기보다 '가르칠 수 없다'고 하는 편이 정확할 것이다.

몇백 권에 이르는 경영서적이나 비즈니스 서적을 읽고 엄청난 양의 케이스 스터디를 해도 이는 모두 과거의 이야기이자 다른 회사의 이야기에 불과하다. 안타깝지만 재현성을 기대할 수도 없고 '생물'인 회사의 본질을 습득할 수도 없다.

아무리 많이 스파링 연습을 해도 진짜 링 위에서 죽을 각오로 덤비는 대전 상대를 마주하기 전까지는 복싱의 본질을 알 수 없다. 연습과 실전은 하늘과 땅만큼 차이가 있다.

우리에게 주어진 대명제는 '살아 있는 회사'를 만드는 것이다. '살아 있는 회사'를 실현할 수만 있으면 반드시 창조는 따라온다.

회사가 살아만 있다면 경영에 관한 지식이 없어도 필사적으로 생각하고 시행착오를 겪으며 전진한다. 이 과정에서 배우는 것이 앉아서 배운 지식보다 훨씬 유익하다.

실전을 통해 경험을 쌓은 자가 나중에 이론이나 지식을 통해 자신의 경험을 재확인할 수는 있다.

하지만 지식이 경험을 대체할 수는 없다. 모름에도 불구하고 안다고 착각하는 것이 훨씬 심각한 문제다.

2 '살아 있는 회사'의 세 가지 조건

▸▸▸ 열(熱)+이(理)+정(情)=이익

'살아 있는 회사'를 만들기 위해 필요한 것은 사실 단순하다.

회사를 분해하거나 세세하게 파악하는 것이 아니라 '회사의 본질'을 알게 되면 '살아 있는 회사'가 되기 위한 조건은 자연스럽게 드러난다.

끊임없이 창조와 신진대사를 반복하는 '살아 있는 회사'의 조건은 다음의 세 가지로 집약된다.[그림 4-1]

① '열(熱)' – 뜨거운 열정
② '이(理)' – 철저한 이성
③ '정(情)' – 직원들의 심리적 충족

이 세 조건이 갖춰지고 더해질 때 회사는 활기를 띠고 '살아 있는' 상태가 된다. 그 결과는 바로 '이익'으로 돌아온다.

그림 4-1	세 가지 조건

따라서 '이익'의 최대화를 원한다면 '열' · '이' · '정'이라는 세 조건을 충족하면 된다. 이는 결코 경영을 과장해서 단순화한 것이 아니다. '회사의 본질'을 추구하면 결국 이 세 가지에 도달하게 된다.

❶ '열' – 뜨거운 열정

'열'이란 '열정(passion)'이다.

창조를 하려면 엄청난 활력과 에너지가 필요하다. 그리고 열은 뜨거움이 느껴질 만큼 커야 한다.

이러한 '열' 없이는 아무것도 시작되지 않는다. '열'이 없으면 어려움을 극복할 수 없다. 어려움을 극복하지 못하면 창조를 실현할 수 없다.

❷ '이' – 철저한 이성

'이'란 '철저한 이성(reasonability)'이다.

아무리 '열'이 커도 독선적일 경우 비즈니스가 제대로 이루어지지 않는다. 항상 이성적이고 객관적인 관점을 유지하고 철저하게 사고하는 것이 중요하다.

흔히 이론적 사고가 중요하다고 말하지만 주의해야 할 점도 있다. 논리적 사고와 '철저한 이성'적 사고는 다르다.

논리적으로 생각하는 것도 중요하지만 사실에 근거한 증거가 없거나 표면적이고 깊이가 부족한 억지 주장만 펼칠 위험도 있다.

오차노미즈여자대학 명예교수인 후지와라 마사히코 씨는 이렇게 지적한다.(1)

"이론이란 A라면 B, B라면 C, C라면 D와 같이 사슬을 끌어당기듯 Z로 귀결된다. 하지만 이론의 출발점인 A는 항상 가설이며 만일 A가 틀리면 아

무리 논리적이고 합리적인 사고를 한다 해도 정답에 도달할 수 없다."

논리에 너무 치우치면 논리를 통해 항상 같은 결론에 도달하게 된다. 비즈니스의 경우 논리적인 결론이 반드시 전략적이라고는 할 수 없다.

중요한 것은 'Logic'이 아니라 'Think'다. 철저한 이성이란 사실을 바탕으로 '철저하게 생각하는 것'이다.

❸ '정' – 직원들의 심리적 충족

'정'이란 '정서(emotion)'다.

직원들의 마음을 충족시키고 분발할 수 있도록 노력하지 않으면 도전과 창조를 이루어낼 수 없다.

비즈니스는 혼자 할 수 없다. 큰 창조를 이루기 위해서는 많은 사람의 힘이 필요하다.

사람들이 분발할 수 있도록 '정'을 자극하고 이들을 하나로 모아 보람이나 삶의 의미를 느낄 수 있게 한다면 이는 회사의 엄청난 힘이 된다.

▸▸▸ 단순하지만 굵직한 세 가지 조건

'살아 있는 회사'를 만드는 세 가지 조건을 좀 더 자세하게 설명하면 다음과 같이 표현할 수 있다.

- '살아 있는 회사'는 '열'을 띤다
- '살아 있는 회사'는 '이'를 탐구한다
- '살아 있는 회사'는 '정'이 넘친다

'도전-실천-창조-신진대사'라는 회사의 기본축을 확립하고 '살아 있는 회사'를 만들기 위해 필요한 것은 '열' · '이' · '정' 단 세 가지다.

"경영을 너무 단순화시킨다", "경영은 그렇게 간단하지 않다"는 비판의 목소리도 있을 것이다.

하지만 우리는 경영을 너무 어렵게 생각하고 있는 것은 아닌지 생각해 봐야 한다. 경영을 세세하게 나누고 분해해 각각의 '부품'을 갖추는 데 급급해 큰 전체상을 보지 못하고 있는 것은 아닌가?

지금 일본 기업에 요구되는 것은, 회사를 크고 굵직한 관점으로 다시 바라보며 단순하고 강한 '바른 회사'로 재탄생시키는 것이다.

▸▸▸ 세 가지 조건에는 공통점이 있다

이 세 가지 조건과 '회사의 구조'를 형성하는 세 가지 관점(경제체 · 공동체 · 생명체)의 관계성에 대해 생각해 보도록 하자.

세 가지 조건과 세 가지 관점은 직접 연결되지는 않지만 서로 영향을 미친다.[그림 4-2]

하지만 크게 보면 세 가지 조건과 세 가지 관점의 굵직한 연결성이 눈에 들어온다.

즉, '열'은 '생명체'에서 비롯되고 '이'는 '경제체'에서 탄생하며 '정'은 '공동체'와 깊은 관련이 있다. 세 가지 조건을 갖추기 위해 회사는 어떤 구조에 주목하고 대책을 마련해야 하는지 정확히 판단해야 한다.

세 조건은 질적으로 다르지만 두 가지 공통점이 있다.

그림 4-2	세 가지 조건과 세 가지 관점의 관계성

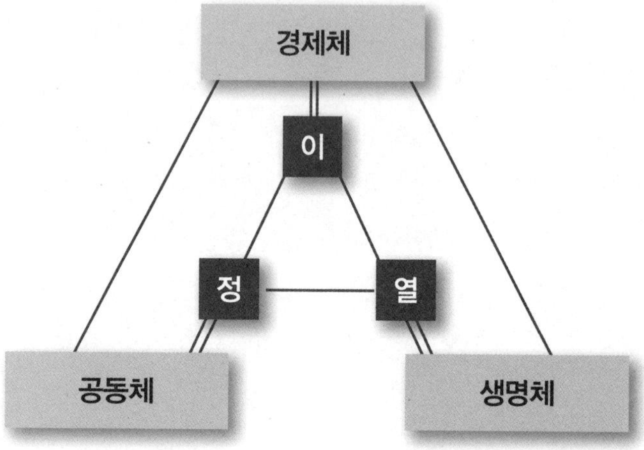

❶ 눈에 보이지 않지만 확실히 실존한다

첫 번째 공통점은 '눈에 보이지 않지만 확실히 실존한다'는 점이다.

'열'도 '이'도 '정'도 결코 눈에는 보이지 않는다. 하지만 모두가 느낄 수 있다.

눈에 보이지 않는 것을 조절하는 일은 어렵지만 경영에서는 눈에 보이지 않는 것이 중요하다. 가고노 다다오 명예교수는 지적했다.(2)

"경영의 눈에 보이는 면이나 측정하기 쉬운 면에만 치중해 객관적으로 파악하기 어려운 경영정신이 경시되고 있다."

경영자는 숫자로 측정할 수 없는 혹은 측정하면 안 되는 것을 '감각'으로 조절하는 기술을 익혀야 한다.

❷ 항상 변화하고 안정되지 않는다

두 번째 공통점은 '항상 변화하고 안정되지 않는다'는 점이다.

회사는 '생물'이며 움직이는 것이다. '열' · '이' · '정'도 항상 움직인다.

지금은 높은 상태여도 무언가의 영향을 받아 침체되거나 사라질 위험 또한 숨어 있다. 반대로 매니지먼트에 따라 부활이나 재생도 가능하다.

눈에 보이지 않고 안정되지 않는다. '열' · '이' · '정'이란 회사라는 '생물' 그 자체다.

▶▶▶ '형태'를 갖추어도 조건은 충족되지 않는다

그렇다면 '살아 있는 회사'가 되기 위한 필수조건인 '열' · '이' · '정'을 어떻게 충족하면 되는 것인가.

구체적인 방법은 다음 장에서 밝히도록 하겠다. 그 전에 염두에 두어야 하는 것이 있다. 그것은 바로 '형태'만 갖추어서는 이 세 가지 조건은 얻을 수 없다는 것이다.

'열'을 띠기 위해서는 '회사의 목적'을 나타내는 이념이나 비전이 필요하다. '이'를 보장하기 위해서는 중기경영전략(중계)을 수립해야 한다고 알려져 있다. '정'을 충족하기 위해서는 인사제도를 재검토해야 한다고 알려져 있다.

하지만 이러한 '형태'를 갖췄다고 해서 '살아 있는 회사'가 되는 것은 아니다. 반대로 말하면 이념이나 중계, 인사제도 없이도 '살아 있는 회사'가 될 수 있다.

이념이 있기 때문에 '열'을 띠는 것이 아니다. 중계가 있기 때문에 '이'가 보장되는 것이 아니다. 인사제도가 있기 때문에 '정'이 충족되는 것이 아니다.

'살아 있는 회사'가 되기 위해 필요한 것은 '형태'가 아니다. '형태' 너머의 '보이지 않는 무언가'다.

제5장

'살아 있는 회사'는 '열(熱)'을 띤다

1 '열'의 정체를 밝혀낸다

▸▸▸ '열' 없이는 아무것도 시작되지 않는다

'살아 있는 회사'가 되기 위한 첫 번째 조건은 '열'이다.

'열'이란 뜨거운 열정, 엄청난 열기, 평균을 넘어선 열의를 말한다. 회사 전체가 '열'을 띠고 높은 '체온'을 유지하지 못하면 창조를 이루어낼 수 없다.

경영학 서적을 읽어도 '열'이란 말은 나오지 않는다. 하지만 '살아 있는 회사'를 만들기 위해서는 '열'이 결정적으로 중요하다. 일본이 자랑하는 수학자인 오카 기요시는 창조에 관해 이렇게 말했다.(1)

"등골에 찌릿하게 전기가 흐를 정도가 아니면 창조를 해낼 수 없어요."

30년이나 경영 컨설턴트로 일을 하다 보면 많은 회사를 만나게 된다. '열'을 띤 회사도 있는가 하면 그렇지 않은 회사도 있다.

'체온'이 낮은 회사의 변혁을 지원하는 일은 매우 어렵다. 전략에 대해 논의하기 전에 먼저 '체온'을 높이는 작업부터 시작해야 하기 때문이다.

'열'이 사라지고 '체온'이 낮은 상태에서는 그 어떤 새로움도 태어나지 않는다.

창조는 '열'이 없는 곳에서는 절대 이루어지지 않는다. 자동차가 휘발유 없이 달리지 못하는 것처럼 '열'이란 에너지 없이 회사는 창조를 할 수 없다.

▸▸▸ '열'이야말로 'DAY 1' 기업과 'DAY 2' 기업의 결정적인 차이다

많은 일본 기업의 근본적이며 치명적인 과제는 이 '열의 소실'이다.

아무리 훌륭한 비전을 내걸고 정밀한 중기경영계획을 수립하며 조직이나 제도를 손질한다 해도 '열'을 상실한 채로는 결과를 낼 수 없다.

아마존 CEO인 베조스가 'DAY 1'을 고집하는 이유가 바로 여기에 있다. 'DAY 1' 기업과 'DAY 2' 기업의 결정적인 차이가 바로 '열'이다.

'DAY 1' 기업에는 아무것도 없다. 실적도 없고 자산도 명성도 없다. 이 기업이 가진 것은 오직 미래를 창조하려는 '열'뿐이다.

하지만 기업 첫날의 풋풋하고 감히 측정할 수 없는 '열'이야말로 'DAY 1' 기업의 최대 우위성이며 눈에 보이지 않는 자산이다. 'DAY 1'이란 '뜨거운 열정'을 의미한다.

열정이란 기세 좋게 말을 하거나 아무 계획 없이 돌아다니는 것이 아니다.

진정한 열정은 마음 깊숙한 곳에 숨어 있다. 구글의 에릭 슈미트과 조너선 로젠버그는 이렇게 지적한다.(2)

"열정적인 사람은 이를 겉으로 드러내지 않는다. 다만 삶의 방식을 통해 그 열정을 알 수 있다. 끈기, 기개, 진지함, 모든 것을 제쳐두고 몰두하는 자세 등 열정적인 사람의 자질은 이력서만으로는 알 수 없다."

'열'이란 인간의 내면에서 솟아나는 것이다. '열'이 있는 것처럼 포장해도 결코 오래가지 못한다.

▸▸▸ '살아 있는 회사'는 '열량'이 엄청나다

'살아 있는 회사'는 조직 전체의 '열량'이 엄청나다.

'조직 전체'라는 점이 매우 중요하다. 회사 전체가 '열'을 띠고 '열덩어리'가 되어야 한다.

한편, '죽어 있는 회사'는 '열량'이 부족하다. 물론 그 중에 '열'을 지닌 사람이 없지는 않지만 조직 전체의 '열'로 확산되지는 않는다. '체온'이 낮은 조직에 머무르면 '열'을 지닌 사람도 점차 '열'을 잃게 된다.

기업의 가치는 본래 그 회사가 내포하고 있는 '열량'으로 측정해야 한다. 이익이나 주가를 바탕으로 기업가치를 산정해도 이는 기업가치의 실체라 할 수 없다.

체온계처럼 회사의 '열량'을 재는 도구가 있으면 편리할 테지만 안타깝게도 회사의 '열량'은 실제로 측정할 수 없다. 하지만 '열량'이야말로 기업의 본래 가치다.

무엇인가를 이루고자 하는 '마음', '의지', 어떤 어려움을 만나도 극복하는 '우직함'과 '집념'이 바로 열량이다. 회사의 가치는 '열량'의 크기로 결정된다 해도 과언이 아니다.

▸▸▸ '열'을 띠기 위한 세 가지 논점

회사 전체가 '열'을 띠고 높은 '체온'을 유지하려면 어떻게 해야 하는가? 세 가지 논점을 들 수 있다.

❶ '열'은 어디서 오는가

회사 전체가 '열'을 띠어야 한다고 생각한다면 먼저 '열'의 발생 근원지를 찾아야 한다.

❷ '열'은 어떻게 퍼지는가

'열'이 발생하는 근원지를 찾았다면, 그 다음은 어떻게 해야 조직 전체에 '열'을 확산시킬 수 있는가, 혹은 조직 전체가 '열'을 띠기 위해서는 어떻게 해야 하는가를 고민해야 한다.

❸ 잃어버린 '열'은 어떻게 되찾는가

'열'을 잃어버린 회사는 어떻게 해야 하는가, 한번 잃어버린 '열'을 다시 지필 수 있는가도 중요한 논점이다.

사외이사 등의 업무를 통해 만난 내 주변 회사들을 구체적인 사례로 들며 '열의 정체'에 관해 생각해 보고자 한다.

2 '열'은 어디서 오는가

▸▸▸ 구심력이 되는 '회사의 목적'

일상적인 비즈니스에서는 크게 의식하지 않지만 회사에서는 '회사가 존재하는 목적'이 매우 중요하다.

'무엇을 위해 회사가 존재하는가', '사회에 어떻게 공헌해야 하는가', '우리는 무엇을 위해 일을 하는가'가 명확하지 않다면 '열'은 발생하지 않는다. 페이스북 창업자인 마크 저커버그는 하버드대학 졸업식에서 이렇게 말했다.(3)

"우리는 큰 목적을 향해 나아가야 한다. 큰 목적을 향해 나아가려 할 때 미친 사람 취급을 받기도 한다. "뭘 하고 있는지 제대로 알지도 못한다"고 비난을 당한다. 하지만 사전에 모든 것을 알 수는 없다. 실수를 두려워한 나머지 아무것도 하지 않는다면 결국 아무것도 할 수 없게 된다. (중략) 모두가 목적을 지니도록 하는 것이야말로 중요하다."

회사는 목적을 위해 존재한다. 그 목적에 공감하는 사람들이 모이고 직원들이 '회사의 목적'과 연동되는 각자의 목적을 갖고 이를 실현하기 위해 매일 실천한다. '살아 있다는 것'은 바로 그런 것이다.

'회사의 목적'은 조직의 '열의 근원'이며 '중심'이고 구심력이다. '중심'이 확실한 회사는 강하다. 사람 한 명의 힘은 작지만 이 모든 힘이 같은 방향을 향하고 증폭되면 큰 '열'을 낳고 엄청난 힘으로 변화한다.

▸▸▸ 개인의 마음에서 시작된다

회사는 들꽃처럼 자연스럽게 생성되지 않는다. 누군가가 의지를 가지고 회사를 설립한다. 그 의지, 즉 개인의 마음이야말로 '회사의 목적'이다.

개인의 마음이란 '주관'이다. 이렇게 사람을 행복하게 하고 싶다, 가슴이 뛰는 미래를 만들고 싶다, 세계를 이렇게 바꾸고 싶다…. 처음에는 꿈같은 이야기라는 소리를 들을지도 모른다. 주변 사람들로부터 '허풍쟁이' 취급을 당할 수도 있다.

하지만 누군가가 무엇인가를 시작하지 않는다면 아무것도 변하지 않고 그 어떤 새로운 것도 탄생하지 않는다. 꿈과 이상을 진지하게 논할 때 비로소 '열'이 탄생한다. 현실이나 이론만 이야기해서는 '열'을 만들 수 없다. 압도적인 주관 한 개가 나약한 수천 혹은 수만 개의 객관을 물리친다.

'불씨'는 커야 한다. 데일 정도로 뜨거운 열정이 아니면 불똥이 튀지 않는다. '열'이 충만하고 '열량'이 큰 회사도 처음부터 '열'을 띠고 있지는 않다. 개인의 강력한 마음이 '불씨'가 되어 다른 사람에게 옮겨가고 조직 내에 퍼지게 되는 것이다.

'불씨'가 클수록 퍼지는 범위도 넓어지고 속도도 빨라진다.

위대한 경영자는 모두 '불씨'를 지니고 있다. IHI와 도시바 사장을 역임하고 일본경제단체연합회 회장을 지낸 도코 도시오는 이렇게 말했다.(4)

"우리는 아주 적은 수에 불과하지만 '불씨 같은 사람'이 있다는 사실을 알고 있다. 스스로 뜨겁게 불타오르는 사람 말이다. 이들에게서는 불꽃이 튀고 열기가 전해지는 느낌을 받는다. 사실 이런 사람이 직장이나 업무를 이

끌어간다. 그리고 주위 사람들에게 불을 붙여 타오르게 하는 것도 바로 이런 사람이다."

'불씨'가 되는 개인의 마음에 이끌리듯 공감하는 사람들이 모이고 동료가 된다.

개인의 마음에 대한 공감은 조직의 공통목적으로 승화되고 조직의 '중심'이 된다. 높은 공감성을 지닌 공통목적이야말로 '열의 근원'이다.

▸▸▸ 왜 페이스북은 기본방침을 바꿨는가

페이스북은 2017년에 기본방침을 변경했다. 이 회사는 2004년 창업 이래 '세계를 더욱 열린 곳으로 만들고, 더욱 연결된 곳으로 만들자'라는 기본방침을 유지해 왔다. '연결'이 페이스북이라는 회사의 목적이었다.

CEO인 저커버그는 10년이 넘게 소중히 여기던 기본방침을 '커뮤니티를 구축하는 힘을 부여하고 세계의 연결을 더욱 강하게 만들자'로 바꿨다.

영국의 EU 탈퇴나 미국의 트럼프 대통령 당선 등으로 인한 현실사회의 분단을 우려한 저커버그는 자신들의 역할을 단순한 '연결'에서 '더욱 강한 연결'로 바꿀 결심을 했다. 저커버그는 이렇게 말했다.[5]

"사람들의 연결을 돕고 의견을 표명하는 장소를 제공하면 세계는 자연스럽게 나아지리라 생각했다. 하지만 사회는 여전히 분단된 상태다. 우리가 할 수 있는 일이 더 있다고 확신했다."

페이스북은 주변 환경의 변화에 따라 자신들의 역할이나 회사의 존재

목적을 바꾸었다. 이는 저커버그의 신념이며 결의다. 이것이 새로운 '열의 근원'이 되었으며 페이스북의 '열'은 사라지지 않는다.

▸▸▸ 마음이 '장식'이 되어 버린 회사가 많다

지금 일본에 페이스북처럼 진심으로 이상이나 목적을 뜨겁게 논하는 회사가 얼마나 있는가. 회사의 목적이나 사명이 존재하긴 하지만 그냥 '장식'에 지나지 않는 회사가 실로 많이 존재한다.

'회사의 목적'은 다양한 말로 표현된다.

긴 역사를 지닌 회사의 경우 창업자의 마음이나 신념이 '기업이념', '미션', '비전' 등의 말로 표현되고 남아 있다. 여기에는 각 회사가 목표로 하는 모습이 담겨 있으며 회사의 목적이 나타난다.

많은 회사들이 이러한 말을 액자에 담아 회의실에 걸어놓는다. 하지만 액자는 먼지를 뒤집어쓰고 빛이 바랜 채 아무도 보지 않는 '장식'으로 전락한 지 오래다.

게이오대학의 시미즈 가쓰히코 교수는 경영이념이나 비전을 '현관의 우산꽂이'로 표현했다. 어떤 집에 가도 비슷한 제품이 있다. 물론 있는 편이 좋지만 '없어도 크게 불편하지 않은' 것이라 지적했다.(6) 현실을 돌아보면 시미즈 교수의 지적은 정확하다 할 수 있다.

하지만 이는 회사의 상태가 매우 심각하다는 것을 의미한다. '살아 있는 회사'의 필수조건인 '열'을 낳는 '열의 근원'이 녹이 슬어 버렸다. 이 상태로는 회사의 구심력이 제대로 작동하지 않고 회사가 '열'을 띠는 것도 불가능하다.

▸▸▸ 말만 가지고 '열'은 만들어지지 않는다

창업자들의 마음이나 신념은 말로 표현된다. 말로 하지 않으면 사람에게 전할 수 없기 때문에 세대를 초월해 계승할 수도 없다.

하지만 말로 표현할 수 없는 것, 계승할 수 없는 것이 있다.

바로 '열'이다. 회사 창업 당시의 열기나 고양감은 이를 실제로 체험한 사람이 아니면 느끼지 못한다. 시미즈 가쓰히코 교수는 마음 공유에 따른 어려움에 대해 이렇게 지적한다.(7)

"결국 경영이념이나 가치관, 비전은 말로 표현되지만 그 본질은 말이 아닌 말 너머의 마음과 감정, 고양감이라는 것을 알 수 있습니다. (중략) 경영이념의 유무나 비전의 명확함은 사실 그다지 의미가 없는 논의입니다. 중요한 것은 경영이념이나 비전의 의미를 스스로 실감하고 공감할 수 있느냐, 그리고 이미지화할 수 있느냐, 나아가 납득할 수 있느냐는 것입니다. 그렇기 때문에 말뿐만 아니라 그 말의 배경과 스토리에 대한 이야기를 하지 않으면 이념에 공감하기 어렵습니다. 반대로 말하면, 말 따위는 그다지 중요하지 않다는 것입니다."

이 지적은 날카롭게 본질을 꿰뚫는다. 창조를 하려는 회사에게 필요한 것은 말이 아니라 '열'이다. 말만으로는 '열'이 만들어지지 않는다. 이 말을 어떻게 표현하고 전달해야 직원들이 모두 '열'을 띠고 자발적으로 행동하게 되는가? 의욕을 불어넣어 사람을 움직이게 하는 것은 사람의 '열'이다.

강렬한 주관과 '열량'으로 계속해서 성장 중인 마더 하우스의 사례를 보도록 하자.

●○ 케이스 1

경영자의 신념과 행동으로 회사를 이끌어가는 마더 하우스

마더 하우스는 2006년 3월에 24세의 야마구치 에리코 씨가 설립했다. 그녀는 게이오대학에서 개발경제학을 전공하고 미국의 미주개발은행에서 인턴으로 일했다. 그 때 국제기관의 개발도상국 원조 방식에 큰 의문을 느꼈다. 현장에도 가지 않고 개발도상국의 실제 상황도 모른 채 탁상공론의 정책 만들기에만 집중하는 엘리트들을 보며 '내 일은 여기서 서류를 작성하는 게 아니다'라는 사실을 깨달았다.

그리고 아시아의 최빈국 중 하나인 방글라데시로 날아갔다.

현지의 대학원을 다니며 개발도상국의 실태를 자신의 눈으로 확인하고 자신이 무엇을 할 수 있는지 그리고 무엇을 해야 하는지 생각했다.

그녀는 방글라데시의 특산품인 황마(마의 일종)를 만났다. 지역 공장의 상황은 열악했다. 비인간적인 환경에서 싸고 품질이 낮은 제품을 대량생산하는 공장을 보며 '이 사람들이 만들 수 있는 제품의 한계는 정말 이 정도에 불과할까? 기회가 있다면 더 나아질 수 있지 않을까? 더 큰 가능성이 있지 않을까?'라는 감정이 솟아났다. 강렬한 감각이 그녀의 가슴에 불을 붙였다.

그녀는 일명 '공정무역 상품'에 대해 부정적인 인식이 있었다. "불쌍하니까 사줘"라는 메시지는 조금도 공감할 수 없었다.

스스로 현지에 뛰어들고 현지 사람들과 함께했기 때문에 그녀는 개발도상국의 가능성을 피부로 느끼고 있었다. 그녀는 자신의 사명을 발견했다.

진정한 경쟁력이 있는 부가가치가 높은 상품을 개발도상국에서 전 세계를 대상으로 판매할 수 있다면 사회나 경제 구조는 바뀐다. 이 방법은 분명 원조보다 지속적으로 더 많은 사람들에게 행복을 가져다줄 수 있을 것이다.

이렇게 그녀는 회사를 설립하게 됐다.

'개발도상국에서 세계가 인정하는 브랜드를 만든다'가 회사의 이념이다. 대학시절 선배이자 골드만삭스증권에서 근무하던 야마자키 다이스케 씨가 부사장으로 합류해 협력체제를 구축했다.

그로부터 10년이 지났지만 마더 하우스의 이념을 실현하는 길은 여전히 가시밭길이다. 모두가 공감하는 이상을 내걸었지만 현실적으로는 인프라가 정비되지 않은데다, 품질관리 구조나 관리 훈련을 받은 인재도 없는 개발도상국에서 선진국 소비자가 원하는 고품질의 상품을 만드는 일은 매우 어렵다.

마더 하우스에 연이어 어려움이 닥쳐온다. 문제나 혼란, 좌절은 일상이다. 하지만 이 모든 일들이 그녀를 강하게 만들고 회사를 단련시키고 사람을 성장시킨다. 현재는 가방을 생산하는 방글라데시의 자사 공장 직원이 200명을 넘었다. 일본 국내의 자사 점포는 20곳이 넘고 대만과 홍콩에도 진출했다. 방글라데시 외의 개발도상국에서도 가능성을 모색하고 있다. 네팔에서는 숄을 생산하고 인도네시아와 스리랑카에서는 액세서리를 생산한다. 인도에서는 패브릭(의류품) 생산도 시작했다. 일본을 비롯한 선진국의 눈 높은 소비자가 '가지고 싶다'고 생각하는 디자인과 높은 품질을 겸비한 상품이 개발도상국에서 생산되고 있다. 그리고 생산에 관여하는 개발도상국 사람들에게는 엄청난 자신감과 프라이드가 생겼다.

일본에서도 마더 하우스의 이념에 공감하는 사람들이 계속해서 입사하고 있다. 대기업을 퇴사하고 합류하는 사람들도 늘고 있다. 경영은 이상을 논하는 데 그쳐서는 안 된다. 내가 먼저 움직이고 좌절하고 실패도 경험해야 한다. 그럼에도 불구하고 포기하지 않고 앞으로 나아가는 모습을 볼 때 사람들이 공감하고 그들 또한 움직이려 한다. 이 작은 회사의 가르침은 어마어마하게 크다.

▶▶▶ 경영자가 '불덩이'가 되는 수밖에 없다

회사가 '열'을 띠는 방법은 단 한 가지다.

최고 경영자가 자신이 믿는 '회사의 목적'이나 '생각', '신념'을 자신의 말로 전하고 직접 땀을 흘리며 행동하는 것이다. 최근 일본 기업의 경영자는 중기경영계획을 수립하거나 M&A를 반복해 '벌어들이는 힘'을 키우는 일에는 열심이지만 회사의 이상이나 꿈은 열심히 논하지 않는다.

'회사의 목적', 즉 '회사가 무엇을 위해 존재하는가?'는 최고 경영자만 논할 수 있다.

이를 경시하거나 포기한 상태로는 회사가 '열'을 띨 수 없다. 직원들에게 열기, 열의가 부족하다고 느낀다면 그 원인은 경영자에게 있다.

단, '회사의 목적'을 직원들에게 강요해서는 안 된다. 말이 겉돌고 직원들의 마음에 울리지 않으면 직원들은 행동하지 않는다. 중요한 것은 직원들의 마음 내면에서 솟아나는 내발적 에너지를 끌어내는 일이다.

이를 위해서는 말로만 '회사의 목적'을 논하는 것으로는 충분하지 않다. 직원들은 최고 경영자의 진심과 각오를 본다. '오사카 유신의 회'를 설립한 전 오사카 시장 하시모토 도루 씨는 리더십의 본질에 관해 이렇게 말했다.(8)

"중요한 것은 많은 유권자가 바꾸고 싶다고 생각하는 '사회의 벽'을 정치가가 제시하고 벽을 뛰어넘기 위해 도전하는 것입니다. 말만 해서는 안 됩니다. 죽을 각오로 행동해야 합니다."

자신이 먼저 불덩이가 되어 자신이 믿는 일을 이루고자 하고 있는가? '열'은 이런 행동에서 비롯되고 직원들에게 전해진다.

3 ‘열’은 어떻게 퍼지는가

▸▸▸ 이념을 외치기만 해서는 ‘열’을 만들 수 없다

아무리 ‘불씨’가 있어도 그것만으로는 회사 전체가 ‘열’을 띠지는 않는다. 회사 규모가 커질수록 ‘열’의 확산은 어려워진다.

하지만 여기서 포기하면 결코 ‘살아 있는 회사’가 될 수 없다.

100년 이상 이어진 대기업이 경영이념을 쇄신했다. 새로운 시대에 맞추어 미래지향적으로 이념을 변경하고 “제2의 창업을 목표로 한다”고 최고 경영자가 말했다.

이념을 만들 때는 직원들로부터 다양한 의견을 모집했다. 사가(社歌)도 리뉴얼하고 매일 아침 체조를 하며 사가를 부르고 업무를 시작한다고 한다.

이 방법이 나쁘다고 할 생각은 없다. 하지만 정말 이 회사가 ‘열’을 띠고 있는지 나는 의문이다.

먼저 이념수립을 위해 직원들로부터 의견을 모집할 필요가 없다. 이념은 회사의 존재이유이며 회사의 ‘중심’이다. 최고 경영자가 자신의 내면에 끊임없이 묻고 결정해야 하는 것이다.

수립한 이념을 매일 아침 모두가 제창하고 사가를 부르면 새로운 이념을 ‘외우는’ 데는 효과적일지 모른다.

하지만 이념을 외운다 해도 ‘납득’하지 않으면 직원들의 행동은 변화하지 않는다. 결국 이념을 바꾸어도 의미가 없는 것이다.

▸▸▸ '열의 근원'을 늘려 회사 전체에 퍼뜨린다

'열'을 회사 전체에 확산시키기 위해서는 더 많은 '열의 근원'이 필요하다. 조직이 커질수록 '열의 근원'은 더 많아져야 한다.

예를 들면, '불덩이' 같은 경영자가 있어도 경영자 한 사람이 계속해서 '열의 근원'이 되는 것은 어렵다.

회사이념은 공유하는 것이 아니다. 단순한 공유라면 책자를 배포하거나 이념을 모두가 제창해 외우면 된다. 하지만 공유만으로는 '열'이 탄생하지 않고 결국 직원들의 행동도 변하지 않는다.

공유를 넘어 '열'을 탄생시키기 위해서는 경영자의 '분신', 즉 이념의 '선교사'를 육성해야 한다. '선교사'를 늘리는 것이 바로 '열의 근원'을 늘리는 것이다.

'선교사'를 육성하려면 다음의 세 단계를 거쳐야 한다.

❶ '공유'에서 '공감'으로

사람의 행동을 바꾸려면 '공감'이 필요하다.

'공감'이란 머리로 이해하는 것이 아니라 '마음으로 느끼는 것'이다.

경영자의 강렬한 마음이나 뜨거운 열정이 직원들에게 꽂혀 마음에 전달된다. 경영자의 '열'이 '불똥'처럼 튀어 직원들은 그 이념을 실현하기 위해 움직인다.

페이스북의 저커버그가 내놓은 새로운 회사이념은 직원들의 마음에 다시 불을 지피는 데 성공했다. 이는 회사이념 자체의 공감성이 높고 직원들이 저커버그의 진심을 알기 때문이다.

❷ '공감'에서 '공명(共鳴)'으로

'공유'에서 '공감'으로 가는 단계는 행동을 촉진한다는 측면에서는 중요하다. 하지만 이 시점에서는 한 명 한 명의 직원이 아직 이념과 하나가 되지 않은 상태다.

경영자의 '열'은 전달되었고 행동도 하고 있지만 마음 깊은 곳에서 완전히 신뢰하는 단계는 아니다. 이 벽을 넘기 위해 필요한 것이 성공체험이다.

'공감'한 이념을 바탕으로 스스로 움직여 성공을 경험하고 이러한 체험을 반복할 때 '공감'은 '공명'으로 심화된다. 성공체험을 통해 이념과 더욱 빠르게 하나가 된다.

❸ '공명'에서 '공진(共振)'으로

'공명'한 직원들은 스스로 '열'을 띠기 시작한다. 즉, 사내에 '선교사'가 탄생한다.

'선교사'는 스스로 이념을 전하고 다른 직원들을 계몽시킨다. 이념을 실천하고 성공체험을 쌓은 직원들은 이념 그 자체다. 이를 '공진'이라 한다. '공진'의 단계에 도달하면 사내 곳곳에 '열의 근원'이 생긴다. 그리고 '열'은 빠르게 조직 내에 확산된다. 회사의 열량이 급속도로 높아지고 회사 전체가 '열'을 띤다.

현장에 입각한 독특한 연수를 통해 '선교사'를 육성하는 마더 하우스의 노력을 보도록 하자.

●○ 케이스 2

사원을 '열의 근원'으로 바꾸는 마더 하우스의 현장연수

마더 하우스에서는 '팩토리 비지팅'이라는 연수를 실시한다.

이는 점장 및 매니저급 직원들을 생산현장인 개발도상국으로 보내 마더 하우스의 이념을 '체감'하기 위한 연수다.

마더 하우스에서 일하는 대부분의 사람들은 이 회사의 이념에 공감해 입사한다. 하지만 이는 이념을 머리로 이해한 것에 불과하다.

'개발도상국에서 브랜드를 만든다'는 것이 무엇인지 더 깊이 생각하고 납득하려면 실제로 개발도상국에 찾아가 자신의 눈으로 보고 듣고 느끼는 수밖에 없다.

나도 이 연수에 참가해 네팔을 방문했다.

점장들은 개발도상국의 현실을 직접 눈으로 확인하고 매우 충격을 받는다. 전근대적인 공방이나 공장을 방문하고 실제로 현지의 장인들과 함께 제품제조 체험도 한다. 편도만 몇 시간이 걸리는 거친 도로를 달려 산속의 누에 생산지도 방문한다.

일본의 공장처럼 유복한 환경도 아니고 말도 통하지 않는다. 하지만 점장들은 직원들에게 다양한 질문을 하고 교류하고자 한다.

나는 점장들이 매일 조금씩 변화하는 모습을 놓치지 않았다.

마더 하우스라는 회사가 개발도상국에서 무엇을 하고자 하는가? 이 일에는 어떤 의미가 있는 것인가? 그들은 스스로 생각하고 자기 나름대로 답을 찾아가고 있었다.

'공감'은 '공명' 그리고 '공진'으로 깊어지고 한 사람 한 사람이 '열의 근원'이 된다. 야마구치 에리코 사장은 블로그에서 이렇게 말했다.

"국제사회에서 보면 욕야카르타나 카트만두, 콜롬보는 결코 주류가 될 수 없고 존재감도 없다. 이대로는 짓눌려 사라져 버릴 것이다. 미시적인 현장에서 느끼는 것은 강하다거나 약하다거나 혹은 크다거나 작다거나 하는 경제적 척도로는 결코 측정할 수 없는 '개성'의 아름다움이다. 이 사실을 깨달으면 세계는 분명히 더욱 빛나게 되리라 생각한다. 이 사실을 조금이라도 느껴 주었으면 하는 마음을 담아 앞으로도 이 연수를 계속하려 한다."

'열'은 말이나 이론만으로는 전해지지 않는다.

현장을 경험하고 자신의 마음으로 느끼고 직접 생각하고 스스로 납득해야 한다. 이 모든 과정을 거쳤을 때 우리는 비로소 자신의 언어로 말할 수 있게 된다.

'열'은 이렇게 확산된다.

4 잃어버린 '열'은 어떻게 되찾는가

▸▸▸ '열'은 되찾을 수 있다

앞서 말했듯이 회사는 노화에 따라 '열'을 잃게 된다.

'열'을 잃지 않기 위해 'DAY 1'의 상태를 유지하는 것이 무엇보다 중요하다. 하지만 한 번 잃어버린 '열'을 다시 되찾는 것이 가능한가?

답은 '예스'다.

'열'을 잃어버린 회사에 다시 불을 지피는 일은 결코 쉽지 않지만 다시 '열'을 띤 회사로 재생시킬 수는 있다.

이를 위해서는 다음의 두 가지 접근법이 있다.

▸▸▸ 회사에 '열'을 되찾다 1 – 원점으로 돌아가다

첫 번째 접근법은 회사 창업 시점, 즉 '원점으로의 회귀'다.

회사가 탄생한 'DAY 1'의 목적이나 이념으로 되돌아가 다시 한번 원점을 확인하고 사내에 이를 침투시켜 '열'을 되찾는 방법이다.

어떤 회사든 창업 당시에는 높은 이상이 있다. 하지만 점차 이상은 희미해지고 어느새 사라지게 된다.

환경에 적응하는 데만 초점을 맞춘 결과 '무엇을 위해 회사가 탄생했는가?'라는 원점을 잃어버린다. '열'을 되찾는 한 가지 방법은 원점으로 되돌아가는 것이다.

창업의 원점으로 돌아가 '열'을 되찾은 양품계획의 사례를 보도록 하자.

●○ 케이스 3

희미해진 사상을 되찾고 전진하는 양품계획

양품계획은 '무인양품(無印良品)'을 전개하는 회사다. '무인양품'은 1980년에 세이유의 자사 브랜드로 탄생했으며 1989년에 독립했다.

당시의 홍보 문구는 '이유 있는 저렴한 가격'이었다. 소비사회에 대한 대립명제로 탄생한 이 브랜드는 '느낌 좋은 생활'의 실현을 제안한다.

생활의 기본이 되는 정말 필요한 제품을 정말 필요한 형태로 만든다. 이를 위해 소재를 재검토하고 불필요한 생산 공정을 없애며 포장을 간소화하는 등 심플하고 아름다운 상품으로 많은 사람들로부터 지지를 받고 있다.

일본 국내만이 아니라 해외에서도 'MUJI' 브랜드로 인기가 높아져 해외 점포수는 일본 국내를 넘어섰다. 인터브랜드 재팬이 선정한 'Japan's Best Global Brands(2017년)'에서는 19위를 기록했다.

2020년도에는 영업수익 5천억 엔, 영업이익 600억 엔, ROE 15% 이상, 세계 점포수 1,200점포를 목표로 삼고 있다.

지금은 순조롭게 발전하고 있는 양품계획이지만, 2001년에는 실적악화가 초래한 적자로 인해 구조조정을 피할 수 없을 만큼 심각한 상황에 처했었다.

가네이 마사아키 회장은 당시의 상황을 "사상이 흐려졌다"고 표현했다.

상품개발에 대한 사고방식이 흔들리기 시작했고 눈앞의 수익을 확보하기 위해 시대에 영합하는 '무인양품'답지 않은 상품이 늘어났다. 소비자들은 이를 간파했고 무인양품은 지지층을 잃어버렸다.

가네이 회장은 '이럴 때야말로 무인양품의 원점으로 되돌아가는 것이 중요하다'고 생각했다. 그리고 외부 디자이너로 조직된 '고문위원회'와 경영

진의 교류를 부활시켰다.(9)

'무인양품' 창립 당시에는 다나카 잇코 씨 등 일류 크레이터들이 큰 역할을 담당했다. '무인양품'의 사상이 항상 상품개발에 반영되고 '무인양품'다운 상품을 세상에 선보였다.

하지만 약 20년이 지나고 그 사상과 경영진 및 간부 사이에 간극이 생겼다. 재개한 모임에서 창립 당시의 사상을 재확인하고 이를 다시 회사의 중심으로 삼았다. 양품계획의 재부상은 여기서 시작됐다. 가네이 회장은 이렇게 말한다.(10)

"내가 사장으로 일할 수 있는 이유는 양품계획에 무인양품이라는 훌륭한 콘셉트가 있기 때문입니다. 흔들리지 않는 사상이 있기 때문입니다. (중략) 나는 이 사상을 모두가 이해하며 탐구심을 갖고 즐기는 방법 외에는 양품계획이라는 회사가 성공하는 길이 없다고 생각합니다."

많은 회사가 창업자를 카리스마적 존재로 숭배한다. 즉, 사람이 카리스마가 된 상태라 할 수 있다.

하지만 창업자가 퇴임하면 그 사상은 서서히 희미해지고 껍질만 남는다.

양품계획은 사람이 아니라 사상 그 자체를 카리스마로 삼으려 한다. 그 결과 리더가 바뀌어도 사상은 계속해서 살아남는다. 이 사상을 잇는 사람이 다음 리더로서 사상을 계승한다.

보편성 높은 사상을 모든 직원들이 믿고 공감하며 실천하는 조직은 반드시 영원히 지속된다.

▸▸▸ 회사에 '열'을 되찾다 2 - 새로운 이상을 내걸다

두 번째 접근법은 과거로 회귀하지 않고 미래지향적이고 새로운 이상을 내거는 것이다. 새로운 경영환경에 적응하기 위한 회사의 트랜스폼(변신)이다.

페이스북이 새로운 회사이념을 내건 것처럼 새로운 시대에 맞는 자신들의 사명과 존재가치를 다시 정의하고 새로운 이상을 내건다. 새로운 'DAY 1'을 시작하는 회사에는 두근거림이 되돌아오고 새로운 '열'이 주입된다.

비연속성이 높은 비전을 내걸고 미래를 개척하려고 하는 SOMPO홀딩스의 노력을 보도록 하자.(11)

●○ 케이스 4

새로운 이상을 내걸고 탈피를 꾀하는 SOMPO홀딩스

손해보험 대기업인 SOMPO홀딩스는 '안심 · 안전 · 건강의 테마파크 만들기'를 새로운 비전으로 내걸고 회사의 완전한 트랜스포메이션(변신)을 꾀하고 있다.

그룹의 변신을 이끄는 사쿠라다 겐고 그룹 CEO의 입버릇은 "'SOMPO가 예전에는 보험회사였대'라는 말을 듣고 싶다"이다.

인구감소와 저출산이 진행 중인 국내 보험시장은 성숙됐고 여기에만 매달려서는 더 이상 성장을 기대할 수 없다.

그래서 SOMPO는 지금까지 유지해 온 경영의 틀을 파괴하고 전혀 다른 회사로 '재탄생(reborn)'하려 한다.

그 축 중 하나가 간호 · 돌봄사업 진출이다. 와타미, 메시지와 같은 간호 · 돌봄사업을 잇달아 인수함으로써 일본 국내에서 두 번째로 큰 사업자가 됐다. 그 배경에 있는 전략은 '고객과 접하는 시간을 늘린다'이다.

보험 비즈니스는 고객과의 접점이 한정적이고 '온'과 '오프'의 차이가 크다. '온'인 시간을 늘려 고객을 지원하는 시간을 늘리는 것이 새로운 서비스 창출로 이어진다. 간호 · 돌봄뿐만 아니라 고객의 '안심 · 안전 · 건강'한 생활을 위한 다양한 서비스 제공이 SOMPO의 테마파크 구상이다.

이 실현을 위한 열쇠가 바로 디지털 전략이다.

단순히 신규분야 진출에 그치지 않고 선진 디지털 기술을 구사해 새로운 서비스를 제공하거나 현장 생산성의 비약적인 성장에 도전하고 있다.

또한 해외성장을 추구하는 전략에도 여념이 없다. 2017년에는 농업보험 등에 강점을 지닌 미국의 엔듀런스 스페셜티 홀딩스(현 SOMPO인터내셔널)를 인수했다.

여기서도 디지털 기술의 조합을 통해 더욱 높은 이익을 창출하는 것이 목표다.

새로운 비전 실현을 위한 조직 구성에도 많은 노력을 기울인다.

일본 국내 손해보험 · 생명보험 · 돌봄 · 해외보험의 주요 4개 사업에 '사업오너'를 임명했다. 각 사업 오너는 수십억 엔 한도 내의 투자는 스스로 결정할 수 있는 권한을 보유하며, 각각의 사업가치 최대화를 위해 매진한다.

조직의 원심력을 최대한 작동시켜 빠르고 역동적인 사업전개 체제를 구축하고 있다.

실제로 2018년 1월에는 미국의 Lexon Surety Group, LLC 산하의 보증보험사업회사를 SOMPO인터내셔널이 주도해 인수했다.

한편, 각 사업에 공통된 기능에 관해서는 CFO(최고 재무책임자)나 CDO(최고 디지털책임자) 등의 C×O 제도를 도입해 그룹의 구심력 역할을 부여했다.

2016년에 CDO로 외부에서 참여한 나라자키 고이치 상무집행임원은 실리콘밸리에서 벤처기업을 경영한 경험이 있다.

채용 시에 사쿠라다 CEO 그리고 니시자와 게이지 손보재팬일본흥아사장과의 면담에서 느낀 인상에 대해 그는 이렇게 말했다.(12)

"아아, 이 사람들은 진심이구나. 이렇게 큰 대기업의 최고 책임자들이 위기감을 갖고 진심으로 회사 전체나 사회를 바꾸려고 생각하고 있구나. 이런 사람들에게 스카우트 제의를 받다니, 남자로서 정말 더할 나위 없이 행복하다."

디지털 기술이 회사나 사회를 바꾸지 않는다.

'바꾸고 싶다', '바꾸자'라는 사람의 강렬한 의지와 뜨거운 열정이 회사와 사회를 바꾼다.

제6장

'살아 있는 회사'는 '이(理)'를 탐구한다

1 '이'의 정체를 밝혀낸다

▸▸▸ 회사는 '합리적인 존재'여야 한다

창조를 위해서는 '열'이 필수다. '열'이 없다면 용기가 샘솟지 않고 도전하려는 기백이 생기지 않는다. '열'이야말로 창조의 원점이다.

하지만 '열'만으로는 창조를 이룰 수 없다는 것도 사실이다.

뜨거운 마음만 겉돌아 무의미하게 에너지나 자원, 시간을 낭비하면 창조는 일어나지 않는다.

경제활동을 하는 회사는 '합리적인 존재'가 되어야 한다. 치열한 경쟁에서 이기고 창조라는 목적을 이루기 위해서는, 때로는 냉철하고 냉담하다고 생각될 정도로 이치를 따져야 한다.

시대의 큰 흐름이나 고객의 동향을 냉정하게 읽고 자사의 강점이나 약점을 객관적으로 고찰해야 한다. 그리고 '이거라면 이길 수 있겠다'라는 합리적인 시나리오를 작성하고 '이거라면 결과가 나온다'라는 합리적인 방법으로 실행을 해야 한다. 이를 위해 필요한 정보를 억척스럽게 모으고 다면적으로 분석하고 깊이 고찰한다.

창조를 위해서는 '이'를 탐구하는 끈질긴 노력과 탁월한 지적 능력이 필수다.

▸▸▸ 회사에는 '열'띤 합리성이 필수다

'열'은 때때로 폭주한다. 과거의 성공체험을 부정하고 비연속적인 창조를 이루려면 때로는 폭주라고 생각될 정도의 결단도 필요하다.

하지만 이는 '제어된 폭주'여야만 한다.

폭주를 컨트롤하지 못해 회사가 파산하는 상황은 결코 있어서는 안 된다. 엔진에 '냉각장치'가 필요하듯 회사도 항상 '이'를 탐구해야 한다.

시대를 개척한 위대한 경영자들은 한결같이 '이'의 중요성을 인식하고 있었다. '열'의 덩어리 같았던 혼다 소이치로는 이렇게 지적하기도 했다.(1)

"인간의 가치는 사물을 이론적으로 생각해 합리적으로 처리하는 지혜와 능력에 비례한다."

'열'과 '이'는 대립하지 않는다. 무언가를 이루려 하는 '열'이 있기 때문에 그 대상이나 방법에 대한 합리적이고 이론적인 고찰이 중요하다.

회사에는 '열을 띤 합리성'이 필수다.

▸▸▸ 탁상공론은 안 된다

'이치추구'란 단순히 책상 위에서 이론을 논하는 것이 아니다.

많은 회사의 전략이 표면적인 이론에 그친 채 진정한 합리성을 담보하지 못하는 실정이다. 일반적인 데이터나 2차적인 정보에만 의존해 이론을 내세우려 하기 때문에 탁상공론이 되고 만다.

진정으로 이론적인 측면을 추구하려 할 때 중요한 것은 현실을 마주보고 '사실(fact)'을 철저하게 파악하는 것이다.

1차적인 정보를 고수하지 않으면 리얼한 '이'를 추구할 수 없다. 얕은 논리보다 설령 단편적이라 해도 '결정적인 사실(conclusive fact)'이야말로 '이'를 보장한다.

마더 하우스가 지금 진행 중인 '개발도상국에서 전 세계적인 브랜드를 만든다'는 이념은 일반적인 잣대로 볼 경우 합리적이라 할 수 없다.

인프라도 정비되지 않은데다 품질관리 수준도 낮고 사람도 육성하지 못한 개발도상국에서 선진국 소비자가 원하는 상품을 만든다는 것은 비현실적이며 합리적이라 할 수 없다.

하지만 야마구치 에리코 사장은 직접 방글라데시에서 생활하며 황마라는 소재를 찾아냈고, 벵갈인의 근면성실함 그리고 뛰어난 손재주를 발굴했다. 탁상공론이 아닌 실제 체험에서 얻은 사실에 근거한 자신의 직감을 믿었다.

그녀가 하는 일에는 엄연한 근거가 있다. 무모하게 보일지 모르지만 사실 매우 논리적으로 판단하고 행동하고 있다.

현재의 '이'가 반드시 미래의 '이'가 되지는 않는다. 그녀는 미래의 '이'를 바라보고 시행착오를 겪으며 성과를 내고 있다.

진정한 '이치추구'를 위해서는 현장 · 현물 · 현실을 중시하는 '3현주의'를 경영의 바탕으로 삼아야 한다.

회사의 '신체성'을 높여 현장에서 움직이고 현실을 직시하며 사실에 근거해 사고하는 것이야말로 '이'를 보장하는 유일한 방법이다.

▸▸▸ '이치추구'로 고수익 기업이 된 가루비

'이치추구'란 무엇인가. 사실을 직시하는 것이 무엇인가를 가르쳐주는 좋은 예시가 가루비(역주: 일본의 제과회사)의 재생이다.(2)

7분기 연속 증수증익을 기록하며 식품업계의 고수익 기업으로 자리잡은 가루비지만 현 회장 겸 CEO인 마쓰모토 아키라 씨가 최고 경영자로 취임했을 당시에는 저수익으로 인해 어려운 상황에 처해 있었다.

'시장점유율이 이렇게 높은데 어째서 이 회사는 수익이 낮은가?'라는 마쓰모토 씨의 소박한 의문에서 회사의 재생이 시작되었다.

각종 경영 측면의 숫자를 찬찬히 훑어보자 그 원인이 드러났다.

최대 원인은 높은 제조원가였다. 당시 제조원가율은 65%로 경쟁사들에 비해 13%나 높았다.

그 요인은 일본 전국 17곳에 있는 공장가동률이 평균적으로 60%에 지나지 않았다는 점에 기인한다. 즉, 너무 많은 공장을 세운 결과 공급과잉 상태가 되었고 고정비가 높아져 수익이 낮아지는 구조가 되었다.

비용이 높기 때문에 가루비 상품가격은 경쟁사 상품보다 15~20% 가량 높았고 시장점유율도 낮아지는 경향을 보이고 있었다. 판매량이 줄어들면 공장가동률은 낮아지고 비용은 더욱 높아지는 악순환이 반복되고 있었다.

마쓰모토 씨는 먼저 변동비 삭감에 착수했다. 고정비를 바로 낮추는 것은 어렵기 때문에 먼저 원료나 자재를 본사 집중구매로 변경하는 등 변동비를 철저하게 재검토하기 시작했다.

그리고 변동비 삭감을 통해 제조원가가 낮아지면 이를 상품가격에 반영해 소비자에게 환원했다. 그러자 판매량이 증가했고 생산량도 확대돼 공장가동률이 대폭 개선되었다. 현재 가동률은 평균 90% 이상이다.

65%였던 제조원가율이 55%까지 낮아졌으며 그 차액은 그대로 영업수익률 향상으로 이어진다. 이러한 사실을 바탕으로 한 '이치추구'적인 접근법을 통해 가루비는 12%에 가까운 영업이익률을 기록하는 고수익 기업이 되었다.

가루비의 재생에 '마법'은 없다.

숫자와 사실을 직시하고 거기서 드러난 문제점을 하나씩 해결한다. 회사 전체에 큰 방법을 제시하고 '이치추구'에 근거한 실행을 반복한다.

이것이 바로 '로직(logic)'이다.

도리나 윤리를 무시한 '이'는 있을 수 없다

'이'란 단기적인 경제합리성만을 의미하는 것이 아니다. 사회 속에서 살아가는 존재인 회사는 더욱 큰 관점에서 '이'를 생각해야 한다.

'이'란 본래 사물의 큰 방향, 도리를 소중히 여기는 것이다. 그럼에도 불구하고 비즈니스의 세계에서는 어느새 단기적인 경제합리성만을 의미하게 되었다. 그 결과 '돈이 되는가?'라는 단순하고 얕은 합리성만이 통용되고 있다.

경제합리성을 부정하는 것이 아니다. 하지만 눈앞의 경제합리성만으로 사물을 판단한다면 이는 단순한 금욕주의에 불과하다. 사람이 행복해지기 위해 존재하는 회사의 본분은 뒷전으로 밀리고 그 누구도 리스크를 부담하는 도전을 하지 않게 된다.

왜소해진 '작은 합리성'에 얽매이지 않고 대국적인 '큰 합리성'을 통해 사물을 바라보는 것이 중요하다. '큰 합리성'이 보장되면 반드시 결과는 따라온다.

'이'란 선 · 규범 · 대의 · 인도(人道) 없이는 이룰 수 없다.

도리와 윤리가 항상 '이'의 바탕이 되어야 한다.

2 전략적인 '이'를 담보하다

▸▸▸ 전략이란 '차별화 시나리오'다

경영의 '이'란 다음의 두 측면에서 바라보아야 한다.

- 전략 레벨의 '이'
- 실행 레벨의 '이'

전략 레벨의 '이'란 회사는 '무엇으로 경영해야 하는가?'라는 큰 사업의 방향성을 정하는 단계에서 '이치추구'가 이루어져야 한다는 의미다.

회사는 사업을 한다. 사업의 선택은 회사의 의사 그 자체이며 경영에서 매우 중대한 결단이다.

회사의 목적은 경영자의 주관으로 정해진다. 그리고 주관의 강도에 따라 '열'이 발생하고 창조의 원동력이 된다.

하지만 주관이나 '열'만으로는 경영을 할 수 없다.

'열'은 주관에서 비롯된다. 하지만 전략은 객관성을 통해 보장되어야 한다. 냉정하고 때로는 냉철 혹은 냉담하다고 생각될 정도로 합리적인 눈으로 전략을 음미해야 한다.

전략을 한마디로 표현한다면 '차별화 시나리오'다.

다른 경쟁사가 실현할 수 없는 독자성이 높은 차별화란 무엇인가? 이를 명확히 하고 좁혀나가는 것이 전략이다.

차별화가 가능한 사업이란 무엇인가? 그 사업에서 구체적으로 어떤 차별화된 가치를 만들어낼 것인가? 비용으로 차별화를 실현할 것인가? 혹은 부가가치로 차별화를 창출할 것인가? 객관적으로 이러한 검토를 진행하고 자사에 가장 맞는 합리적인 전략을 수립해야 한다.

이를 위해서는 회사를 둘러싼 환경이나 경쟁상황, 고객 수요의 변화 그리고 자사의 강점과 약점, 경영자원 등을 객관적으로 분석하고 냉철하고 냉담하게 고찰해야 한다.

실현가능한 합리적인 차별화를 위한 시나리오가 없다면 창조는 이룰 수 없다.

▸▸▸ 진정한 차별화란 모방불가능성을 확립하는 것이다

다른 경쟁사가 쉽게 따라 할 수 있는 차별화는 의미가 없다. 차별화는 지속적이어야 한다.

진정한 차별화란 모방불가능성의 확립이다.

경쟁사가 쉽게 따라 할 수 없을 만큼의 깊이나 개성이란 무엇인가를 정의하고 확립하는 것이 전략의 목적이다.

모방불가능성은 블랙박스화해야 한다.

예를 들어, 같은 설비를 사용해 같은 과정을 거쳐 유사한 상품을 만들고 있음에도 불구하고 성능이나 품질에는 결정적 차이가 나타난다. 여기에는 블랙박스화한 기술이나 기능, 노하우가 숨어 있다.

정보화사회가 진행되고 대부분의 정보를 쉽게 손에 넣을 수 있게 됐다. 이로 인해 모방은 훨씬 용이해졌다. 하지만 99%는 흉내낼 수 있어도 남은 1%의 유무가 결정적인 차이를 낳는다.

이 1%야말로 우위성의 원천이며 회사의 매우 중요한 지적 자산이다.

▸▸▸ '전략적인 이치추구'를 낳는 네 가지 요령

지속적인 차별화 실현의 선택지는 다양하다.

이러한 선택지에서 가장 차별화 실현가능성이 높은 선택지를 선택하고 여기에 경영자원을 집중시킨다. 이것이 바로 '선택과 집중'이라는 사고방식이다.

이를 다르게 말하면 '버림'이 된다.

회사의 경영자원에는 한계가 있다. 또한 각각 회사에 따라 강점도 있고 약점도 있다. 이러한 요소를 감안해 '우리는 무엇을 하지 않을 것인가'를 정하는 것이 전략의 열쇠다.

높은 성장이 기대되는 분야라 해도 차별화 실현, 즉 모방불가능성 확립이 어렵다고 판단되면 굳이 진출하지 않거나 철수하는 경영 판단이 요구된다.

경영자원이 무한하면 아무것도 고민할 필요가 없다.

하지만 현실적으로 경영자원은 유한하다. 한정된 경영자원을 어떻게 사용할 것인가? 이에 따라 차별화의 실현 여부가 결정된다.

'경사(傾斜)'가 있는 자원분배야말로 의미를 지닌다.

아무런 의지도 없이 기계적으로 균등하게 배분만 한다면 경영자는 필요없다. 무엇인가를 '버리기' 때문에 귀중한 경영자원을 다른 곳에 배분할 수 있는 것이다.

하지만 '선택과 집중'을 실행해 '경사' 자원분배를 실행해도 전략 레벨의 '이'가 반드시 보장되는 것은 아니다. 톰 피터스와 로버트 워터맨은 이렇게 지적한다.(3)

"교과서처럼 정확하고 합리적인 길을 걸어온 결과 매우 잘못된 길에 접어

든 회사의 수는 이루 말할 수 없다."

얕은 합리성은 위험하다. 그렇다면 '진정한 합리성'이란 무엇인가? '전략적인 이치추구'란 무엇을 의미하는가?

이를 이해하기 위한 네 가지 요령에 대해 생각해 보고자 한다.

요령 1 '적사성(適社性)'을 중시한다

일본 기업에도 '선택과 집중'이란 사고방식이 침투하고 있다.

과거에는 다각화라는 미명 아래 가능성이 있는 사업이라면 어떤 분야든 진출하는 회사가 많았다.

그 결과 사업 분야는 확장됐지만, 모든 분야가 이도저도 아닌 상태가 되고 진정으로 차별화된 사업은 만들어내지 못했다. '종합'이라는 미명 아래 모든 분야를 고루 적당히 경영하는 방식이 되고 만 것이다.

이러한 경험에 대한 반성을 바탕으로 많은 일본 기업이 '선택과 집중' 쪽으로 방향을 전환했다.

냉정하게 생각해 보면 경영에 있어 '선택과 집중'은 매우 당연하다. 경영자원이 무한하면 굳이 선택할 필요가 없지만 아무리 큰 기업이라 해도 경영자원은 한정적이다.

즉, 경영에서 선택은 필수조건이라 할 수 있다.

이보다 더 중요한 것은 '무엇을 선택할 것인가'이다. 다양한 선택지 가운데 차별화 실현가능성이 가장 높은 것은 무엇인가? 그리고 모방불가능한 우위성이란 무엇인가? 이를 구별하는 것이야말로 전략이다.

'선택과 집중'이라고 하면 사업의 성장성이나 수익성과 같은 방향에서 사업을 정리하고 취사선택하는 것이 일반적이다. 하지만 이것만으로는 잘못된 판단을 내리게 된다.

가장 중요한 것은 '적사성(適社性)'이다. 각 회사의 특징이나 특성에 맞는 사업을 선택하는 것이 무엇보다 중요하다.

아무리 고성장과 고수익이 기대된다 해도 그 사업의 차별화를 실현할 수 있는 경영자원이나 핵심 역량이 부족하다면 해당 회사에는 적합하지 않은 사업이다.

예를 들어, 세계의 가장 큰 흐름 중 하나가 '플랫폼 비즈니스'다. IT, 소매, 금융 등 업계나 시장의 '기반' 자체를 비즈니스로 삼고 플랫폼의 '거버너(통치자)'를 목표로 하는 전략이다.

아마존, 페이스북, 세일즈포스닷컴 등은 플랫폼 제공자로서 소유권을 쥐고 세계를 석권하고 있다. 이는 디지털시대의 경쟁전략으로 일본 기업도 무시할 수 없는 중요한 흐름이다.

하지만 일본 기업이 반드시 이 흐름에 편승하는 것이 옳다고는 할 수 없다.

일본 기업에 맞는 전략과 부가가치 창출 방법은 무엇인지 냉정하게 판단해야 한다. 산토리홀딩스의 니나미 다케시 사장은 이렇게 말했다.[4]

"일본 기업이 플랫폼 제공자로서 '폴 포지션'에 서는 것은 어려울지도 모릅니다. 하지만 거기서 멈춰 버리면 시시해지기 때문에 다양성을 더욱 심화시켜 끈기를 가지고 혁신적인 상품이나 서비스를 창출할 생각입니다."

플랫폼 제공자가 되려는 것을 부정하는 것이 아니다. 부족한 자원이나 능력을 인수나 제휴로 보완할 수도 있다. 하지만 '흐름을 읽는 것'과 '흐름에 떠밀려가는 것'을 같다고 할 수는 없다.

무엇보다 중요한 것은 세계의 큰 흐름을 바로 파악하고 자사의 강점이나 특징을 최대한 활용해 '없어서는 안 되는 회사'를 목표로 삼는 것이다.

'적사성'을 판단하고 사업영역을 전략적으로 음미해 고수익 창출에 성공한 미쓰비시전기의 사례를 보고자 한다.(5)

●○ 케이스 5

> 신진대사를 단행해 '강한 것을 더욱 강하게'로
> 좋은 실적을 내고 있는 미쓰비시전기

일본 대형 전기제조업체 가운데 현재 가장 높은 수익성을 자랑하는 회사 중 하나가 미쓰비시전기다.

2010~12년도 연결 영업이익은 평균 2,038억 엔이었으나 2014~15년도에는 3,094억 엔으로 약 1천억 엔 증가했다.

히타치제작소나 도시바를 능가하는 업적을 기록하며 건전한 재무기반을 굳건히 다지고 있다. 2015년도 자기자본비율은 45.3%에 달했으며, 히타치의 21.8%, 도시바의 6.1%를 크게 웃돈다.

미쓰비시전기의 실적 호조를 이루어낸 최대 요인은 '강점을 더욱 강하게'를 철저히 추구한 구조개혁이다.

이 회사 사업의 주축은 FA(팩토리 오토메이션)이며, 자동차 기기로 구성된 산업 메카트로닉스, 엘리베이터로 구성된 중전기 그리고 에어컨을 중심으로 한 가전기기의 세 부문이다. 독자적인 강점을 지닌 분야만 특화하고 반대로 강점이 없는 사업은 과감하게 정리했다.

높은 성장이 기대되는 분야라 해도, 우위성이 낮고 미쓰비시전기와 궁합이 맞지 않는 사업에서는 철수했다. 이러한 구조개혁은 아주 철저하게 이루어졌다.

2003년에는 반도체 시스템 LSI를 르네사스 테크놀로지(현 르네사스 일렉트로닉스)에게 양도했으며, DRAM은 엘피다 메모리에게 양도했다. 2008년에는 휴대전화 사업과 세탁기 산업에서 철수했다. 2002년부터 2008년까지 6천억 엔 규모의 사업을 정리했다.

또한 2012년에는 미국의 리어 프로젝션 TV, 2013년도에는 프로젝터 액정 모니터, 2014년에는 동합금 부문에서 철수했다. 2015년도에는 휴대전화 판매사업을 가네마쓰에게 매각했으며, 2008년 이후에도 총 1,600억 엔이 넘는 규모의 사업에서 철수했다.

즉, 2002년부터 약 10년 동안 8천억 엔에 가까운 사업의 신진대사를 단행한 것이다.

종합전기제조업체라는 미명하에 확고한 맥락 없이 확대된 사업영역을 과감하게 축소시키고 미쓰비시의 진정한 강점 사업에 집중했다. 그리고 해당 부분에 경영자원을 집중시켜 더욱 강화한다는 방침을 관철하고 있다.

모터를 성숙기 제품의 대표라 여기지만, 사실 모터는 많은 제품에 사용되는 '산업 분야의 쌀'이라 할 수 있으며 성능과 품질이 뛰어난 모터는 성장 분야다.

미쓰비시전기는 모터의 일본 국내제조를 고수하며 우위성의 원천 단계까지 수준을 끌어올렸다. 또한 회전기 성능 향상에 필수인 파워 반도체에도 독자적 강점을 지닌다.

반도체사업에서 철수할 때에도 파워 반도체만은 남겨두었다. 언뜻 보기에는 수수하지만 이러한 숨겨진 강점을 바르게 인식하고 갈고 닦고 있다.

전략이 반드시 기발할 필요는 없다. 자신을 바르게 인식하고 자사의 강점을 고수하며 철저하게 갈고 닦아야 한다. 전략이란 '자신을 더욱 두드러지게 하는 것'이다.

미쓰비시전기는 2020년도까지 연결매출액 5조 엔 이상, 영업이익률 8% 이상이라는 성장목표를 내걸었다. 이 회사는 '신진대사 단계'에서 '창조 단계'로 크게 방향을 바꾸려 하고 있다.

요령 2 중장기적 관점으로 통찰하고 결단한다

합리적인 판단은 시간축의 길이에 따라 달라진다. 단기적으로는 합리적일지 모르지만 중장기적으로는 불합리한 경우도 있다.

전략 레벨의 '이'에서 중요한 것은 중장기 관점의 '이'를 추구하고 통찰하며 보장하는 것이다. 눈앞의 '이'만 추구해서는 진정한 창조를 이룰 수 없다.

'미래는 혼탁하기에 예측할 수 없다'는 지적도 있을 것이다. 하지만 사실 예측가능한 미래도 상당히 많다.

일본의 인구감소, 고령화사회의 도래, 전 세계 규모의 인구폭발, 식량부족 심화, 엄격해지는 환경규제 등 거시적이고 인구 동태적인 측면에서 보면 30년, 50년, 100년 후의 세계나 사회는 충분히 예측할 수 있다. 미래를 바꿀 눈부신 기술발전에 관해서도 우리는 충분히 예측하고 대응할 수 있다.

중요한 것은 세계의 흐름을 냉정하게 읽고 자신들이 컨트롤할 수 있는 변수를 정확히 파악해 '우리의 미래를 우리가 컨트롤하는 것'이다.

경영자는 '미래에 대한 책임'을 져야 한다. 진정한 전략적 판단이나 결단은 단기적인 '이'에 휘둘리지 않고 중장기적인 관점에 근거한 '굵직한 이'를 보장하는 것이다.

미래를 내다본 전략적 결단을 통해 활약하는 주가이제약의 노력을 보도록 하자.[6]

●○ 케이스 6

글로벌 대기업과의 전략적 제휴로 존재감을 높이는 주가이제약

일본 제약기업 가운데 현재 가장 존재감을 드러내는 회사 중 하나가 주가이제약이다. 2016년도 매출액은 4,727억 엔으로 제약기업 중 가장 규모가 큰 다케다약품(약 1.7조 엔), 아스테라스제약(약 1.3조 엔), 다이이찌산쿄(약 9,500억 엔) 등과 비교하면 매출규모는 작다.

하지만 항체 의약품, 암 영역의 일본 국내매출 점유율은 1위를 차지하고 있으며 바이오 의약품 분야를 이끄는 기업이다. 영업이익률은 15.6%에 달해 다케다나 다이이찌산쿄를 능가하는 실적을 기록하고 있다.

이러한 실적 배경에는 중장기적 관점에 근거한 합리적인 전략 시나리오가 있다.

주가이제약은 2001년 12월에 의약품 분야에서 세계 유수의 연구개발형 기업인 스위스 로쉬와 전략적 제휴를 체결했다.

혁신적인 신약을 계속 개발하려면 막대한 자금력과 세계규모의 리스크 대응력이 반드시 필요하다.

물론 단독으로 살아남을 수 있다면 가장 좋겠지만 주가이제약 정도의 규모와 수익력으로는 단독으로 지속적인 성장을 실현하기 어렵다.

경영난으로 인해 대형 제약회사에게 인수되는 것은 최악의 시나리오다. '지금이라면 가장 좋은 제휴기업을 선택할 수 있다'고 판단해 로쉬와 제휴를 체결하기로 결단한 것이다.

로쉬는 주가이제약의 주식 과반수를 취득했고 주가이제약은 로쉬 그룹의 일원이 되는 길을 일부러 선택했다. 단, 자주독립경영과 상장을 유지해 서로 WIN-WIN하는 관계를 구축했다.

로쉬에게 '먹히는 것'이 아니라 반대로 로쉬의 힘을 '잘 활용'해 존재감을 키운다. 이것이 주가이제약이 선택한 전략이다.

체결 후 15년이 넘는 시간이 흘렀고, 주가이제약의 매출은 1.6배, 영업이익은 2배 가까이 늘어났다. 로쉬와의 네트워크를 최대한 활용해 일본 국내 유수의 신약 후보를 보유하고 있다.

단기적인 관점에서만 생각하면 제휴라는 선택은 필요없었을지도 모른다. 자주독립을 고집할 수도 있다.

하지만 10년 그리고 20년 앞을 내다보며 세계의 흐름이나 경쟁환경을 읽고 자사의 위치를 냉정하게 판단했기 때문에 내릴 수 있었던 전략적 결단이었다. '굵직한 이'가 주가이제약의 존재감을 높였다고 할 수 있다.

요령 3 '코어'를 키운다

차별화를 실현하는 데 중요한 것은 '코어'를 키우고 확립하는 것이다.

회사의 중핵 사업(코어 비즈니스), 기술(코어 테크놀로지), 능력(코어 컨피턴스), 고객(코어 커스터머) 등을 육성하는 것을 지칭한다.

경쟁사를 능가하는 절대적인 우위성이야말로 코어라 할 수 있다.

코어를 확립한 회사는 강인하다. 예를 들어, 코어 기술을 확립한 회사는 이 기술을 응용해 새로운 분야에 진출할 수 있다. 코어에서 사업을 확대하고 이를 통해 코어가 더욱 강해진다.

코어란 '궁극' 혹은 '첨단'이다. 경쟁사가 흉내낼 수 없을 만큼 압도적인 우위성이라는 수준까지 갈고 닦아 모방불가능성을 실현해야 한다.

이를 실현하려면 '집중'이 필요하다. 무엇을 코어로 육성할 것인지 판단하고 '한 자루의 검을 갈고 닦는 것'에 전념해야만 한다.

또한 코어가 있다고 해서 안주해서는 안 된다.

코어가 진부해지면 회사는 바로 와해된다. 항상 새로운 코어를 모색하고 진화하기 위해 노력해야 한다.

물류라는 새로운 코어를 확립해 재생을 추진하는 COOP삿포로의 사례를 보도록 하자.(7)

●○ 케이스 7

새로운 '코어'를 확립해 재생에 성공한 COOP삿포로

홋카이도를 기반으로 한 COOP삿포로는 일본 유수의 생협(생활협동조합)이다. 홋카이도 도내 각지의 지역생협을 통합해 도 전체를 사업영역으로 삼는 광역생협으로 발전했다.

하지만 COOP삿포로의 역사는 가시밭길이었다.

일본의 거품경제기에 점포 대형화나 무모한 다각화를 시도해 1998년에는 경영위기에 처했다. 상부조직인 일본생활협동조합연합회의 지원을 받아 경영재건에 착수했다.

재건의 중심은 '식(食)'으로의 회귀였다. 식품을 취급하는 슈퍼마켓임에도 불구하고 상품의 질이 떨어졌고 결과적으로 고객이 발길이 끊겼기 때문이다.

'맛있는 가게'를 콘셉트로 삼고 원료를 엄선한 자체기획 상품인 '정말 안심할 수 있는 안심상품'이나 지역농가가 재배한 '이웃집 야채' 등을 선보이며 고객으로부터 지지를 받는 상품 제작에 주력했다.

하지만 이것만으로는 성장과 재생을 이룰 수 없다. 심각한 과소화와 고령화가 진행 중인 홋카이도에서는 점포사업에만 의존하면 상황이 악화될 것이 명백했다.

그래서 COOP삿포로는 택배사업 부문 강화를 시작했다.

오미 히데아키 이사장의 진두지휘하에 세대별 택배사업인 '도도쿠' 확립에 힘을 쏟았다. 현재 '도도쿠'는 매출의 3분의 1을 차지하는 압도적인 수익원으로 성장했다. 택배사업의 경영잉여율은 8.6%에 달하며 전국생협 가운데 최고 수준의 이익을 기록하고 있다.

COOP삿포로의 고집은 '자체적인 물류' 시스템이었다.

물류업자에게 위탁하지 않고 배송센터나 배송차량도 모두 자체적으로 운영한다. 약 1,800대의 자체 차량이 홋카이도 전체를 담당하며 효율적인 배송을 실현하고 있다.

홋카이도 전역의 택배 센터에서 고객의 자택까지 총 1시간 이내에 배달이 가능한 물류 네트워크를 정비했다. '운반'과 '전달'이라는 새로운 핵심역량 확립에 성공한 것이다.

'운반'과 '전달'이라는 새로운 코어 컨피턴스를 활용한 사업도 탄생했다.

그 중 하나가 이동판매다. 도내의 '쇼핑 난민' 문제에 대응하기 위해 잘 팔리는 상품 약 1천 품목을 실은 이동판매 차량 약 100대가 전 지역을 담당하며 새로운 수익원으로 부상하고 있다.

또한 반찬사업에도 힘을 쏟으며 배식사업에 진출했다. '식'과 물류의 융합으로 새로운 사업영역 창조에 성공한 것이다.

COOP삿포로는 '식'이라는 원점을 고수하지만 점포를 고수하지는 않았다. 그리고 물류라는 새로운 코어 컨피턴스를 확립해 '식의 인프라' 분야를 향한 진화를 거듭하고 있다.

요령 4 빠르고 조용하게 신진대사를 추진한다

창조에만 '이'가 요구되는 것은 아니다. 오히려 신진대사야말로 '이치 추구'를 통해 이루어져야 한다.

물론 창조에 있어서도 '이'는 중요하지만 창조는 미래를 위한 일이며 결국 해보지 않으면 알 수 없는 것이다.

창조의 경우에는 엄청난 정보를 수집하고 객관적으로 분석해 합리적이라 판단하고 실행해도 생각했던 대로 진행되지 않는 일이 너무나 많다.

한편, 신진대사를 위한 판단을 할 경우에는 활용할 수 있는 과거 및 현재의 데이터가 있다. 이를 바탕으로 하면 어느 정도 현재의 연장선을 예측할 수 있다.

그럼에도 불구하고 어째서 신진대사를 잘 못하는 회사가 이리도 많은 것인가?

바로 신진대사에는 용기가 필요하기 때문이다. 창조에도 용기가 필요하다고 말했지만, 사실 신진대사에는 더 많은 용기가 필요하다.

지금 지닌 것을 버리거나 중단하거나 교체할 때는 그만큼 반발이나 알력이 생긴다. 그렇기 때문에 합리적으로 생각하면 신진대사가 필요하다는 사실을 알고는 있어도 결론을 미루거나 굳이 손을 대지 않는 불합리한 경우가 발생한다.

'공동체'라는 조직의 부정적 측면의 하나라고 할 수 있다.

또한 현장은 눈앞의 현실에 이끌려가는 경향이 있다. 현장 나름대로의 얽매임도 있다. 신진대사를 현장에만 맡기면 좀처럼 진행되지 않는다.

신진대사는 빠르고 조용히 진행되어야 한다. 신진대사야말로 리더의 업무다.

새로운 성장전략을 추진하는 한편 냉정하고 빠르게 신진대사를 추진하는 SOMPO의 사례를 보도록 하자.

●○ 케이스 8

창조와 함께 신진대사를 추진하는 SOMPO

'안심 · 안전 · 건강의 테마파크 만들기'라는 새로운 비전을 내걸고 창조를 추진하는 SOMPO홀딩스는 신진대사도 전략적으로 추진하고 있다.

예를 들면, SOMPO는 2014년에 인수한 미국의 캐노피어스사에 대한 매각 방침을 2017년 9월에 굳히고 매각 후보사와 협의를 진행하고 있다.

SOMPO는 2017년 3월에 약 7천억 엔을 투자해 미국의 엔듀런스사(현 SOMPO인터내셔널)를 인수하고 해외사업의 기반으로 삼으려 한다.

이 기반을 바탕으로 미국과 유럽 기업을 대상으로 한 보험사업을 일원화할 방침이다.

일부 기능이 중복되며 문화나 비즈니스 모델이 다른 캐노피어스사와의 공존보다 해외 비즈니스 모델 단순화와 동시에 매각자금을 다른 사업에 투자하는 편이 중장기적으로 합리적이라고 판단한 것이다. 이렇게 빠른 의사결정은 기존 일본 기업에서 볼 수 없었던 것이다.

이처럼 일본 기업도 M&A를 전략적으로 활용하고 있다. 인수에 대한 저항감은 줄어들었지만 여전히 과감하게 매각에 나서지 못해 사업을 끌어안고 있기 십상이다.

예를 들어, 아무리 좋은 회사라 해도 회사의 목적이나 목표와 정합성이 떨어지는 회사나 사업을 유지하는 것은 결코 합리적이라 할 수 없다. M&A를 경영 옵션 중 하나로 규정한다면 신진대사를 망설여서는 안 된다.

3 실행적인 '이(理)'를 담보하다

▸▸▸ 최적의 '어떻게 실행할 것인가'가 아니면 결과는 없다

각각의 회사가 '무엇을 영업할 것인가'를 합리적으로 정하는 것이 전략적 레벨의 '이'다.

지속적인 차별화 실현이 가능하며 모방불가능성이 높은 선택지를 고르는 것은 경영의 합리성을 보장하는 데 중요하다.

하지만 아무리 정보를 모으고 면밀하게 분석해도 결국 전략은 가설에 지나지 않는다. '무엇을 해야 하는가'에 대해 가장 적합한 답을 선택했다 해도 '어떻게 실행할 것인가'가 최적화되지 않으면 결과로 이어지지 않는다.

가설에 근거해 합리적으로 생각하고 합리적으로 판단하며 합리적으로 실행하는 끈기를 필요로 하는 과정을 거쳐 처음으로 가설이 결과로 이어진다. 아무리 '이치추구'적인 전략을 세워도 실행이 '이치추구'적이지 않으면 성공할 수 없다.

혼다 소이치로는 언제나 한 명 한 명이 이론과 이치를 중시하고 '합리적으로 일하는 것'의 중요성을 거론했다. 그는 이렇게 지적한다.(8)

"회사의 업무에 관한 한 이론을 존중하고 합리적으로 처리한다. (중략) **단순한 열심은 아무런 가치가 없다. 오히려 잘못된 열심은 태만보다 더 나쁘다. 열심은 '바른 이론에 근거하는 것'이 필수 전제조건이다."**

내 경험을 바탕으로 말하자면 전략 레벨의 '이'를 보장하는 것은 비교적 용이하다. 전략적 안목이 뛰어난 인재를 등용해 수집한 정보나 데이터를 바탕으로 분석하고 '이치'를 추구해 시나리오를 만들 수 있다.

하지만 실행 레벨의 '이'는 그렇지 않다.

전략수립은 '정적'이지만 실행은 '동적'이다. 끊임없이 움직이며 변화하는 가운데서 항상 '이'를 보장해야 한다.

게다가 실행단계에서는 많은 사람이 관여하며 각자의 현장에서 업무를 수행한다. 관여하는 모든 사람이 '이치추구'적인 사고를 하며 '이치추구'적인 판단을 하고 '이치추구'적인 행동을 하도록 만드는 것은 매우 난이도가 높은 일이다.

▸▸▸ '언스트럭처'한 상황에 대응하다

실행 레벨의 '이'에 대한 중요성은 갈수록 높아지고 있다. 우리를 둘러싼 환경변화 때문이다.

최근 서구 경영자들은 'VUCA'라는 말을 자주 반복한다.

'volatility(불안정성)', 'uncertainty(불확실성)', 'complexity(복잡성)', 'ambiguity(애매모호)'라는 네 단어의 앞글자를 딴 약어로 세계를 둘러싸고 있는 환경의 특징을 나타낸다.

즉, 회사는 '불안정하고 변화가 심하며 앞을 내다볼 수 없는 불확실성이 높고 다양한 요소가 복잡하게 얽혀 앞날이 매우 불투명한 환경' 속에서 경영을 해야 한다는 것이다.

럭비에는 '스트럭처(structured)'와 '언스트럭처(unstructured)'라는 말이 있다.

공격과 수비가 서로 진형을 갖추고 미리 조직적으로 디자인된 상황을 '스트럭처'라고 한다. 한편, 공격과 수비의 진형이 무너지고 조직적으로 정비되지 않은 유동적인 상황을 '언스트럭처'라고 한다.

'스트럭처' 상황은 연습에서 반복적으로 훈련할 수 있다. 한편, '언스트럭처'는 예측불가능한 상황이며 계획적으로 훈련하기 어렵다.

'언스트럭처' 상황에서는 선수 한 명 한 명의 순간적인 상황판단과 높은 능력, 스킬 그리고 다른 선수들이 그 찰나의 판단에 유연하게 따라갈 수 있는가가 매우 중요하게 작용한다.

뉴질랜드 대표(올블랙스)와 같은 강호 팀은 '언스트럭처' 상황에서 압도적인 실력을 발휘한다.

'VUCA'란 '언스트럭처'한 환경을 의미한다. 우리는 앞날을 읽을 수 없고 매우 유동적인 상황에서 경영의 방향을 정해야 한다.

결코 처음의 시나리오대로 상황은 흘러가지 않으며 예측불가능한 '언스트럭처' 상황이 빈번하게 일어난다. 이러한 상황에 어떻게 대응할 것인가가 비즈니스의 성패로 직결된다.

능력(capability) 경쟁의 시대

'언스트럭처' 환경에서는 전략 시나리오보다 변화에 유연하게 대응하는 능력, 즉 역량이 매우 중요하다.

서구에서는 "전략의 시대는 끝나고 역량의 우열이 승부를 결정하는 시대다"라는 말이 나오고 있다. 경쟁은 명백히 전략단계에서 실행단계로 옮겨가고 있다.

물론 다양한 요소를 감안하고 시대의 흐름을 읽으며 합리적인 전략을 세우는 노력은 필요하다. 전략 없는 경영은 길을 잃기 마련이다.

하지만 난기류가 일상이 된 환경에서는 예기치 못한 상황이 발생할 확률이 매우 높고, 반대로 예기치 못한 상황을 기회로 활용하는 '조직능력(organizational capability)'이야말로 가장 우위가 된다.

전략만으로 밀어붙이는 것이 아니라 전략과 역량이 같이 가는 경영이 요구되는 것이다.

그렇다면 능력이란 구체적으로 무엇을 말하는 것인가? 그 예는 다음과 같다.

- 뛰어난 속도
- 연계 및 연결하는 능력, 팀워크
- 임기응변에 유연하게 대응하는 능력
- 흐트러짐 없이 회사가 하나가 되는 능력
- 우직하게 그리고 꾸준하게 개선을 반복하는 힘
- 포기하지 않고 끈질기게 버티고 견디는 힘

"뭐야, 너무 당연한 얘기잖아", "이런 걸로 경쟁우위를 선점할 수 있다는 거야?"라고 의심하는 사람도 있을 것이다.

하지만 능력이란 진부하고 평범해 보이는 것을 갈고 닦아 '비범'한 수준까지 끌어올리는 것이다.

'비범한 평범함'이야말로 능력의 본질이다. 흔하고 기본적인 것이기 때문에 그 우열의 차이가 결정타가 된다.

예를 들어, 뛰어난 속도를 손에 넣은 조직은 경영하는 사업이 바뀐다고 해도 항상 속도를 무기로 싸울 수 있다. '빠르다'는 능력은 가장 보편적인 경쟁우위다.

반대로 아무리 뛰어난 기술이나 인재가 있어도 속도가 떨어지거나 팀워크가 좋지 않으면 싸움에서 이기기 어렵다. 회사의 기본적인 능력의 우열이 승부를 가르는 시대가 된 것이다.

또한 전략의 모방은 비교적 쉽지만 능력의 모방은 그렇지 않다. 동등한 능력을 손에 넣으려면 그만큼의 시간이 필요하다. 게다가 그 능력을 키우는 사이 경쟁상대의 능력은 더 높은 수준으로 진화할 가능성도 높다. 즉, 능력은 지속성이 긴 경쟁우위가 될 수 있다.

그렇다면 실행 레벨의 '이'를 보장하기 위해서는 어떻게 해야 하는가? 네 가지 요점에 대해 생각해 보고자 한다.

요점 1 **실행을 '과학'으로**

회사에서 전략실행을 담당하는 곳이 오퍼레이션 부문이다. 소위 말하는 '현장'이라 할 수 있다. 현장은 매일 업무수행을 통해 가치를 창조하고 있다. 현장이야말로 실행 당사자다.

이 현장에는 매우 많은 낭비나 비효율성이 존재한다. 즉, 현장은 '낭비 덩어리'이며 '비합리성의 덩어리'라고도 할 수 있다.

이러한 비합리성을 방치하면 회사의 생산성이나 효율성은 심각하게 낮아지고 경쟁력을 잃게 된다. 《과학적 관리법》을 내놓은 프레드릭 테일러는 이렇게 말했다.[9]

"우리의 일상적인 행동은 대부분 비효율적이다."

테일러는 기업활동에 있어 가장 중시되는 것은 '경험법칙'이며 설령 이것이 비효율적이라 해도 인간은 '경험법칙'에 집착한다고 지적했다.

이를 타파하고 실행 레벨의 '이'를 보장하기 위해서는 기업활동을 객관적으로 '과학화'하고 어디에 낭비나 비효율이 있는지 특정해 항상 더 나은 방식을 추구해야 한다고 테일러는 주장했다. "과학이 경험법칙을 뛰어넘는다"는 그의 말은 지금도 여전히 설득력이 있다.

실행을 '과학화'하는 데 중요한 것은 '가시화'다.

보이지 않는 것이나 측정하지 못할 것은 관리할 수 없다. 실행을 관리하고 '이'를 보장하기 위해서는 업무의 '가시화'가 필수다.

'과학화'의 필수조건은 보이지 않는 것을 보이게 하고 측정하지 못할 것을 측정하는 것이다.

또한 업무표준이나 기준을 정비하고 누가 담당해도 큰 차이가 생기지 않는 업무기반을 구축하는 것이 중요하다.

하지만 실행의 '과학화'에는 큰 함정이 있다.

이는 경영자나 매니저층의 '가시화' 추진방식이나 사용방식에 오류가 있을 경우 현장의 노동강화나 관리강화로 이어져 오히려 생산성이나 효율성을 떨어뜨릴 수 있다는 점이다. 채플린의 영화「모던 타임스」와 같은 사태도 충분히 발생할 수 있다.

이러한 사태를 피하기 위해서는 무엇을 위해 '과학화'하는가라는 목적과 의도를 명확히 하고 직원들의 이해와 협력을 구해야 한다.

현장의 주체성이나 자발성이 없다면 실행의 '과학화'는 불가능하다. 테일러의《과학적 관리법》의 역자 아리가 유코 씨는 '역자 후기'에 이렇게 적었다.[10]

"테일러는 과학적 관리법의 철학과 방법을 혼동해서는 안 된다고 여러 번 강조한다. 철학을 잊고 방법만을 도입해도 아무 의미가 없다고 말이다."

실행 레벨의 '이'란 회사 내에 자리잡은 낭비나 비효율을 표면화하고 제거해 인간이 본래 해야 하는 유의미한 업무에 전념할 수 있도록 하는 것이다.

경험과 감에 의존한 오퍼레이션을 탈피해 과학적인 오퍼레이션을 확립한 양품계획의 사례를 보도록 하자.(11)

●○ 케이스 9

경험사상주의를 탈피하고 합리적인 실행을 확립한 양품계획

창업 이래 순조롭게 성장해 온 양품계획이지만 2001년에 큰 분기점을 맞이했다. '무인양품 신화'라 불릴 정도의 성장을 이루었지만, 2001년 8월의 중반기에 38억 엔의 적자를 낸 것이다.

그 이유 중 하나가 사내에 만연한 경험사상주의였다.

확실한 구조 없이 경험과 감에만 의존해 개인의 센스나 감각으로 모든 업무가 진행되고 있는 상황이었다. 사람에 따라 퍼포먼스는 크게 좌우되었고 점포마다 차이가 심했다.

새로운 점포 오픈을 돕기 위해 다른 점포의 점장이 오자마자 "이건 안 돼. 무인양품다운 느낌이 느껴지지 않아"라며 갑자기 상품 진열을 바꾸기 시작한다. 그 후 다른 점장이 와서 "여기는 이렇게 하는 편이 좋아"라며 다시 진열을 변경한다. 현장에서는 이런 상황이 일상적으로 발생하고 있었다.

누가 점장이 되어도 '80~90점인 점포'를 만들지 못하면 양품계획의 재생은 불가능하다. 양품계획은 마쓰이 다다미쓰 사장의 진두지휘 아래 오퍼레이션을 철저하게 표준화하기 시작했다.

우선 철저하게 고집한 부분이 바로 매뉴얼 정비다.

이상적인 무인양품 점포의 '표준'을 확립하고 모두가 이를 지키는 것이

개혁의 첫걸음이었다.

기존에도 점포운영 매뉴얼이 있기는 했지만 내용이 충분하지 않아 현장에서 사용할 수 없었고 아무도 보지 않았다. 모두가 지켜야 할 기준이 없는 상태로 점포가 운영되고 있었다.

새로 작성한 점포운영 매뉴얼은 'MUJIGRAM'이라 불리며 매장의 디스플레이나 접객, 발주에 이르기까지 점포운영에 관한 모든 방법이 쉽게 구체적으로 설명되어 있다. 총 페이지 수는 2천 페이지가 넘는다.

또한 점포개발부나 기획실 등 본부의 업무도 매뉴얼화되었고 이는 '업무기준서'라고 불린다. 페이지 수는 6,600페이지가 넘는다.

하지만 매뉴얼 정비만으로 오퍼레이션은 진화하지 않는다. 더 중요한 것은 바로 현장의 지혜로 항상 매뉴얼을 리뉴얼하는 것이다.

매뉴얼을 만들어도 현장의 상황에 맞지 않는 점이 많다. 이러한 문제점을 가장 잘 알고 있는 현장에서 바텀업 방식으로 의견을 전달하고 매뉴얼에 따라 실시간으로 반영하지 못하면 '살아 있는 매뉴얼'이 될 수 없다.

현장에서 전달되는 개선제안은 연간 5천 건에 달한다. 이러한 지적이나 목소리가 차례대로 매뉴얼에 포함되고 업데이트된다.

경험과 감에 의존하던 비과학적인 오퍼레이션이 표준화와 개선을 통해 과학적인 방식으로 변모했다.

회사의 실행력 향상에는 항상 합리적인 업무방식을 추구하는 자세와 노력이 반드시 필요하다.

요점 2 속도를 무기로 삼다

'GAFA'로 대표되는 미국 신흥기업의 공통점은 압도적인 속도다. 의사결정 속도뿐만 아니라 실행속도도 엄청나다.

기존의 대기업은 이 속도를 전혀 따라가지 못하는 상황이다. '빠르다'

는 능력이야말로 현대사회의 가장 큰 경쟁우위다.

회사를 둘러싼 환경은 빠르게 변화한다. 변화는 이제 일상이다.

연속되는 변화의 흐름 속에서 지금보다 더 빠른 속도를 갖추지 못하면 회사는 살아남을 수 없다.

'느리다'는 것은 회사에게 치명상이다. 아무리 합리적인 일을 하려고 해도 실행이 느리면 전혀 합리적이라 할 수 없다.

'의사결정의 뒤처짐', '판단의 뒤처짐', '정보전달의 뒤처짐', '실행의 뒤처짐', '학습의 뒤처짐' 등 '느리다'는 부정적 요소는 앞으로 더욱 치명적인 결함이 될 것이다.

새로운 일의 추진 여부를 검토하기 위해 위원회를 조직하고 반년을 투자한다. 겨우 결정되면 이번에는 추진방법을 검토하기 위해 새로운 위원회를 조직해 또 반년을 투자한다.

1년이 지난 후 겨우 추진하기 시작했을 때 경쟁상대는 이미 한참 앞서 나가고 있다. 이런 웃지 못할 사태를 나는 여러 번 보았다.

속도라는 개념을 표현하는 말에는 '준민함'과 '민첩함'이라는 두 가지가 있다. 이 둘은 명백히 다른 의미를 지닌다.

준민함(quickness)은 '재빠름'을 의미한다. A에서 B로 이동하는 이동속도를 나타내는 것이 준민함이다.

한편, 민첩함(agility)은 단순히 이동속도만이 아니라 동작의 방향성을 정확하게 결정하는 판단의 질이나 속도도 포함한다. 즉, '속도×정확성'이다.

지금 회사에게 요구되는 것은 준민함을 갈고 닦아 매우 높은 수준까지 끌어올리는 것이다. '매우 뛰어난 민첩함(extreme agility)'이야말로 가장 효과적인 경쟁우위다.

경영자만 민첩함을 갖추면 되는 것은 아니다.

경영자가 아무리 빠르고 정확한 결단을 해도 실행단계에서는 얼마든지 예측할 수 없는 일이 발생한다.

이러한 상황에서 경영자에게 모든 판단과 결단을 맡기면 빠른 실행이 이루어질 수 없다. 변화를 맞닥뜨리고 상황을 가장 정확하게 이해하고 있는 최전방의 직원 한 명 한 명이 정확하게 판단하고 정확하게 행동하는 것이 가장 합리적인 방법이다.

또한 지금까지 말한 속도는 의사결정 속도, 실행속도가 중심이었다. 하지만 변화가 일상이 된 상황에서는 실행 후의 '리액션', 즉 학습과 대응속도의 중요성이 높아지고 있다.

실행하지 않으면 알 수 없는 것, 실행했기 때문에 알게 된 것이야말로 회사의 큰 재산이다. 이것을 다음에 어떻게 활용할 것인가? '살아 있는 회사'를 유지하기 위해서는 빠른 리액션 속도의 중요도가 높아지고 있다.

다른 속도감을 지닌 회사와의 협업을 통해 새로운 '체내시계'를 손에 넣은 도레이의 사례를 보고자 한다.(12)

●○ 케이스 10

협업으로 새로운 속도감을 손에 넣은 도레이

과거 일본 고수익 기업 중 1위를 차지했던 도레이는 2002년 처음으로 적자를 기록했다.

석유파동과 섬유산업의 성숙 그리고 해외 신흥국 제조업체의 등장 등으로 인해 일본을 대표하는 명문기업이었던 도레이도 쇠락의 길을 걸었다.

실적 부진의 원인 중 하나가 자사주의에 대한 고집이었다.

기초연구부터 양산화까지 모두 사내에서 담당하고 기술을 블랙박스화하

는 것이 도레이가 지닌 우위성의 원천이었다.

이러한 사고방식 자체는 문제가 아니다. 하지만 자사주의에 집착한 나머지 속도가 떨어지거나 그다지 뛰어나지 않은 분야에도 불필요하게 시간을 투자하는 불합리한 사태가 발생하고 있었다.

지금은 하나의 회사만으로 큰일을 할 수 있는 시대는 끝나고 필요에 따라 타사와 협업이나 연계를 해야 하는 시대다.

그럼에도 불구하고 도레이는 자사주의에서 탈피하지 못했다. 이는 결국 속도 결여라는 큰 약점이 되었다.

새로운 속도를 손에 넣기 위해 도레이가 내린 결단이 바로 캐주얼 의류 브랜드인 '유니클로'를 전개하는 퍼스트 리테일링(FR)과의 협업이었다.

"단순한 셀러와 바이어의 관계가 아니라 더 본격적으로 협업하고 싶다. 그러니 유니클로 전문부서를 설치하고 사장 혹은 회장 직속 관할조직을 마련해 주었으면 한다"라는 FR의 요청으로 2000년에 톱다운 방식으로 담당 부서가 설치됐다.

사내에서는 "새내기에다 '저가판매 점포'라는 이미지가 있는 유니클로와 제휴할 가치가 있느냐?"라는 부정적인 목소리도 많았다. 하지만 자사주의의 벽을 무너뜨리고 새로운 속도를 손에 넣지 못하면 살아남을 수 없다는 위기감이 전례없는 협업에 힘을 실어주었다.

FR은 도레이와 완전히 다른 속도의 '체내시계'를 지닌 회사다. 지금까지 도레이가 유지해 온 '체내시계'로는 따라갈 수조차 없다.

실제로 도레이는 제휴 초기에 유니클로의 개발속도를 전혀 따라가지 못했다. 상품개발 속도, 상품제공 속도, 고객들의 피드백 반영 속도 등 지금까지 당연히 여기던 '도레이의 상식'을 부정하지 않으면 새로운 능력을 손에 넣을 수 없다.

두 회사가 하나의 유닛이 되어 한 회사처럼 움직이면서 도레이는 서서히

새로운 속도를 체득했다. 그것은 '운명공동체'로서 일체 운영을 했기 때문에 손에 넣을 수 있는 새로운 조직능력이었다.

이 협업은 보습성 속옷 '히트텍'이나 얇고 가볍고 따뜻한 '울트라 라이트 다운' 등의 대형 히트상품을 낳았다.

하지만 이 협업을 통해 도레이가 획득한 가장 큰 자산은 시대의 요구에 부합하는 새로운 '체내시계'다.

요점 3 '미묘한 차이의 힘'을 갈고 닦다

전략은 역동적이며 대담해야 하지만 실행은 작은 일의 축적이 무엇보다 중요하다.

먼저 실행하고 그 과정에서 많은 것을 학습하며 이를 살려 다음 실행으로 이어 나간다. 이러한 일상의 '스파이럴업'이야말로 실행의 본질이다.

작은 깨달음, 문득 떠오른 아이디어, 현재 상황에 대한 작은 개선들… 하나하나 보면 '미묘한 차이'에 지나지 않는다.

'작은 차이, 작은 상이점에 무슨 의미가 있는가?'라고 부정적으로 생각하는 사람도 있을지 모른다.

하지만 경영의 실행국면에서 '미묘한 차이'는 다음의 두 가지 의미적인 측면에서 결정적으로 중요하다.

우선 첫 번째는 설령 '미묘한 차이'일지라도 이 차이가 축적되면 매우 큰 변화를 만든다는 것이다.

예를 들어, 개선이라는 노력도 하나만으로는 그 효과가 한정적이지만 몇만, 몇십만이라는 수의 개선이 모이면 매우 큰 효과를 기대할 수 있다.

도요타에서는 연간 60만 건이 넘는 개선이 현장에서 실시되고 이를 통한 비용절감 효과는 매년 수백억 엔에 달한다. 게다가 이러한 노력을 50년 이상 우직하게 이어오고 있다. 이것이야말로 '미묘한 차이의 힘'이다.

두 번째는 작은 깨달음이 계기가 되어 이노베이션이나 변혁이 일어날 수 있다는 것이다. 처음에는 별것 아닌 깨달음에 불과했지만 이것이 계기가 되어 새로운 가치창조가 실현된 예는 많다.

그 좋은 예시가 고마쓰의 기계가동관리 시스템 'KOMTRAX(콤트랙스)'이다.

이 시스템은 건축기계 차량에 탑재한 GPS와 통신 시스템으로 전 세계에 있는 자사제품의 가동상황을 실시간으로 파악할 수 있다. 이를 통해 보수관리나 에너지 절약운전 등 다양한 서비스를 제공하며 자사의 수급조절에도 활용한다.

시스템은 도난당한 건축기계 차량으로 ATM을 파괴한 강도사건을 계기로 개발됐다.

도난대책으로 "GPS를 부착하면 어떨까?"라는 아이디어가 나왔고 검토를 시작했다. 그리고 일본 국내시장 및 중국시장 등에서 GPS 장비가 표준화됐다.

시대를 앞서나가는 고마쓰의 IOT(사물인터넷) 활용 서비스는 사실 도난대책에서 탄생한 것이다.

'미묘한 차이의 힘'을 만들어내는 힌트는 현장에 있다.

새로운 가치창조나 변혁으로 이어지는 '미래의 전조'는 현장에 숨어 있다. 민감한 현장은 이러한 '미래의 전조'를 놓치지 않고 '미묘한 차이'를 잇달아 탄생시킨다.

'미묘한 차이의 힘'은 경쟁력의 큰 기둥이 될 수 있다.

미묘한 차이의 힘으로 적자였던 로컬 노선을 '일본에서 가장 타보고 싶은 노선'으로 바꾼 JR동일본 아키타지사의 노력을 보도록 하자.(13)

●○ 케이스 11

'싱글 히트'를 쌓아가는 JR동일본 아키타지사

일본 도호쿠 지방에는 '일본에서 가장 타보고 싶은 로컬 노선'이 있다. 이 노선을 타면 아키타현에서 아오모리현으로 이어지는 바다가 보인다. 세계 유산인 시라카미 산지 산기슭을 달리는 이 노선의 이름은 고노선이다.

사람을 압도하는 절경과 사람의 손길이 닿지 않은 자연, 풍요로운 역사와 문화, 도호쿠 지방의 미각과 온천 등으로 높은 인기를 자랑하는 로컬 노선이다.

고노선을 달리는 쾌속열차 '리조트 시라카미'에는 연간 10만 명이 넘는 관광객이 탑승하며 관광 시즌에는 티켓을 손에 넣는 것도 쉽지 않다.

지금은 높은 인기를 누리고 있는 고노선이지만 과거에는 노선 폐지까지 고려됐던 적자노선이었다.

낡은 적자노선이 인기 관광노선으로 탈바꿈한 것은 JR동일본 아키타지사의 노력 덕분이다.

낡은 차량을 개조해 적은 비용으로 관광열차를 만들고, 풍경이 아름다운 지점에서는 관광객을 위해 '서비스 서행'을 했다. 차량 내에서 쓰가루샤미센(역주: 일본 전통 현악기) 연주를 하거나 역에서 '나마하게(역주: 동북지방의 도깨비신)'를 등장시키는 등 다양한 노력을 '현장주도'로 해 왔다.

이 아키타지사가 소중히 여기는 것이 '싱글 히트를 쌓아간다'는 사고방식이다.

아키타지사는 JR동일본 중에서 가장 규모가 작은 지사다. 그렇기 때문에 경영자원에 한계가 있다. 무엇인가 큰일을 추진하려 해도 실현하기가 쉽지 않다.

하지만 직원 하나하나가 아이디어를 내고 모두가 머리를 싸매며 끈기를 가지고 실행하면 대부분의 일은 실현할 수 있다. 이것이 아키타지사 현장에 뿌리내린 사고방식이다. 시라이시 도시오 전 지사장은 이렇게 말한다.

"아키타지사에서 일하는 직원 2,500명 모두가 '싱글 히트'를 만들어내면 엄청난 가치를 창출할 것이다. 아무리 큰 '홈런'도 절대로 '2,500개의 싱글 히트'를 이길 수 없다."

그 좋은 예시가 아키타지사 내의 히가시노시로 운송구역이다.

이 운송구역에는 약 50명의 운전사와 차장이 근무하고 있다. '나마하게'로 변장하고 역에서 관광객을 맞이하는 것이 바로 이들이다. 운전사나 차장이 승무 외에 업무를 스스로 만들어내고 고노선 활성화를 위해 매일 아이디어를 내서 실천하고 있다.

그들의 활동 기점은 '고객의 목소리'다.

이들은 '리조트 시라카미'에 탑승하는 관광객을 대상으로 독자적인 설문조사를 실시하고 있으며 그 수는 연간 3천 건에 달한다.

고객의 목소리에 진지하게 귀를 기울이고 모두가 아이디어를 내며 할 수 있는 일부터 바로 실행한다. 차원이 다른 당사자 의식이 현장에 뿌리를 내리고 있다.

이러한 '싱글 히트'의 반복이야말로 '일본에서 가장 타보고 싶은 로컬 노선'의 원동력이다.

요점 4 '지식노동자'를 육성한다

실행에 있어 '이'를 보증하기 위한 가장 효과적인 방법은 모든 실행 당사자가 '이치추구'형 사고를 하고 판단하며 행동하는 것이다.

아무리 '이치를 추구'해서 전략이나 계획을 수립한다 해도 실행단계에서는 얼마든지 예상 밖의 일이 발생할 수 있다.

목적이나 목표를 수행하기 위해 앞을 가로막는 장애나 벽을 극복하고 지혜를 모으며 끈질기게 실행하는 '현장력'이라는 능력이 없으면 목적은 실현할 수 없다.

'현장력'이라는 경쟁우위를 지탱하는 것이 '지식노동자'다.

현장에서 스스로 생각하고 스스로 판단해 스스로 행동하는 자율성이 뛰어난 직원을 육성하고 단련하는 것이 실행단계의 '이'를 보장하는 데 필수라 할 수 있다.

'지식노동자'는 주어진 업무만 수행하는 '매뉴얼 노동자'와 명백히 다르다. 현장에서 발생하는 다양한 비합리적인 일에 대한 아이디어를 내고 창의적으로 생각하며 문제 해결을 촉진한다. 합리적으로 실행한다는 것은 '지식노동자'를 육성해 현장의 문제해결력을 높인다는 것이다.

'현장력'은 한 명의 천재에게 의존하는 것이 아니다. '현장력'이란 조직능력이다.

한 명 한 명이 뛰어난 재능을 가지고 있지 않아도 현장에서 얻은 깨달음이나 발견을 바탕으로 팀이 함께 노력하고 머리를 맞대고 끈기를 가지고 실행한다. 이러한 실행의 반복이 실행단계의 '이'로 이어진다.

탁월한 '현장력'을 갈고 닦아 '지식노동자' 육성을 개선하며 지속적인 혁신을 이루어가는 덴소의 사례를 보도록 하자.(14)

●○ 케이스 12

'비범한 현장력'으로 세계시장에 도전하는 덴소

덴소는 일본 최대의 자동차부품 제조업체이자 도요타그룹의 핵심기업이다. 도요타자동차를 정점으로 하는 도요타그룹은 탁월한 '현장력'을 갈고 닦는 기업집단이다.

그 중에서도 덴소의 '현장력'은 탁월하다. 덴소는 '품질의 덴소'라고 불릴 정도로 품질을 고집하는 업체다.

품질개선을 위한 노력은 1949년 회사 설립 당시부터 시작됐다. 1954년에는 기능강화를 위한 기능양성소를 설립했으며, 1961년에는 자동차부품 제조업체 최초로 데밍 상(역주: 일본에서 품질관리 연구나 보급에 업적이 있는 기업 또는 개인에게 수여하는 상)을 수상했다.

"도카이도 선 열차에 발을 들여놓으면 덴소 사원은 한눈에 알아볼 수 있었다. 대부분의 직원들이 출퇴근 시간을 이용해 하나같이 QC 관련 서적을 읽고 있었다. 수다를 떠는 직원은 찾아볼 수 없었다"라는 이야기가 있을 정도로 회사 전체가 품질을 추구해 왔다.

덴소의 '현장력'을 높이는 계기는 1997년에 시작된 'EF 활동'이다. EF란 'Excellent Factory'의 약자로 회사 전원이 참가하는 개선활동이다.

공장장을 선두로 작업자부터 반장, 계장까지 모두가 같은 목표를 향해 지속적으로 꾸준히 일상을 개선하는 것이다.

개선 건수는 연간 40만 건이 넘는다. 한 명당 평균 20건이나 되는 개선이 이루어진다.

덴소의 '현장력'은 개선에 그치지 않는다.

개선을 뛰어넘는 혁신에도 도전하고 있다. 현장 주도하에 제품의 제조

원리를 철저하게 해체한 후 다시금 가장 적절한 프로세스를 0부터 생각하는 프로세스 이노베이션을 추진하고 있다.

대형설비를 사용한 대량생산을 제조의 기본으로 삼지 않고 설비 소형화와 라인 단순화를 추진해 '필요한 것을 필요할 때 필요한 만큼 만든다'는 유연한 제조형태에 도전해 높은 실적을 내고 있다.

이러한 설비는 'N분의 1'라인이라 불린다.

5% 삭감이나 10% 삭감 수준이 아니라 2분의 1이나 3분의 1에 도전하는 혁신적인 움직임이다.

내가 실제로 현장에서 견학한 다이캐스트 제조 라인은 설비면적 80%를 삭감했으며. 에너지 소비율 50% 삭감, 생산비용 33% 삭감이라는 큰 성과를 내고 있다.

이러한 개선과 혁신을 뒷받침하는 것이 '지식노동자'들이다.

이들은 현장에서 얻은 깨달음을 바탕으로 머리를 맞대고 아이디어를 내며 현장의 진화를 뒷받침하고 있다. 내가 현장에서 취재한 어느 베테랑 직원은 이렇게 말했다.

"N분의 1을 무기로 공장을 변화시키고 싶다. 지금까지 시도한 것 중 실현하지 못한 것은 하나도 없다. 모두가 아이디어를 내면 뭐든 할 수 있다."

실행 당사자는 현장이다.

'지식노동자'를 육성해 '비범한 현장'을 만드는 것이야말로 실행단계의 '이'를 담보하는 최선이자 최강의 방법이다.

제7장

'살아 있는 회사'는 '정(情)'이 넘친다

1 '정'의 정체를 밝혀낸다

▸▸▸ 감정은 노화한다

경영은 '노화와의 싸움'이라고 지적했다.

노화라고 하면 일반적으로 쇠약해지는 신체를 상상하지만 사실 가장 심각한 것은 '감정의 노화'다.

사람은 누구나 나이가 들수록 의욕이나 호기심이 줄어들고 감정이 노화한다. 인간이라면 자연스러운 현상이다.

정신과 의사인 와다 히데키 씨는 "자극이 없으면 근육이 쇠약해지는 것처럼 자극이 없는 생활 속에서는 감정도 노쇠하게 된다"고 설명한다.

'감정의 노화'는 회사에도 그대로 적용된다.

회사의 노화는 노폐물이 쌓이고 군살이 붙는 것과 동시에 거기서 일하는 사람들의 감정도 서서히 노화하기 때문에 발생한다. '살아 있는 회사'를 유지하기 위해서는 어떤 방법으로든 '감정의 노화'를 방지해야 한다.

'감정의 노화'는 전염되기 때문에 무섭다.

의욕이나 호기심이 결핍된 사람이 하나 있는 것만으로도 이것이 주위에 전염되고, 어느새 조직 전체의 감정이 노화한다.

인간은 감정의 동물이다. 인간이 형성하는 회사라는 집단도 감정적인 존재다.

조직의 감정을 잘 관리하지 못하면 '살아 있는 회사'가 될 수 없다.

▸▸▸ '정'이란 사람의 '마음'에 있다

세계적인 수학자 오카 기요시는 '감정' 대신 '정서'라는 단어로 표현했다. 오카는 이렇게 지적한다.(1)

"일영(인용자 주: **일영사전)에서 정이라는 말을 찾아보면 이모션과 필링만 나온다. 하지만 이는 모두 매우 얕은 정서이다."**

이어서 오카는 이렇게 말한다.(2)

"사람의 마음에 대해 나는 정서란 말을 사용합니다. 정서는 형태로 나타납니다. 사람은 정서를 형태로 나타내며 살아갑니다. 그리고 그 정서가 형태로 나타날 때 기쁨을 느낍니다. 이것이 바로 삶의 보람입니다."

'정'이란 '정서'를 말한다. 그리고 정서란 사람의 '마음'이다.

여기에는 물론 희로애락도 포함되지만 그것이 전부는 아니다. 정서란 더 심오한 '사람의 중심'을 의미한다.

사람의 '마음'이 업무에 나타날 때 업무는 단순히 살기 위한 양식을 얻는 수단이 아니라 한 사람 한 사람의 '살아가는 의미'가 된다.

'살아 있는 회사'가 되고자 한다면, 사람의 '마음'을 업무에 나타낼 수 있도록 노력하고 아이디어를 내야 한다.

회사는 회사에서 일하는 한 사람 한 사람의 '마음'을 충족시켜야만 한다. 아무리 회사가 성장해도, 아무리 이익을 창출해도 회사에서 일하는 사람들의 '마음'이 충족되지 못한다면 '살아 있는 회사'라고 할 수 없다.

▸▸▸ 직원의 '마음'이 업무에 나타나고 있는가

'정'이라는 정체를 알 수 없는 무엇인가에 관한 이야기를 시작하면 눈썹을 찌푸리는 경영자나 경영학자도 많다. "정이나 마음 같은 것을 신경 쓰기 때문에 일본 기업이 경쟁력을 상실한 거다. 회사는 철저하게 합리적이면 된다"라고 자신의 주장을 펼치는 사람도 많다.

이러한 사고방식도 부정하지는 않지만 근시안적인 합리성만을 추구하는 경영자가 이끄는 회사는 반드시 어려움에 처한다. 구체적인 이름은 말할 수 없지만 나는 이런 회사를 수도 없이 보았다.

한편, GAFA로 대표할 수 있는 미국의 성장기업은 사람의 '마음'을 매우 소중히 여긴다. 이것이 그들의 성장 원동력이라는 사실을 간과해서는 안 된다.

직원 한 명 한 명이 일하는 모습에 생동감이 느껴지고 눈동자가 반짝인다. 직원들의 '마음'이 업무를 향해 있다. 업무를 통해 직원들의 '마음'이 충족되기 때문이다.

직원들의 '마음'이 충족되어 있다고 자신있게 단언할 수 있는 회사가 지금 일본에 얼마나 되는가? 노나카 이쿠지로 명예교수는 회사와 사람의 관계성에 관해 이렇게 말하고 있다.(3)

"사람으로 구성된 조직은 결코 몰(沒)개성적인 활동단위로서의 개인집합체가 아니다. 이상적인 미래상을 갖고 조금씩이라도 그곳에 가까워지는 길을 설정하고 이상적인 모습을 실현하고자 노력하는 공동체라고 볼 수 있다."

일본 기업은 '사람을 소중히 여긴다'고 알려져 있다. 하지만 과연 사실인가?

'사람을 소중히 여긴다'는 것은 '사람의 마음을 소중히 여긴다'는 것이다.

'사람을 소중히 여긴다'는 것은 정년퇴임을 하는 것, 혹은 쉽게 잘리지 않는 것만이 아니다. '사람을 소중히 여긴다'는 것은 직원들의 '마음'을 충족시키는 것이다.

2 '정'을 채우는 것이 가장 합리적이다

▸▸▸ 가장 활용되지 않는 자원

경영에서 사람의 중요성을 부정하는 이는 없다. 하지만 실제로 사람을 활용하는 데 성공한 회사는 매우 드물다. 드러커는 이렇게 지적한다.(4)

"대부분의 매니지먼트는 다양한 자원 중 사람이 가장 활용되지 못하며 잠재능력도 개발되지 않았다는 사실을 알고 있다. 하지만 현실의 기존 인적자원 매니지먼트 접근법 대부분이 사람을 자원이 아닌 문제나 잡일, 비용, 위협으로 간주한다."

톰 피터스와 로버트 워터맨은 《초우량기업의 조건》에서 이렇게 말한다.(5)

"복잡한 인간적인 문제를 묵살해 버리고 '바른' 답을 제시하게 되어 버렸다. 즉, 경영에 반드시 따라오는 인간적 측면의 배제에서 '합리적'이라는 말이 성립되는 것이다."

'사람을 소중히 여기는 회사', '사람을 키우는 회사'라고 말은 하지만 현실에서는 의욕을 잃고 목적이나 목표를 의식하지도 않고 눈앞의 업무를 묵묵히 처리하기만 하는 사람이 대다수인 회사가 너무나 많다.

일부 능력이 뛰어난 사람이 활성화된 것만으로는 '살아 있는 회사'라 할 수 없다.

회사에 속한 모든 사람을 각성시키고 각자의 자리에서 보람을 느끼며 '마음이 업무에 나타나도록' 만드는 것이 경영자의 가장 큰 책무다.

▸▸▸ 경영자 혼자서는 아무것도 할 수 없다

'사람을 소중히 여기는 것은 당연하다'라는 단순한 인간주의적인 이야기만이 '정'을 중시하는 이유는 아니다.

사실 경영에서 '정'을 중시하는 것은 성공으로 향하는 가장 합리적이며 가장 이성적인 지름길이다. 그 이유는 두 가지다.

먼저 첫 번째 이유는, 아무리 우수한 경영자가 있어도 그 혹은 그녀 홀로는 아무것도 이룰 수 없다는 사실이다. 매니지먼트란 'Doing things through others(타인을 통해서 무언가를 이루어낸다)'로 정의된다.

즉, 사람에게 의욕을 불어넣어 일을 하게 만들 때 비로소 회사의 목적과 목표가 실현된다. 모리타 아키오는 이렇게 말한다.[6]

"최고 경영자가 아무리 수완이 뛰어나거나 성공을 했다 해도 기업의 미래는 결국 그곳에서 일하는 사람들의 손에 달려 있다. 좀 과장해서 말하면, 회사의 운명을 좌우하는 것은 직원들이다."

회사는 많은 '역할'로 구성되어 있다. 경영자는 그 가운데 극히 일부분의 역할을 담당하는 데 지나지 않는다.

이에 대한 자각이 부족한 경영자는 지속적으로 큰일을 이룰 수 없다.

▸▸▸ 사람의 능력에는 '폭'이 있다

두 번째 이유는 사람의 능력에는 '폭'이 있고 '정'을 자극해서 더욱 많은 능력을 이끌어낼 수 있기 때문이다. 가고노 다다오 명예교수는 이렇게 지적한다.(7)

"자본과 비교한 노동의 고유 성질은 가치의 가변성에 있다."

우리는 사람을 평가할 때 타인과 비교하기 쉽다.

"A씨는 B씨보다 우수하다"고 상대비교를 하는 것이 일반적이다. 하지만 이는 매우 안이하고 깊이가 부족한 관점이다.

A씨보다 부족하다고 여겨지던 B씨는 사실 '능력이 없는 것'이 아니라 '의욕이 나타나지 않은 것'일지도 모른다.

B씨가 각성해서 B씨의 '마음'이 업무에 나타나면 더 업무를 잘할지도 모른다. 여기에 사람의 가능성이 숨어 있다.

나도 경영 컨설팅회사 경영자로서 이러한 실제 예를 수도 없이 접했다.

불이 붙으면 매우 뛰어난 업무능력을 보여주는 젊은 사람들을 여러 명 봤다. '능력의 높음이나 낮음'이 아닌 '의욕을 끌어내는 방법'이 열쇠를 쥐고 있는 것이다.

사람이라는 경영자원의 '가변성'을 깨달은 경영자는 사람을 각성시키고 눈에 보이지 않는(아마 본인도 자각하지 못한) 잠재능력을 끌어내기 위해 노력한다.

반대로 사람의 '가변성'을 깨닫지 못했거나 관심이 없는 경영자는 사람을 쉽게 교체해 대처하려고 하지만 교체한 사람도 눈에 보이는 능력을 다 쓰고 나면 정리해 버린다.

눈에 보이지 않는 사람의 '정'이나 '마음'이야말로 우위성의 원천이라는 사실을 자각하지 못한 탓이다.

▸▸▸ 일을 'PLAY'처럼 즐긴다

전에 양품계획의 가네이 회장과 함께 덴소의 '시험제작동(棟)'을 방문했다.

시험제작동은 신상품을 시험제작하는 덴소의 심장부 중 하나다.

거대한 방에서 설계자와 기능자가 한 팀이 되어 뜨겁게 토론하고 시행착오를 반복하며 시제품을 완성한다. 진정한 '창조의 현장'이다.

이 모습을 본 가네이 회장은 "이건 이제 일이 아니네. 'PLAY'네"라고 중얼거렸다.

'PLAY'란 '놀다'라는 뜻이다. 가네이 회장은 시험제작동에서 이루어지는 일은 단순한 작업이 아니라 창조를 즐기는 'PLAY'라고 지적한 것이다.

시험제작동을 안내해 주신 덴소의 아리마 고지 사장은 업무를 'DO', 'WORK', 'PLAY' 세 가지로 나눠 설명한다.

'DO'는 주어진 작업을 해내는 것, 'WORK'는 스스로 생각해서 개선하는 것, 그리고 'PLAY'는 새로운 일에 도전해서 창조하는 것이다.

'살아 있는 회사'에서 일하는 직원들은 'WORK'나 'PLAY'를 즐기지만 '죽어 있는 회사'의 직원들은 단순한 'DO'에 매몰되어 있다.

'살아 있는 회사'와 '죽어 있는 회사'의 근본적인 차이는 여기에 나타난다.

3 일의 '보람'을 어떻게 만들어내는가

▸▸▸ 보람+인정=마음의 충족

직원들의 '마음'이 업무에 나타나고 '정'이 넘치는 회사가 되기 위해 필요한 것은 무엇인가?

사람의 '마음'은 다양하다. 솔직히 말하면, 무엇이 그 사람의 '마음'에 불을 붙이는지는 알 수 없다.

하지만 명백한 사실은 '이치만 추구'해서는 성공할 수 없다는 것이다. 오카 기요시는 이렇게 지적한다.[(8)]

"지(知)에는 정(情)을 설득할 힘이 없다."

경영에서 '이'는 중요하지만 사람은 이론이나 이치만으로 움직이지 않는다.

'정'이 넘치는 회사가 되기 위해서는 '보람 있는 창조'와 '승인욕구의 충족'이라는 두 가지 조건이 충족되어야 한다.

즉, 업무가 보람이 있어야 하며, 그 노력과 성과를 정당하게 인정받을 때 사람의 '마음'이 충족되는 것이다.

'정'이 충족되면 사람은 긍정적으로 변한다.

더 난이도 높은 업무나 새로운 업무에 도전하려는 의욕이 샘솟는다. 그리고 사람은 업무를 통해 성장한다.

보람이란 '집중하는 것'이다.

눈앞의 업무에 집중하고 있는 직원이 얼마나 되는가? 이것을 보면 회사가 '살아 있는지' 알 수 있다.

사람의 성장 없이는 조직의 성장도 없다.

'보람'과 '인정'이라는 당연한 것에 대한 고집이야말로 '살아 있는 회사'를 만드는 길이다.

▸▸▸ '보람 있는 일'을 만드는 세 가지 포인트

"직원 한 명 한 명에게 보람 있는 업무를 주는 것은 불가능하다"고 냉랭하게 지적하는 사람도 있을 것이다.

분명 대부분의 회사 업무는 틀에 박혀 있고 언뜻 보기에는 단조롭고 자극도 없기 때문에 두근거리는 업무라고 하기는 어렵다.

역동적이고 매력적인 업무도 있지만 이런 업무에 종사하는 사람은 매우 적다. 극히 일부의 혜택을 받은 사람들만 보람을 느껴서는 '정'이 넘치는 회사가 될 수 없다.

중요한 것은 'make a job interesting and challenging', 즉 '업무를 즐겁고 보람 있는 것으로 만든다'는 점이다. 생각하는 방식을 바꾸면 얼마든지 업무를 즐겁게 만들 수 있다는 사실을 회사에서 일하는 모든 사람들이 자각하는 것이다.

그럼에도 불구하고 많은 사람들은 'look for an interesting and challenging job', 즉 '즐겁고 보람 있는 일을 찾는 것'에 매달린다.

보람을 찾는 것이 아니라 스스로 만드는 것이다.

언뜻 보면 단조롭고 재미없어 보여도 그 업무의 깊이나 진정한 의미를 알면 탐구심이 생긴다.

같은 업무에 종사하지만 어떤 사람은 'DO'로 끝나는 한편 다른 사람은 'WORK' 나 'PLAY'의 단계까지 나아가는 경우가 너무도 많다.

보람이란 업무 그 자체에서 비롯되는 것이 아니다. 그 업무에 종사하는 사람의 '마음'에서 비롯된다.

그렇다면 어떻게 해야 보람을 만들 수 있는가?

그 세 가지 포인트를 지금부터 보도록 하자.

포인트 1 '교회'를 보여준다

무엇보다 중요한 것은 회사가 지향하는 큰 목적과 목표와 직원 한 명 한 명의 업무 간에 있는 '연결'을 보여주는 것이다.

회사에서 이루어지는 다양한 업무가 전체의 골 지점을 향하지 못하면 큰 성과를 낼 수 없다.

이솝 우화에는 '세 명의 벽돌쌓기 장인'이라는 유명한 이야기가 있다.

"무엇을 하고 있나?"라는 질문에 장인들은 각각 "생계를 위해 벽돌을 쌓고 있다", "벽돌을 쌓아 벽을 만들고 있다", "교회를 세우고 있다"라고 대답한다.

회사에 필요한 것은 나는 '교회를 세우기 위해' 벽돌을 쌓고 있다고 명쾌하게 대답할 수 있는 직원이다.

'벽돌을 쌓는 것'은 단순한 '태스크(작업)'다.

하지만 '교회를 세운다'는 목적을 의식하면 작업은 '미션(사명)'으로 바뀐다.

'살아 있는 회사'에서 일하는 사람들은 '미션'을 수행하는 데 반해 '죽어 있는 회사'의 직원들은 매일 '태스크' 수행에 쫓긴다.

덴류정밀기계의 아시베 요시카즈 전 사장으로부터 그가 도요타자동차에서 근무하던 시절의 에피소드를 들었다. 생산 부문을 관장하는 부

회장은 생산현장을 방문할 때마다 당시 과장이던 아시베 씨에게 이렇게 속삭였다고 한다.

"교회를 보여주고 있나?"

부회장은 중간관리직이던 아시베 씨에게 회사가 지향하는 큰 목적이나 목표를 현장에서 일하는 사람들에게 제시하고 있는지 물었던 것이다.

현장은 눈앞의 일에 쫓겨 큰 목적을 잊기 쉽다. 그렇게 되면 '무엇을 위해 일하고 있는가', '자신이 하는 업무의 의미나 가치는 무엇인가'라는 근본적인 의의를 잊어버리게 된다.

그리고 어느새 매일 반복되는 일정한 규칙에 매몰되어 매너리즘에 빠져 사고가 정지되고 만다. '교회를 보여준다'는 것은 항상 목적과 목표를 의식하고 자신이 하는 업무의 의미나 가치를 자각하는 것이다.

보람은 '큰 목적'과 연결됐을 때 느껴진다. 항상 '교회를 보여주는 것'이 경영자나 관리직의 중요한 임무다.

큰 목적을 이야기하고 이에 납득하는 분위기를 조성해 협력회사의 업무 형태를 성공적으로 바꾼 미야코다건설의 사례를 보도록 하자.(9)

●○ 케이스 13

'교회를 보여주는 것'으로 협력회사의 업무를 완전히 바꾼 미야코다건설

하마마쓰시에는 직원 40명의 작은 건축회사가 있다.

그 이름은 미야코다건설이다. 지역에서 인기가 많아 착공을 하려면 몇 개월을 기다려야 하는 업체다. 신축 맞춤형 주택을 중심으로 리모델링이나

정원 조성, 인테리어 샵 등의 의뢰도 수주한다.

미야코다건설은 1986년에 창업했다.

2007년에 현 사장인 호다이 히로아키 씨가 사장으로 취임한 후 '감동적인 집짓기'라는 콘셉트를 내걸고 사업내용을 확대하고 있다.

단순히 집을 설계하고 짓는 것이 아니다. "집을 짓는 기간 자체를 감동적인 시간으로 바꿔 기억에 남는 체험으로 만들고 싶다"는 것이 미야코다건설의 마음이다.

하지만 그 마음은 좀처럼 협력회사에게 전해지지 않는다. 실제로 철거공사를 의뢰한 협력회사의 업무방식에 대한 고객 불만이 다수 접수됐다.

"거친 철거공사 때문에 옆집 자동차에 흠이 났다", "작업하는 사람들의 태도가 불량하다" 등 기본적인 틀이 전혀 없는 상태였다. 이대로는 '감동적인 집짓기'를 실현할 수 있을 리가 없다.

호다이 씨는 직접 협력회사를 방문해 인부들을 모아달라고 부탁한 후 솔직하게 자신의 마음을 전했다.

"철거공사라는 것은 단순히 집을 부수는 일이 아니다. 가족의 추억이 깃든 집을 해체한다는 것은 추억을 '영원'하게 만드는 매우 중요하고 멋진 업무다. 그러니 긍지를 갖고 정성스럽게 진행했으면 한다."

호다이 씨는 불만을 토로하는 대신 철거라는 업무의 의미나 가치에 대해 물었다. 목적을 잃은 사람들과 목적을 공유하는 것부터 시작하지 않으면 업무방식은 바뀌지 않는다고 생각했기 때문이다.

인부들은 그 말을 정면으로 받아들였다.

그 후부터 업무방식이 극적으로 변화하기 시작했다. 지금은 고객에게 칭찬을 받을 정도로 변화했다.

포인트 2 '적당한 스트레스'를 느끼는 일을 준다

스트레스와 퍼포먼스의 상관성은 잘 알려져 있다.(10)[그림 7-1]

그림 7-1	스트레스와 퍼포먼스의 관계

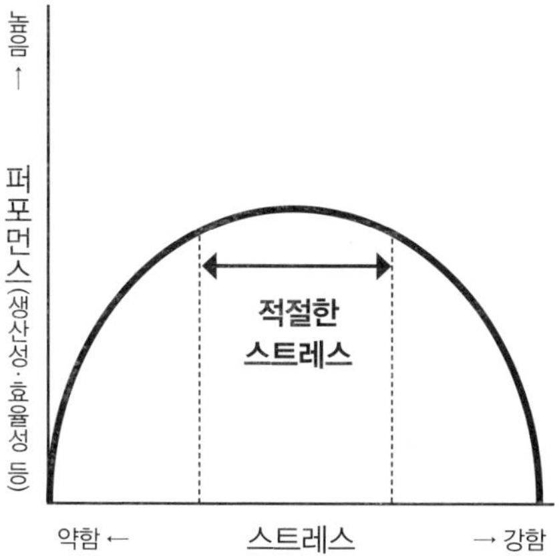

새로운 일이나 어려운 일을 맞닥뜨리면 인간은 스트레스를 느낀다. 하지만 한편으로는 이를 뛰어넘기 위해 각성한다.

'적당한 스트레스'를 줌으로써 개인의 각성수준을 높이고 의욕을 고무하는 것은 유효한 방법이며 퍼포먼스도 향상된다.

다만 스트레스가 심하거나 반대로 스트레스가 전혀 없는 상태에서는 각성수준이 저하하고 의욕이 생기지 않는다. 그리고 퍼포먼스는 침체된다.

오카 기요시는 업무와 열정의 관계에 관해 이렇게 말한다.(11)

"목표가 너무 멀면 열정이 생기지 않는다. 목표가 바르지 않아도 열정은 생기지 않는다. 또한 전혀 책임을 느끼지 않을 때도 열정은 생기지 않는

다. 너무 쉬워도 열정은 생기지 않는다."

이 어려운 스트레스의 강도를 조절하는 유일한 방법은 상사가 직원 한 명 한 명의 적성이나 능력을 파악하고 그 직원의 상황에 맞는 적절한 업무를 분배하는 것이다.

구글은 '(거의) 실현 불가능한 목표를 설정'해서 직원들의 의욕에 불을 붙인다. '거의'라는 부분이 중요하다. 평범한 방법으로는 실현할 수 없는 목표를 설정해 직원들의 발상전환을 훌륭하게 끌어내고 있다.

또한 목표 달성도를 알기 쉽고 구체적인 목표로 측정해 업무에 '게임성'을 도입하고 이를 통해 사기가 떨어지지 않도록 노력하고 있다.

어려운 목표는 간단하게 실현할 수 없기 때문에 반드시 어디선가 벽에 부딪힌다. 이 '벽에 부딪힌다'는 프로세스가 매우 중요하다. 오카 기요시는 이어서 이렇게 말한다.

"무엇이든 오래 하다 보면 벽에 부딪히는 시기가 있습니다. 수학의 경우 이것이 결코 넘을 수 없는 벽처럼 보입니다. '이 앞은 사람의 지력으로는 결코 연구할 수 없을 것이다' 하는 생각이 드는 겁니다. 여러 번 부딪혀서 이 벽을 뚫고 나가지만 새로운 벽을 마주할 때마다 매번 반드시 이런 생각을 합니다."

사람은 성장한다. 하지만 그 과정에서 '벽에 부딪힌다'는 스트레스를 반드시 경험해야 한다. 대나무에 마디가 있는 것처럼 '벽에 부딪힌다'는 경험이 사람을 강하게 한다.

업무 난이도와 본인의 성장이 동기화되고 항상 '적절한 스트레스'를 받는 것이 보람 있는 창조로 이어진다.

포인트 3 완전히 맡긴다

보람을 느끼기 위한 가장 쉬운 방법 중 하나가 업무를 '완전히 맡기는 것'이다. 그냥 '맡기는 것'이 아니다. '완전히 맡기는 것'이다.

어정쩡하게 업무를 맡겨도 사람은 성장하지 않는다. 사람이 진정으로 보람을 느낄 때는 자신에 대한 신뢰나 기대를 느낄 때이다.

'완전히 맡긴다'는 것은 사람의 가능성을 믿는 것이다. 야마토홀딩스의 상담역인 세토 가오루 씨는 이렇게 말한다.[12]

"생각하면 생각할수록 사람은 성장한다. (중략) **부하를 생각하게 만드는 것은 어렵지 않다. 공부모임을 개최하거나 퀴즈처럼 문제를 내는 것보다 더 효과적인 방법이 있다. 그것은 바로 업무를 부하들에게 '완전히 맡겨 버리는 것'이다."**

'완전히 맡기는 것'이란 '모든 것을 다 맡기는 것'을 의미한다.

사람에게 신뢰를 받고 있다고 느끼면 책임감과 오너십이 생긴다. 보람은 여기에서 탄생한다. 그리고 끝까지 '완수하자'는 마음으로 열심히 노력한다.

'완전히 맡기는 것'의 중요함은 일본 국내에 국한된 이야기가 아니다. 오히려 해외 거점이야말로 '완전히 맡기는 것'이 중요하다.

덴소의 아리마 고지 사장은 이탈리아의 자회사 재건을 위임받았을 때 '맡기는 용기'를 배웠다고 한다.[13]

"종업원들이 좀처럼 생각대로 움직여주지 않아 짜증이 나는 일도 있었습니다. 하지만 업무를 맡기면 실패를 해도 앞으로 나아가게 됐습니다. (중략) **업무를 맡기면 정말 걱정이 됩니다만, 이탈리아에서 얻은 경험을 바탕**

으로 하여 일정한 거리를 두고 지켜보고 만일 무슨 일이 생기면 책임을 진다는 '지켜볼 수 있는 여유'가 중요하다는 사실을 느꼈습니다. 그리고 애정을 갖고 대하면 사람은 바뀐다고 생각합니다."

물론 뜻대로 되지 않는 일도 있다. 실패와 좌절은 언제나 있기 마련이다.

하지만 실패나 좌절을 '타인의 책임'이 아닌 '자신의 책임'으로 받아들일 때 사람은 성장한다. 기대에 부응하려고 할 때야말로 사람이 성장하는 때다.

어정쩡하게 맡기는 것이 가장 나쁘다. '맡긴다'고 하면서 도중에 개입하는 것이 사람의 '마음'에 가장 큰 상처를 입힌다.

그래서는 '마음'이 업무에 나타날 리가 없다.

4 승인욕구를 충족시키다

▸▸▸ 사람이란 타인의 인정을 원하는 존재다

'정'이 넘치는 회사가 되기 위한 두 번째 열쇠는 '승인욕구의 충족'이다.

아무리 보람이 있는 업무에 종사해도 그 성과나 프로세스 그리고 이를 통한 자신의 성장을 타인으로부터 인정받지 못하면 사람의 '마음'은 충족되지 않는다.

미국의 심리학자 에이브러햄 매슬로가 주장한 인간의 욕구를 5단계로 나누는 '욕구 5단계설'은 너무도 유명하다.

매슬로가 내놓은 다섯 가지 욕구, 즉 생리적 욕구 · 안전 욕구 · 사회적 욕구 · 승인욕구 · 자기실현 욕구 중 경영에서 가장 중요한 것은 승인욕구와 자기실현 욕구다.

그 중에서도 승인욕구의 충족은 '살아 있는 회사'가 되기 위한 필수조건이다.

승인욕구란 '타인으로부터 인정받고 싶다, 존경받고 싶다'는 욕구다. 사내 혹은 직장 내에서 자신의 존재가치를 인정받고 싶다, 타인에게 평가받고 싶다, 칭찬받고 싶다는 욕구는 인간의 본능이다.

매슬로는 "낮은 차원의 욕구가 충족되지 않으면 더 높은 차원의 욕구는 출현하지 않는다"고 지적했다. 즉, 승인욕구가 충족되지 않으면 자기를 실현하고자 하는 욕구는 출현하지 않는다는 말이다.

▸▸▸ '당연히 할 수 있다, 당연히 하는 것이다'라는 생각

그럼에도 불구하고 대부분의 회사는 승인욕구가 충족된 사원은 극히 일부에 불과하다는 현실에 처해 있다.

어째서 많은 직원들의 승인욕구가 충족되지 못하는가?

회사에는 오퍼레이션을 담당하는 부문이 있다. 가치를 생산하기 위해 매일 정해진 업무를 정해진 대로 수행하는 것이 오퍼레이션 부문의 역할이다.

철도회사의 경우 이용자를 안전하게 안정적으로 수송하는 것이 업무이며 많은 직원들이 매일 이 오퍼레이션 부문의 업무에 종사하고 있다.

사실 정해진 업무라고는 해도 결코 매일 상황이 같지는 않다. 상황은 시시각각 변한다.

날씨 등으로 인해 전차가 늦어지는 경우도 있고, 컨디션이 좋지 않은 승객이 있을지도 모른다. 이러한 예측하지 못한 사태가 발생해도 안전수송, 안전운행을 확보하는 것이 오퍼레이션 부문의 책무다.

오퍼레이션의 업무는 '당연히 할 수 있다. 당연히 해야 하는 것이다'라고 생각하기 쉽다.

'철도는 당연히 늦지 않는다. 안전은 당연히 확보된다'고 승객들은 생각한다.

실제로는 안전하고 안정적인 수송을 확보하기 위해 현장은 매일 열심히 노력하지만 이용객들은 이를 보지 못한다. 한편, 조금이라도 철도가 늦어지면 이용객들은 바로 불만을 토로하고 비판의 목소리를 높인다.

오퍼레이션 부문은 업무 특성상 타인에게 인정받거나 칭찬받는 일이 매우, 즉 직원들의 승인욕구가 충족되기 어려운 환경이다.

▸▸▸ '무관심'이야말로 가장 큰 적이다

승인욕구가 충족되지 않는 현장은 무표정하다. 마치 기계처럼 묵묵히 일을 할 뿐 사람의 '마음'이 보이지 않는다.

무표정의 이유는 만연한 '무관심' 때문이다. 한 명 한 명이 자신의 업무나 역할만 묵묵히 해내면 된다고 생각해서 일상에 파묻혀 버린 것이다.

'무엇을 위해 일을 하고 있는가'라는 목적의식이 희박해지기 쉬워 자신 혹은 눈앞의 일 외에는 흥미를 잃게 된다.

서로 협력하거나 모두가 아이디어를 내는 팀워크가 부족해지고 단순한 작업 머신이 되고 만다. '죽어 있는 회사'의 전형적인 증상이다.

나는 지금까지 400곳이 넘는 현장을 방문했다. 그 중 생기가 없는 현장의 공통점은 일하는 사람들의 승인욕구가 전혀 충족되지 않는다는 점이다.

현장 직원들은 결코 칭찬을 받고 싶은 것이 아니다. 다만 마치 공기처럼 당연한 존재로 취급되고 자신들이 매일 기울이는 노력이 누구에게도 인정받지 못한다는 사실이 현장을 무표정하게 만든다.

회사는 사내에 '무관심'이 만연하지 않는 구조를 강구해야 한다.

특히 '당연히 할 수 있다. 당연히 해야 하는 것이다'라고 여겨지는 업무의 경우 직원들의 '마음'이 업무에 나타났을 때를 놓치지 말고 그들의 노력이나 성장을 인정하고 자주 칭찬하는 구조가 필요하다.

많은 회사에는 현장의 개선활동을 표창하는 구조가 있지만 이는 일부 사람만을 대상으로 한 비일상적인 것이다. 이것만으로는 대부분의 직원들의 승인욕구를 충족할 수 없다.

승인욕구는 일상에서 모든 사람들을 대상으로 충족되어야 한다. 직원들의 작은 노력이나 성장 등을 놓치지 말고 일상적으로 인정하고 칭찬하는 것이 무엇보다 중요하다. 칭찬하는 구조의 도입으로 현장에서 일하는 사람들을 활성화하는 데 성공한 청소회사의 사례를 보도록 하자.[14]

●○ 케이스 14

현장의 노력을 드러내 활성화에 성공한 TESSEI

JR동일본의 자회사인 JR동일본 테크노하트TESSEI는 신칸센의 차량 청소를 담당한다. 7분 사이에 완벽하게 청소를 마치는 그들의 업무는 세계에서 가장 빠른 '현란한 청소'로 알려져 있다. 하버드경영대학원이 교재로 다루는 등 TESSEI의 현장력은 전 세계에서 크게 주목받고 있다.

하지만 실제로 TESSEI가 종사하는 청소라는 업무는 소위 '어렵다·더럽다·위험하다'고 알려진 3D 직장이다.

깨끗한 상태가 '당연'하기 때문에 더러운 상태를 직원들의 노력으로 깨끗하게 되돌려놓아도 사람들은 '당연하다'고 여긴다.

과거에는 현장 직원들의 노력이 누구에게도 인정받지 못한 채 가려져 있었다. 당연히 현장의 사기가 오를 리가 없었다. 그래서 TESSEI가 도입한 것이 '엔젤·리포트'라는 제도다. 현장에서 눈에 띄지는 않지만 제대로 업무를 해내는 사람들을 '엔젤'이라 부르고 이 '엔젤'들을 알리는 것이 목적이다.

현장 업무를 감독하는 현장 리더인 주임은 '엔젤'을 찾아내고 이들을 알리는 역할을 담당한다. TESSEI는 현장관리뿐만 아니라 '엔젤'을 발굴해 그들의 노력을 인정하고 칭찬하는 것을 주임의 중요한 업무로 규정했다.

지금은 매년 3천 건에 가까운 '엔젤·리포트'가 보고된다. 평균적으로 매일 10건 정도의 리포트가 현장으로부터 보고된다. 대상자는 전 직원의 70% 이상이다. 보고 내용은 작은 노력과 열심 그리고 성과다.

역에서 길을 잃은 사람을 안내한다, 더러운 곳을 솔선수범해 청소한다, 청소도구를 사용하기 편하게 개선한다 등 작은 현장의 노력이나 지혜를 놓치지 않고 인정한다. 이 회사를 활성화하는 방법은 이것밖에 없다고 믿고 끈기를 갖고 '엔젤·리포트'를 지속했다.

실제로 '엔젤·리포트' 도입 후 현장 직원들의 의식이 크게 바뀌었다. '누군가가 확실히 보고 있다'는 사실이 현장에서 일하는 사람들의 의식을 바꾸고 힘을 북돋아주고 있다.

'엔젤·리포트'는 표창제도와 연결되어 있다. 과거에는 팀을 표창했으나 개인표창으로 제도를 변경했다. 한 사람 한 사람의 의식과 행동을 바꾸는 데는 개인의 훌륭한 노력을 직접 표창하는 것이 효과적이라 생각했기 때문이다. 표창제도도 매우 세밀하다. 월간, 상·하반기, 연간 셋으로 나눠 가능한 한 많은 직원들을 자주 표창할 수 있게 만들었다.

또한 '열심히 하고 있는 사람을 칭찬하기 위한' 상만이 아니라 '잘 칭찬한 사람을 칭찬하기 위한' 상도 새로 마련했다. '인정하고 칭찬하는 것을 회사의 문화로 정착시키고 싶다'는 회사의 마음이 담겨 있다.

▸▸▸ 공헌감이 진정한 보람으로 이어진다

승인욕구 충족은 업무에 큰 영향을 미친다. 하지만 사람은 그것만으로는 만족하지 못한다. 승인욕구는 어디까지나 '자신을 위해' 노력하고 그 노력을 인정받아 '마음'이 충족되는 것이다. 타인으로부터 인정받은 사람은 이윽고 그것만으로는 '마음'이 충족되지 않는다.

인간의 '마음'이 진정으로 충족될 때는 자신을 위할 때만이 아니라 '타인을 위해' 노력하고 사람에게 도움이 되고 조직에 도움이 되고 사회에 도움이 될 때다. 누군가에게 도움이 된다는 '공헌감'이야말로 사람을 가장 활성화시킨다.

공헌감을 느낀 직원들은 이러한 기회를 준 회사에 대한 귀속의식이 높아진다. 그리고 함께 노력한 동료들 사이에 동료의식도 조성된다.

귀속의식과 동료의식의 고조는 조직을 '공동체'로 이끌어 더욱 견고한 유대감을 낳는다.

'생명체'로서의 활성화는 '공동체'의 힘이 되고 '경제체'로서의 우위성으로 연결된다.

무엇이든 자유롭게 '말할 수 있는' 회사를 목표로 삼고 젊은 직원들이 공헌감을 느낄 수 있게 해 지속적으로 성장하고 있는 아카기유업의 노력을 보도록 하자.[15]

●○ 케이스 15

젊은 직원들의 공헌감 덕분에 계속해서 성장하는 아카기유업

일본의 전 국민이 사랑하는 아이스 캔디 '가리가리군'으로 유명한 아카기유업은 아이스크림 업계에서 가장 성장성이 높은 회사 중 하나다. 2016년까지 10년 연속 수익증가를 실현했으며 개성 있는 다양한 히트상품을 탄생시켰다.

아카기유업은 '강소(強小)회사'를 목표로 삼고 있다.

매출규모로 보면 아카기유업보다 큰 회사는 여러 곳이다. 하지만 강한 회사는 규모가 작아도 성장할 수 있다.

이 회사의 기본전략은 '체격'이 아니라 '체질'로 승부한다는 것이다. 회사 홈페이지에는 그런 마음을 이렇게 기록하고 있다.

"한 사람 한 사람이 '즐기는 마음'으로 가득한 인생을 삽시다.(그런 사람들이 모이면 반드시 작아도 강한 회사가 될 수 있을 테니까)"

'강소회사'를 실현하기 위해 아카기유업이 고집하는 것이 '말하기 가능화'다.

자유롭게 무엇이든 '발언'할 수 있는 회사를 유지하는 것이다. 신입이든 경험이 적든 자신의 의견이나 아이디어를 자유롭게 '발언할 수 있는' 회사가 되는 것을 고집한다. 이것은 독특한 상품개발, '즐기고자 하는 마음'이 가득한 판촉시책, 공장에서의 개선활동 등에도 살아 있다.

젊은 직원들도 자유롭게 일한다. 큰 업무를 맡아 벽에 부딪히면서도 그 벽을 뛰어넘어 회사에 기여하고 있다는 큰 자부심을 갖고 있다.

이노우에 히데키 회장은 신입사원에게 "회사를 위해 일하지 말라. 너 자신을 위해 일해라"라고 못을 박는다.

'회사를 위해서'를 생각하기 전에 '나를 위해서'를 먼저 생각한다. 자신을 알고 자신을 좋아하게 되면 눈앞의 업무를 좋아하게 된다.

이것이 가능해지면 그러한 '자리'를 마련해 준 회사에도 자연스럽게 애착이 생긴다. 이노우에 회장은 이렇게 지적한다.

"직원의 동기부여를 강화하기 위해 필요한 것은 연대감 · 성장감 · 공헌감 이 세 가지다. 그 중에서도 특별히 중요한 것이 공헌감이다. 누군가에게 도움이 되고 있다는 사실을 인식하면 사람은 계속해서 노력할 수 있다."

팀에 기여한다, 회사에 기여한다, 고객에게 기여한다, 사회에 기여한다. 기여 대상은 폭넓다. 하지만 직원 한 명 한 명이 '자신의 업무가 어떤 도움이 되고 있는가?'를 자각하는 회사는 힘이 있고 발전적이다. 공헌감이야말로 사람의 '마음'이 나타나고 있다는 증거다.

5 '혼'을 계승하다

▸▸▸ '이익'보다 중요한 것은 '혼'이다

'살아 있는 회사'를 만들기 위해서는 '열' · '이' · '정'이라는 세 가지 요소를 갖추는 것이 중요하다고 말했다. 그 결과로서 탄생하는 것이 '이익'이라는 것도 설명했다.

하지만 사실은 '이익'보다 더 중요한 것이 탄생한다. 그것은 바로 '혼(spirit)'이다.

인간사회를 풍요롭게 하고 행복하게 만들기 위해 계속해서 새로운 가치를 창조한다. 회사는 이를 위해 존재한다.

가치창조를 실현하기 위해 어려운 목표에 도전하고 끈기 있는 실천으로 가치창조를 실현해 내고 진부해진 것은 신진대사를 통해 배출하는, 회사의 영속적인 운영을 지지하는 정신적 지주, 즉 '혼'이야말로 회사가 남겨야 할 가장 중요한 것이다.

창업자를 비롯한 역대 경영자들이 어떤 마음으로, 무엇을 향해, 어떻게 고난을 헤쳐 왔는가? 이 스토리 뒤에는 반드시 뜨거운 '혼'이 숨어 있다.

'혼'은 '이익'보다 훨씬 중요하다.

'이익'을 통해 얻는 돈은 언젠가 사라지지만 사람의 의지만 있다면 '혼'은 영원히 남는다.

'혼'이 남으면 다시 새로운 도전이 시작되고 새로운 가치창조를 기대할 수 있다. '혼'이야말로 회사가 계승해야 하는 눈에 보이지 않는 자산이다.

'혼'이란 경영을 지탱하는 '정신'을 말한다.

창업가 정신, 기업가 정신, 개척자 정신, 진취적 정신… 가치창조라는 어려운 과정을 통해 이러한 정신이 싹트고 단련되어 진정한 형태를 갖추게 된다. 가고노 다다오 명예교수는 이렇게 지적한다.(16)

"경영정신은 의식되어 전승되고 보편성을 지닐 수 있다. 파나소닉과 소니는 명백히 다른 문화를 갖고 있지만 일본의 제조기업으로서 공통된 정신을 지니고 있다. 다만 그 정신이 나타나는 방식이 다를 뿐이다."

그리고 가고노 명예교수는 "일본 기업에서 일하는 사람들 내면에 있는 중요한 정신이 좀먹고 있다"고 경종을 울린다.

구글이나 아마존 등의 회사는 개척자 정신과 적극적이고 과감한 정신이 넘친다. 이 정신이야말로 도전이나 실패를 두려워하지 않는 그들의 행동을 지탱한다. 일본 기업이 배워야 하는 것이 바로 이 정신이다.

중견 혹은 젊은 직원들이 회사의 '마음'을 발굴하고 회사의 '혼'을 계승하기 위해 분투하는 셰어드 서비스 회사의 사례를 보도록 하자.

●○ 케이스 16

창업 이래 줄곧 '마음'을 회사의 DNA로 남겨온 OBCO의 노력

오릭스 · 비즈니스 센터 오키나와(OBCO)는 1999년 오릭스그룹의 영업사무를 집중 처리하는 셰어드 서비스 회사로 설립됐다.

2015년에는 직원 수 800명 정도까지 사업 규모를 확대하고 오릭스그룹

의 사무비용 삭감, 영업 여력 창출 등의 측면에서 큰 성과를 내고 있다.

OBCO는 업계에서 업무에 철저한 '과학'을 도입해 눈에 띄게 생산성을 높인 좋은 사례로 알려져 있다.

현장의 업무실태를 실시간으로 계측하고 파악해 성수기와 비성수기의 조정을 기동적으로 실시한다. 빠르게 변화하는 현장 업무를 적절하게 가시화시켜 불필요한 것들이나 문제점을 찾아내고 바로 대처한다. 이렇게 현장에 일상적으로 '과학'을 도입해 압도적인 생산성 향상을 이루어내고 있다.

또한 재택 업무 확충, RPA(로봇을 사용한 업무 자동화) 도입 등 선진적 시도에도 과감하게 도전해 새로운 업무방식을 모색하고 추구한다.

이 OBCO가 가타히라 사토시 전 사장 주도하에 시작한 것이 'KUKURU 프로젝트'다.

'KUKURU'란 오키나와 사투리로 '마음'을 뜻한다.

프로젝트의 목적은 일하는 사람이나 주변 환경이 바뀌어도 변치 않고 남아 있어야 하는 중요한 '마음'을 정리해 명문화하는 것이다.

중견 · 젊은 직원 멤버 아홉 명이 선발되어 약 9개월에 걸쳐 경영간부나 선배들에게 인터뷰를 실시해 OBCO 현장에서 펼쳐진 다양한 에피소드를 모았다. 그리고 그 바탕에 있는 '마음'을 발굴했다. 인터뷰 대상자는 수십 명에 달했다.

OBCO가 소중히 여겨온 '마음'을 추출하는 과정에서 멤버들은 악전고투했고 헤맸다.

선배들에게 "아직 제대로 이해하지 못했다", "마음이 담겨 있지 않다"고 몇 번이나 지적을 받았지만, 그것은 선배들의 뜨거운 격려이기도 했다.

그리고 프로젝트 멤버들은 고생 끝에 'KUKURU BOOK'과 '에피소드 컬렉션'을 정리했다.

'KUKURU BOOK'에는 OBCO가 소중히 여겨 온 공통된 가치관이 정리되어 있으며 '에피소드 컬렉션'에는 다양한 구체적 사례가 기록되어 있다. '에피소드 컬렉션'에는 이렇게 기록되어 있다.

"지금 OBCO에서 활약하고 있는 선배들도 처음부터 탄탄대로였던 것은 아닙니다. 어떻게 해야 할지 알 수 없는 상황에 처해 고민하고 때로는 눈물을 흘리며, 그럼에도 불구하고 앞을 바라보고 벽을 뛰어넘어 지금의 OBCO를 이루어냈습니다. (중략) 에피소드 모음은 이것으로 완결된 것이 아닙니다. 이제 제1장이 시작된 것입니다. 앞으로도 여러분 한 명 한 명이 주인공이 되어 새로운 페이지를 만들어 나가길 그리고 진화시켜 나가길 기대합니다."

아무것도 하지 않으면 사라져 버렸을지도 모를 OBCO의 '마음'이 모양을 갖추고 눈에 보이는 형태로 남겨졌다.

'마음'의 계승은 이제 막 시작되었다. 현재는 이를 활용해 '마음'을 전하기 위한 인재육성 활동이 진행 중이다.

제2부의 핵심

'살아 있는 회사'의 필수조건

▶ '살아 있는 회사'를 만들기 위해서는 '열(熱)' · '이(理)' · '정(情)'이라는 세 가지 조건이 충족되어야 한다. '이익'은 그 결과다.

'살아 있는 회사'는 '열'을 띤다

▶ 회사 전체가 '열'을 띠고 높은 체온을 유지해야 한다.

▶ '열'은 개인의 생각에서 비롯된다. 생각을 공유하는 '분신'을 만들어 사내의 '열의 근원'을 늘려야 한다.

▶ 잃어버린 '열'은 원점으로 돌아가면 되찾을 수 있다.

▶ 새로운 이상을 내걸면 '열'을 재생시킬 수 있다.

'살아 있는 회사'는 '이'를 탐구한다

▶ 회사는 합리적인 존재여야 한다. 항상 현실을 마주하며 '이'를 탐구해야 한다.

▶ '이'는 크게 전략 레벨과 실행 레벨로 나눌 수 있다.

▶ 전략 레벨의 '이'란 모방불가능한 차별화를 실현하는 것이다.

▶ 이를 실현하기 위해서는 ① '적사성을 판별', ② '중장기적 관점에서 통찰', ③ '코어 육성', ④ '빠르고 조용한 신진대사' 이 네 가지가 중요하다.

▶ 실행 레벨의 '이'란 조직능력을 높이고 합리적으로 실행하는 것이다. 차별화된 능력이야말로 최대의 우위성이다.

▶ 이를 위한 열쇠는 ① '과학적인 실행', ② '무기로서의 스피드', ③ '미

묘한 차이의 힘', ④ '지식노동자 육성'이다.

'살아 있는 회사'는 '정'이 넘친다

▶'정'이란 사람의 '마음'이다. 회사는 직원 한 명 한 명의 '마음'을 충족시켜야 한다.

▶사람은 가장 활용되지 않는 경영자원이며 동시에 그 능력은 가변적이다. '정'을 충족시키는 것이 회사에게는 가장 합리적인 것이다.

▶'마음'을 충족시키기 위해 필요한 것은 ① '보람'과 ② '승인욕구의 충족'이다.

▶보람을 만들어내기 위해서는 ① '"교회"를 보여준다', ② '적절한 스트레스를 준다', ③ '완전히 맡긴다'는 것이 중요하다.

▶승인욕구를 충족시키기 위해서는 ① '칭찬하는 구조'와 ② '공헌감 조성' 이 두 가지가 효과적이다.

▶'살아 있는 회사'를 유지하기 위해서는 반드시 '혼'을 계승해야 한다. '혼'은 '이익'보다 훨씬 중요하다.

제3부

어떻게 하면 '살아 있는 회사'를 만들 수 있는가

제8장

실천해야 하는 '10가지 기본원칙'

1 '열' · '이' · '정'은 연결되어 있다

▸▸▸ 세 가지 조건을 하나로 연결해서 합친다

'살아 있는 회사'가 되기 위한 세 가지 조건, 즉 '열' · '이' · '정'에 관해서 이야기했다. 그리고 지금 한 가지 사실을 깨달았다.

그것은 바로 이 세 가지 조건이 각자 독립된 것처럼 보이지만 사실은 밀접하게 연결되어 있다는 사실이다.[그림 8-1]

'살아 있는 회사'는 '열'이 기점이 된다.

뜨거운 '열'이 없다면 어떠한 새로운 것도 탄생하지 않는다. 모든 것은 회사가 '열'을 띠는 데서 시작된다.

하지만 '열'만으로는 회사가 성공할 수 없다.

'열'을 띠기 때문에 실현을 위해 '이'를 고집하고 탐구한다. 어떻게 하면 목적을 달성할 수 있을지 '이치를 추구하며' 생각하고 실행하게 된다.

그리고 '이'를 탐구한 끝에 다다른 결론이 '정'을 소중히 여겨야 한다는 것이다.

사람의 능력을 활용해 목적을 달성하는 가장 합리적인 길은 사람의 '마음'을 충족시키는 것이다.

그리고 충족된 '마음'이 새로운 '열'을 낳는다.

즉, '열' · '이' · '정'은 세 개의 독립된 존재가 아니라 하나의 순환으로 연결되어 있다. '살아 있는 회사'가 되기 위한 조건은 사실 세 가지가 아니라 하나다.

그림 8-1	하나로 연결되어 있는 '열' · '이' · '정'

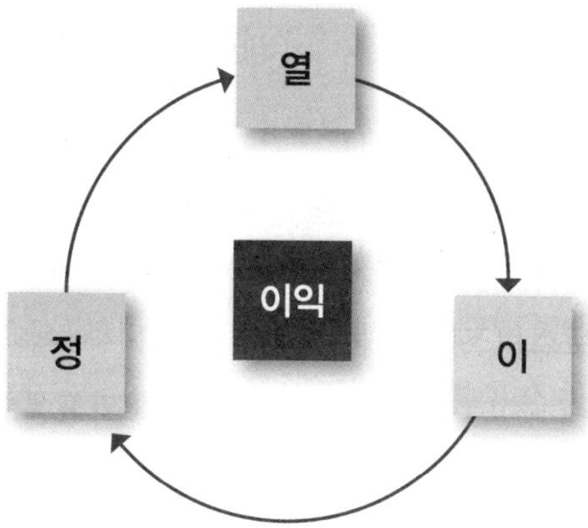

이 중 하나라도 모자라는 부분이 있으면 '살아 있는 회사'가 될 수 없다. 세 가지 조건을 갖추고 하나로 연결해 서로를 합하는 것이 바로 매니지먼트라는 업무다.

제3부에서는 '살아 있는 회사'를 만들기 위한 실천상의 시사점에 관해 생각해 보고자 한다.

▸▸▸ 다 함께 '살아 있는 회사'를 만든다

'살아 있는 회사'는 최고 경영자 홀로 만들 수 없다. 회사에서 일하는 모든 사람들이 능동적이고 적극적으로 관여하며 당사자로서 일을 해야만 한다. '살아 있는 회사'는 다 함께 만들어가는 것이다.

'열'의 근원지는 최고 경영자다. 모든 것은 '회사의 목적'을 정하고 뜨거운 열정을 가지고 이상에 대한 열변을 토하는 것에서 비롯된다.

하지만 목적이 클수록 최고 경영자 홀로 할 수 있는 일은 한정적이다.

직원들에게 자신의 '열'을 전달하고, 회사 전체가 '이'를 추구하며, 모든 직원들의 '정'이 충족되어야 한다. 회사의 근본을 튼튼히 하고 뿌리 하나 하나를 활성화시켜야 한다.

이는 단기간에 이익을 늘리는 것보다 훨씬 어렵다. 하지만 회사를 오래 유지하고 장기적으로 계속해서 결과를 내려면 "'살아 있는 회사'는 다 함께 만드는 것이다"라는 대원칙을 잊어서는 안 된다.

다음 절 이후부터 '살아 있는 회사'를 만드는 과정에서 항상 염두에 두어야 하는 '10가지 기본원칙'에 관해 생각해 보고자 한다.

각 원칙 첫머리에 소개하는 에피소드는 내가 실제로 현장에서 보고 들은 직원들의 목소리다. '살아 있는 회사'가 되지 못했거나 '죽어 있는 회사'의 전형적인 증상이며 직원들의 비통한 외침이기도 하다.

2 기본원칙 1 - 신진대사 구조를 만든다

에피소드:

신진대사가 진행되지 않아 저성장·저수익으로 고통받는 A사의 참사

세상에는 매출 중시에서 이익 중시로 전환하는 회사가 많은 것 같습니다만 저희 회사는 여전히 매출 지상주의입니다.

매출을 늘리면 이익은 당연히 따라온다는 오랜 사고방식이 뿌리를 내리고 있어 이익에 대한 의식이 낮습니다.

그 결과 적자사업이나 제품이 그대로 방치되고 있습니다.

한계이익은 확보하고 있기 때문에 공장가동률 향상에는 도움이 된다, 소중한 고객이기 때문에 적자여도 거래를 중단할 수 없다 등의 핑계를 댑니다. 하지만 사실 버리거나 그만두거나 해야 할 때 결단을 내리지 못하는 것에 불과합니다.

장부에 기입하지도 않고 돈을 쓰는 주먹구구식 지출이 만연해 있기 때문에 적자사업이나 적자제품을 담당하고 있는 사업소나 직원들도 그다지 죄책감을 느끼지 않는 것 같습니다. 사장도 매출을 줄이고 싶지 않은 듯합니다. 체면이 있는 거겠죠.

하지만 모두 이 상태로는 영원히 수익이 낮은 회사에 머무르게 될 것이라고 생각합니다.

▸▸▸ 강한 의지를 가지고 '필요없는 것'을 내보낸다

'살아 있는 회사'가 되기 위해 무엇보다 중요한 것은 신진대사다.

이 책에서 반복해서 말했다시피 신진대사 없이는 창조도 없다.

창조를 실현하고자 한다면 적절한 때에 적절한 신진대사를 실행하는 메커니즘을 도입해야 한다.

회사는 '필요없는 것'투성이다.

하지만 '필요없는 것'이 자연스럽게 사라지지는 않는다. '필요없는 것'은 명확한 의사를 가지고 정리해야 한다.

일본 기업은 신진대사를 잘 못한다. 에피소드에서 소개한 A사처럼 적자사업이나 적자제품을 방치하고 있는 회사가 상당히 많다.

"적자니까 바로 정리해라"라는 거친 제안을 하는 것이 아니다. 미래로 연결되는 '건전한 적자'인가? 그 점이 관건이다.

물론 일본 기업도 전혀 신진대사를 하지 않는 것은 아니지만, 대부분의 경우 신진대사는 일부분에 지나지 않고 이마저도 어정쩡하다. 'DAY 1'의 신선함을 유지할 만큼의 대담함이나 역동성이 부족하다.

단기적으로 보면 굳이 그렇게까지 신진대사를 해야 할 필요가 없을지도 모른다. 하지만 중장기적인 목표를 실현하고자 한다면 평범한 것, 불필요한 것, 필요없는 것은 과감하게 정리하고 자기변혁을 추진해야 한다. 단호한 신진대사는 미래를 창조하겠다는 경영 의사의 각오와 표명이다.

신진대사의 필요성은 사업 정리에 국한된 것이 아니다. 업무 · 조직 · 사람이라는 모든 측면에서 항상 의식하고 실천해야 한다.

중단한다, 버린다, 삭감한다, 교체한다. 일상 속에서 이를 의식적으로 실천해야 한다. 신진대사야말로 창조의 어머니다.

▸▸▸ 신진대사를 일상화한다

회사는 일상적으로 신진대사를 실시하고 항상 신선한 상태를 유지하는 것이 기본이다. 노폐물이나 군살이 생기지 않도록 정기적이고 연속적으로 신진대사를 추진하는 것이 중요하다.

설립 후 10년이 지났음에도 불구하고 여전히 프레시한 회사인 마더하우스는 일상적인 신진대사를 통해 'DAY 1'을 유지한다.

마더 하우스는 창업 이래 줄곧 무의미한 팽창을 좇지 않고 정성스럽게 '질'을 추구하는 경영을 소중히 여기고 있다. 이를 위해서 필요한 타이밍에 버리거나 중단하거나 교체를 거듭하고 있다.

예를 들어, 창업 당시에는 매출을 늘리기 위해 도매업자를 고용했다. 해외진출에도 상사나 중개업자 고용을 검토했다. 하지만 자사 브랜드를 확립하려면 아무리 힘들어도 자신들의 힘으로 해내야겠다고 마음을 정하고 도매업자나 상사를 활용한다는 선택지를 버렸다.

처음에는 파견직원이나 아르바이트 직원도 활용했지만 이들도 모두 정규직으로 전환했다. 비용면에서는 부담이 크지만 브랜드를 소중히 여기기 위해서는 정규직이어야 한다는 점을 고집한다.

마더 하우스라는 브랜드는 '눈앞의 효율성을 추구한다'는 생각을 버렸기 때문에 빛나기 시작했다.

상품이나 점포에서도 과감한 신진대사를 실시한다.

팔리지 않는 상품은 바로 생산을 중단하고 시대에 맞지 않는 상품도 과감하게 버린다. 힘들게 오픈한 추억이 깃든 점포도 '때가 지났다'고 판단하면 폐점한다.

사람도 교체한다.

대기업에서 이직한 상식만 따지던 사람은 떠나갔다. 남았으면 하는 사람이 다양한 이유로 인해 그만두는 경우도 있었지만 결과적으로는 상사가 떠났기 때문에 부하가 힘을 키우고 성장했다.

야마구치 에리코 사장은 내게 보낸 메일에서 이렇게 말했다.

"마더 하우스는 신진대사를 잘하는 회사라고 생각합니다. 일단 시도하지만 우리의 신념이나 주축에 맞지 않는다고 생각하면 버리거나 중단했습니다. 격렬히 변화하는 시대이기 때문에 그 변화에 대한 민감한 반응 여부가 열쇠라 느낍니다. 신진대사를 반복해 왔기 때문에 여기까지 올 수 있었다고 생각합니다."

불순물이 섞이면 소중한 것이 잘 보이지 않는다.

자사의 목적이나 방침에 따라 필요없는 것, 맞지 않는 것을 정리하고 정돈한다. 이는 '회사에게 정말 소중한 것이 무엇인가?'를 판단하는 작업이기도 하다.

▸▸▸ '기준'을 토대로 판단한다

실제로 신진대사를 추진하려고 하면 반드시 반대 의견이 나온다. 이러한 부정적인 목소리나 반발을 뿌리치고 신진대사를 진행하기 위해서는 '합리적인 메커니즘'을 도입할 필요가 있다.

즉, 공통 '기준'을 명확히 하고 이 기준과 대조해 '필요하다', '필요없다', '남긴다', '남기지 않는다'를 판단해야 한다.

예를 들어, 적자사업이라고 해서 바로 철수해야 한다고 단순하게 판단하는 것은 옳지 않지만, '3년 연속 적자'라는 명확한 '기준'이 있으면 흔들림 없는 판단이 가능하다. 3년간 노력했지만 여전히 적자라면 어쩔 수 없다고 납득하는 분위기도 조성할 수 있다.

내가 관여한 제조업체는 많은 적자사업을 끌어안고 있었다.

사내에서는 개별사업 철수, 존속, 매각 등 각자의 의견이 팽팽했고 '철수해야 한다', '아니다. 남겨야 한다'라는 성과 없는 의논만을 반복하고 있었다.

이 회사에 부족했던 것은 '기준'이다. '기준'에 근거한 합리적인 의사결정 메커니즘이 결여된 상태였다.

그래서 사업과 제품에 관한 '철수 기준'을 임원들 사이에서 철저하게 의논해 명확히 했다. 그로부터 몇 년 후 적자사업과 적자제품이 대부분 정리되었고 회사의 수익성이 크게 개선됐다.

'기준-대조-판단-실행'이라는 신진대사의 메커니즘을 도입해 정기적으로 신진대사를 촉진한다. 그리고 이 과정에서 탄생하는 리소스를 더 전략성이 높은 분야에 투입한다. 이를 통해 창조의 속도가 더욱 빨라지는 것이다.[그림 8-2]

그림 8-2	신진대사의 메커니즘

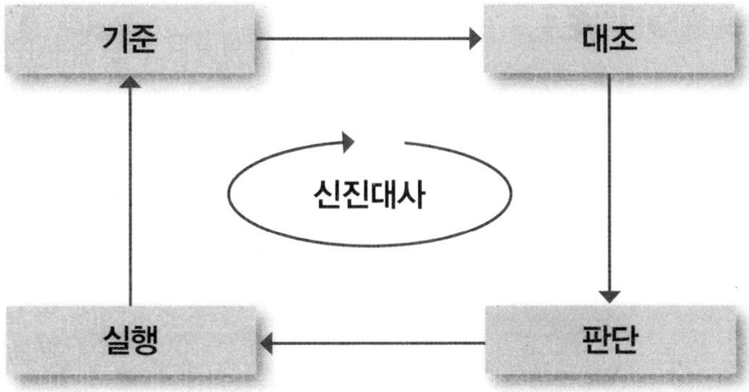

3 기본원칙 2 – '되고자 하는 모습'을 만든다

에피소드:

경영자가 꿈이나 이상을 논하지 않아 침체되어 가는 B사의 참사

우리 회사는 보수적이고 매우 견실합니다. "회사가 망해서는 안 된다"라는 선대의 가르침을 굳건히 지키고 있습니다.

하지만 최근에는 매출도 조금씩 떨어지고 이익률도 저조합니다. '견실하다'와 '아무것도 하지 않는다'는 다르다고 생각합니다만, 무언가 새로운 일에 도전하고자 하는 의식이 매우 희박합니다.

사장이나 임원들도 막연한 불안감을 느끼고 있다고 생각합니다만, 꿈이나 이상을 전혀 논하지 않습니다. 눈앞의 숫자나 이번 분기의 결산만 신경씁니다.

위 사람들이 그렇기 때문에 아래로 내려갈수록 사람들은 더욱 보수적입니다. 직원들은 모두 현상유지를 목표로 여깁니다.

이대로는 반드시 '가라앉는 배'가 될 것입니다. 거짓말이라도 좋으니 직원들이 뜨겁게 불타오를 만한 비전을 제시해 주었으면 합니다…

▸▸▸ '할 수 있다, 할 수 없다'는 상관없다

'살아 있는 회사'가 되기 위해서는 신진대사가 필수적이지만 이는 어디까지나 전제조건이다. 신진대사에서 창조로 이어지는 큰 길을 만들어

야 한다.

창조의 첫걸음은 이상을 말하는 것이다. 모든 것은 최고 경영자가 미래의 '되고자 하는 모습'을 뜨겁게 말하고 이상을 내거는 것에서 비롯된다.

'되고자 하는 모습'을 말한다는 것은 회사의 '깃발'을 내거는 것이다. '깃발'이 꽂혀 있지 않으면 회사라 부를 수 없다. 에피소드에서 소개한 B사는 '깃발'이 없다.

'되고자 하는 모습'은 비연속적인 도전이다. 현재 상태의 연장선으로는 '되고자 하는 모습'에 도달할 수 없다. 그렇기 때문에 기존의 상식을 부정하고 새로운 발상이나 방식을 모색하려고 노력한다.

여기에서 기존의 틀을 벗어난 유연하고 대담한 아이디어가 탄생한다. 전 소니 부사장이자 '플레이스테이션'을 탄생시킨 구타라기 겐 씨는 이렇게 말한다.(1)

"많은 사람들이 눈앞의 전술과 전략을 좇지만 그보다 먼저 '어떤 미래를 만들고자 하는가', '어떤 매력적인 서비스나 제품을 탄생시키고 싶은가'라는 '망상력'도 중요하다. 망상에서부터 역산(逆算)해서 전략을 짜면 재밌지 않을까."

지금 할 수 있는가, 없는가는 관계가 없다. 어떻게 하면 할 수 있는가를 진지하게 생각하고 끈기를 가지고 행동할 때 회사는 새로운 능력을 손에 넣을 수 있다.

혼다 소이치로는 회사 창립 6년 후인 1954년에 오토바이 레이스의 세계 최고봉인 영국 맨 섬에서 열리는 '맨 섬 TT 레이스'에 출전하겠다고 선언하고 우승을 목표로 삼겠다고 직원들에게 호언장담했다.(2)

당시 혼다는 경영난에 처해 있었다. 본래대로라면 레이스는 절대불가능한 상황이다.

이런 시기에 소이치로는 현장 직원들을 한데 모으고 귤상자 위에 올라서서 결연하게 TT 레이스 출전을 하겠다고 호언장담해 직원들의 마음에 불을 지폈다.

직원들은 눈이 동그래져서 "이 아저씨 대체 무슨 소리를 하는 거야…" 라고 의아해했지만, 소이치로는 다음과 같이 선언했다.(3)

"나는 현실에 구애받지 않고 세계를 바라봤다고 생각했지만 역시 일본의 현재 상황에 너무 구애받고 있다는 사실을 깨달았다. 지금 세계는 엄청난 속도로 진보하고 있다. 하지만 반대로 내가 줄곧 키워온 계획대로라면 반드시 이길 수 있다는 자신감이 끓어올라 내 뜨거운 투지가 어찌할 바를 모르는 상태다. (중략) **절호의 기회다! 내년에야말로 TT 레이스에 출전하겠다는 결의를 여기서 다진다."**

소이치로가 호언장담한 '엄청난 허풍'은 처음에는 회사 내외에서 비웃음을 샀다. "불가능한 얘기를 해서 대체 어쩌자는 거야"라는 목소리도 있었다. 하지만 소이치로의 진심은 서서히 직원들에게 전달됐다. 직원들은 사장의 '엄청난 허풍'에 전염되어 마음이 하나가 됐다.

소이치로가 내건 것은 단순히 레이스에 참가하겠다는 작은 목표가 아니다. 이는 '세계에서 승부하겠다', '세계적인 제조업체가 되겠다'는 소이치로가 '되고자 하는 모습'의 상징이었다.

'엄청난 허풍'을 치고부터 5년이 지난 1959년 혼다는 TT 레이스에 처음으로 출전했고, 그로부터 2년 후에 125cc급, 250cc급 두 부문에서 1위부터 5위를 독점하는 쾌거를 이룩했다.

그 순간 '엄청난 허풍'은 더 이상 허풍이 아니었다. 세계의 혼다는 여기서 시작된 것이다.

▸▸▸ '되고자 하는 모습'은 'PTA'로 그린다

'되고자 하는 모습'을 장담하고 진지하게 '엄청난 허풍'을 치기 위해서는 'PTA'라는 사고방식이 중요하다.

PTA란 'Positive Thinking Attitude'의 약자로 사안을 항상 긍정적으로 바라보고 생각하고자 하는 자세 및 태도를 말한다.

'되고자 하는 모습'은 PTA가 아니면 상상할 수 없다.

물론 그 실현과정에서는 생각대로 되지 않는 일이 끊임없이 발생한다. 난도가 높은 목표를 내걸었으니 실현은 쉽지 않다.

높은 목표이기 때문에 한 걸음 한 걸음을 소중히 여겨야 한다. '살아 있는 회사'는 '착안대국, 착수소국(역주: 着眼大局 着手小局 대국적으로 생각하고 멀리 보되, 실행은 한 수 한 수 집중해 작은 성공들을 모아나가는 것이 승리의 길)'의 중요성을 인식하고 있다.

'대담한 겁쟁이'라는 말도 있다. 대담하게 '엄청난 허풍'을 쳐도 그 과정은 겁쟁이처럼 세심한 주의와 용의주도함이 요구된다. 이상과 현실, 꿈과 견실함을 오가며 전진하는 것이 '살아 있는 회사'라는 '생물'이다.

'되고자 하는 모습'을 실현하는 과정은 어려움의 연속이다. 반드시 큰 장애물이나 벽에 부딪힌다.

단순히 '하다(do)'만으로는 결코 도달할 수 없다. 요구되는 것은 '해내는 것', '완수하는 것', '끝까지 하는 것(penetrate)'이다.

'되고자 하는 모습'을 내걸었기 때문에 비로소 끝까지 관철해야 한다는 집념이 솟아오른다.

4 기본원칙 3 - 굵직하고 단순한 '큰 전략'을 정한다

에피소드:

첨단기술을 개발하는 C사 기술자들의 불신감

전 세계에서도 주목받는 기술개발 업무를 담당하고 있기 때문에 친구들이 부러워합니다. 물론 하고 있는 일은 첨단 분야입니다.

하지만 첨단 분야에서 일한다고 해서 그 현장이 활기가 넘치는 것은 아닙니다. 실제로 제 직장에서는 기술자들의 불만이 큽니다. 의욕은 침체되고 모두 냉담합니다.

회사의 방침이 정해지지 않는 것이 가장 큰 이유입니다.

회사의 방침이 자주 바뀌고 개발예산이 대폭 삭감되거나 실험이 도중에 중지되는 일이 여러 번 있었습니다.

회사의 진심이나 각오도 느낄 수 없습니다. 부장이나 과장에게 설명을 요구해도 "위의 방침이 정해지지 않아서…"라고 도망치는 것 같은 변명만 돌아옵니다.

사장님의 주도하에 이 분야를 "미래의 주축으로 삼겠다"고 호언장담했을 때는 모두가 불타올랐지만 다른 유망한 사업이 눈에 띄면 그쪽을 우위에 둡니다. 그 사업이 실패하면 갑자기 우리에게 개발을 재촉합니다. 어떤 회사가 되고자 하는지 전혀 보이지 않습니다.

진저리가 난 선배는 이직해 버렸습니다.

'슬슬 나도 이직해야 하나' 하고 생각합니다.

▸▸▸ '흔들리지 않는 축'을 제시한다

'되고자 하는 모습'을 내거는 것은 회사의 '중심'을 정하는 것이다.

회사의 사명, 이념, 신념, 비전… 각 단어의 뉘앙스는 조금씩 다르지만 여기서는 그런 차이는 큰 문제가 되지 않는다. 중요한 것은 회사가 존재하는 이유, 즉 '되고자 하는 모습'을 제대로 제시하는 것이다.

하지만 '되고자 하는 모습'은 대체적으로 막연하며 보편적이고 일반적인 것이 되기 쉽다. 막연한 공감만으로는 직원들이 무엇을 어떻게 열심히 해야 하는지 볼 수 없다.

대부분의 회사에는 명칭이 어떠하든 '회사의 목적'을 나타내는 이념 비슷한 것이 있다. 회사의 수치목표 등을 나타내는 중장기적 경영계획을 수립하는 회사도 많다.

하지만 그 간격을 메꿔야 하는 '대전략(grand strategy)'이 명확하지 않은 회사가 실로 많다.

'되고자 하는 모습'을 실현하기 위해 구체적으로 '무엇을 주축으로 삼아야 하는가?'라는 경영의 큰 의사야말로 '대전략'이다.

'대전략'이란 '흔들리지 않는 축'이다. '되고자 하는 모습'과 '대전략'이 갖춰질 때 회사의 구심력이 명확해진다.

'회사의 목적'을 실현하기 위한 큰 방향성, 길을 나타내는 큰 전략이 '대전략'이다. '대전략'에 따라 그 구체적인 방책을 세세하게 나눈 것이 '소전략'이다.

매우 많은 회사들이 '대전략'이 없거나 애매한 상태로 '소전략'만을 그린다. 축이 정해지지 않았는데 개별전략만 앞서가고 있는 상황이다. '소전략' 모음은 결코 '대전략'이 될 수 없다.

C사의 기술자들에게는 이 '대전략'이 전혀 보이지 않는 상황이다. 최

첨단 기술을 개발하려면 보통을 넘어서는 집념이나 인내가 필요하다.

그럼에도 불구하고 기술자들은 '언젠가 철수하는 건 아닐까…' 하는 불안이나 불신을 안고 일을 하고 있다. 이래서는 난도가 높은 업무에 집중할 수 없다.

'대전략'은 굵직하고 단순해야 한다. 여간해서는 흔들리지 않는 확고한 축이어야 한다.

직원들은 '몰두할 이유'를 찾고 있다

현장에는 '몰두할 이유'가 필요하다. 마음 깊은 곳에서부터 '열심히 해야지'라고 생각하게 되는 구체적인 필연성이 반드시 필요하다.

주어진 업무를 그저 막연하게 처리하는 것이 아니라 큰 목적을 항상 의식하고 그 목적에 다가가고 도달하기 위해 매일 노력하고 연구한다. 이 구체적인 목표야말로 '대전략'이며 '흔들리지 않는 축'이다.

예를 들어, 제6장에서 소개한 주가이제약은 "혁신적인 의약품과 서비스 제공을 통해 새로운 가치를 창조하고 전 세계의 의료와 사람들의 건강에 공헌하겠습니다"라는 '존재의의'를 제시한다.

'목표로 하는 모습'으로 '일본 최고의 제약기업'이라는 말도 내걸고 있지만, 이것만 가지고는 너무 일반적이라 직원들의 마음에 와닿지 않는다.

그래서 주가이제약은 그 뒤에 "우리가 목표로 하는 '최고의 제약기업'이란 퍼스트인클래스, 베스트인클래스의 혁신적인 의약품과 서비스를 고집하며…"라는 말을 이어간다.

이것이야말로 주가이제약의 '대전략'이며 '흔들리지 않는 축'이다.

퍼스트인클래스란 '신규성과 유용성이 높고 지금까지의 치료체계를 크게 바꿀 수 있는 독창적인 의약품'이며, 베스트인클래스란 '기존의 약에 대해 명확한 우위성을 지닌 의약품'이다.

즉, 주가이제약은 '혁신적인 신약개발'을 고집하는 것이다.

제네릭(후발 의약품)이 아니라 더 난도가 높은 신약개발이야말로 주가이제약이 존재하는 이유라고 명확히 내세우고 있다. 혁신적인 신약개발과 로쉬와의 제휴라는 두 가지 기둥이야말로 이 회사의 '대전략'이다.

주가이제약이 내건 '창조로 상상을 뛰어넘는다'라는 브랜드 슬로건에는 이렇게 적혀 있다. "불가능해 보이는 약이 아니라면 우리가 개발하는 의미가 없다."

불가능해 보이는 약, 이 말이야말로 직원들을 고무시키고 집중시키는 굵직한 축이다.

5 기본원칙 4 – '필사적인 커뮤니케이션'에 매진한다

에피소드:

대기업 D사에 근무하는 30대 직원의 속내

평소에 회사의 이념이나 중기경영계획을 전혀 의식해 본 일이 없습니다. 업무와 아무런 직접적인 관련이 없으니까요.

작년 진급면접을 볼 때 회사 홈페이지에서 봤습니다. 이념을 읽은 것은 신입사원 때 이래로 처음이었습니다.

선배가 "면접에서 물어볼지도 모르니 봐 두는 편이 좋을 거야"라고 조언을 해줬지만 결국 물어보지 않았습니다.

상사와 이야기를 해도 이념이나 중기경영계획에 관한 이야기는 전혀 나오지 않습니다. 그것보다 항상 눈앞에 있는 업무의 성과를 내라는 말을 듣습니다.

회사에는 필요할지 모르지만 적어도 저에게는 거의 의미가 없습니다.

▶▶▶ '형용사'에는 큰 의미가 있다

회사의 목적이나 목표를 제시하는 이념, 비전, 중기경영계획, 굵직한 '대전략' 등을 내세워도 이것이 직원들의 마음에 전달되고 와닿지 않으면 아무런 의미가 없다.

목적이나 목표는 그 자체에 의미가 있는 것이 아니라 공감과 '열'을 창출할 때 비로소 가치가 있다.

하지만 현실을 보면 어느 회사나 앞서 말한 에피소드에 등장하는 D사의 직원과 같은 사람이 대부분이다. 이념이나 비전, 중기경영계획을 평소에 의식하지도 않는다. 당연히 공감하지도 않는다.

사실 경영에 필요한 것은 이념이나 비전이 아니다. 진정으로 필요한 것은 '공유되는 이념(shared philosophy)', '공유되는 비전(shared vision)'이다.

'공유되는'이라는 '형용사'야말로 의미를 지닌다.

이념이나 비전, '대전략'이라는 목적과 목표가 직원들과 공유되고 공감대가 생성되지 않으면 존재하지 않는 것이나 다름없다.

이와 동일하게 계획 그 자체가 중요한 것이 아니다. '합의된 계획(agreed plan)'이 필요한 것이다.

사람은 단순히 계획이 존재하는 것만으로는 움직이지 않는다. 계획의 내용에 관해 머리를 맞대고 의논을 거듭하고, 참가하는 사람들이 이해하고 납득하며 합의하는 것이 중요하다.

사람에 관해서도 동일하다.

회사는 인도주의적으로 사람을 소중히 여기는 것이 아니다. 어디까지나 회사에 있어 중요한 것은 '촉발된 사람(inspired people)'이다.

촉발되지 않은 의욕이 저조한 사람은 회사가 부담해야 할 비용에 불과하다. 회사의 이념이나 비전에 공감해 촉발된 사람이야말로 회사의 보물이다.

'공유된'·'합의된'·'촉발된'이라는 '형용사'야말로 큰 의미를 지닌다. 하지만 이 '형용사'를 탄생시키는 일은 쉽지 않다.

▸▸▸ 모르는 사이에 틀어진다

의약계열 큐레이션 사이트의 부정확하고 조잡한 내용이 큰 문제로 발전한 DeNA의 난바 도모코 회장은 다음과 같이 반성의 뜻을 전했다.[4]

"운영에 있어 사이트 방문자 수에 관해서 이야기는 했지만 비전이나 미션 등 당연한 이야기는 하지 않으면서 점차 틀어지고 말았습니다."

이 문제의 근간에는 경영진이 중요하다고 생각하는 것이 현장 직원들에게도 전달되어 '모두 같은 생각을 하고 있겠지'라는 안일한 '착각'이 숨어 있다.

DeNA의 경우 컴플라이언스와 리스크 관리 문제였지만, 이는 회사가 내건 이념과 비전에도 동일하게 적용된다.

경영자 입장에서는 '이렇게 중요한 건 당연히 모두가 공유하고 있겠지'라고 착각하지만 현실에서는 전혀 공유되지 않고 현장에 뿌리내리고 있지도 않다.

어느새 생성된 계층 간의 인식 차이와 깊은 틈.

이것이야말로 경영의 최대 리스크 중 하나다.

▸▸▸ '전하는 것'이 아니라 '전해지는' 커뮤니케이션을 의식한다

그렇다면 '공유되었다' · '합의되었다' · '촉발되었다'는 상황을 만들기 위해서는 어떻게 해야 하는가?

특별한 마법은 없다. 유일한 방법은 '이렇게까지 해야 하나?' 싶을 만큼 밀접한 커뮤니케이션을 위해 노력하는 것뿐이다.

커뮤니케이션의 대전제는 '좀처럼 쉽게 전달되지 않는다'는 것이다.

단순히 '전한다'는 것만으로는 결코 충분하다고 할 수 없다. 상대방에게 '전달'되는 '필사적인 커뮤니케이션'을 의식해야 한다.

전하는 사람은 전달했다고 생각할지 몰라도 전달받는 사람에게는 전혀 전해지지 않는다. '전달하는 것'과 '전달받는 것'의 절대적인 차이를 항상 의식하지 않으면 '공유' · '합의' · '촉발'은 생성되지 않는다.

그렇기 때문에 다양한 매체와 수단, 장소를 활용해 집요하게 반복해서 여러 번 전달해야 한다. 그렇게 해도 전달받는 이들에게는 지극히 일부분만 전해질 뿐이다.

경영이란 커뮤니케이션 그 자체다.

사람의 의사를 전달하고 사람의 목소리에 귀를 기울이며 의논을 진행하고 사안을 추진한다. 그 바탕에 있는 것이 커뮤니케이션이다.

그럼에도 불구하고 커뮤니케이션이 붕괴된 회사가 실로 많다. IT 진화로 인해 안일하고 부실한 정보 전달만 횡행하고 정보 너머에 있는 생각이나 마음이 전달되지 않는다.

이것이 회사의 일체감 결여나 온도 차이를 낳고, 생산성이나 효율성을 심각하게 떨어뜨려 직원들의 사기에도 큰 영향을 미친다. 커뮤니케이션 부족은 경영에서 실패의 원인이 될 수도 있다.

'살아 있는 회사'가 되고자 한다면 최고 경영자가 직접 '필사적인 커뮤니케이션'을 솔선수범해서 실천해야 한다.

전달하는 것은 정보가 아니다. '열'이다.

6 기본원칙 5 - 작은 조직을 만든다

에피소드:

조직 수평화를 착각하고 있는 E사의 부장

우리 부장은 뭐든 참견해야 직성이 풀리는 성격입니다.

"조직은 수평적이어야 한다"고 그럴싸한 이야기를 하지만 사실 누군가에게 맡기지를 못하는 겁니다.

회의니 출장이니 바쁘게 돌아다니지만 부하에게 일을 맡기지 못해 부서 곳곳에서 업무가 정체된 상태입니다.

세 명의 과장에게는 재량권이 없고 부장의 비위만 맞추고 있기 때문에 당사자 의식이 없습니다.

부장은 저 같은 평사원의 업무에도 참견합니다. 부장이 말하는 것과 직속 상사인 과장이 말하는 것이 다른 경우도 종종 있어 정말 곤란합니다.

부서 회의도 마치 부장을 위한 어전회의 같습니다.

한 명의 부장 아래에 '말' 20개가 있는 것 같은 상황입니다.

▶▶▶ 작은 팀을 많이 만든다

사람은 조직론을 몹시 좋아한다.

"계급지배 형태의 조직은 더 이상 제 역할을 하지 못한다. 앞으로는 문진형의 간결한 조직을 꾸려야 한다", "아니다. 모두가 연결되는 네트

워크형 조직이 이상적이다…"

조직론의 대가 알프레드 챈들러가 지적한 "조직은 전략을 따른다"는 말은 현대경영에도 그대로 적용된다.

조직은 전략을 수행하고 결과를 창출하기 위해 존재한다. 조직론이 홀로 앞서가는 것이 아니라 목적달성을 위해 조직이 어떻게 운영되어야 하는지를 의논해야 한다.

조직론에 정답은 없다. 기본은 상황에 따라 최적의 조직을 선택하고 유연하게 바꿔가는 것이다.

하지만 '살아 있는 회사'가 되기 위해 잊지 말아야 할 조직의 요점이 있다. 그것은 바로 '작은 팀을 많이 만든다'는 것이다.

'살아 있는 회사'는 팀 단위로 업무를 수행한다.

아무리 유능한 사람이라 할지라도 혼자서 할 수 있는 일에는 한계가 있다. 각자의 힘을 합하고 보완하면 더 좋은 업무, 더 큰 업무를 해낼 수 있다. 그리고 그 과정을 통해 사람도 성장한다.

각자의 팀에는 '회사의 목적'과 결부된 미션이 주어져야 한다. 팀은 '회사의 목적'을 실현하기 위해 존재하기 때문이다.

'팀은 몇 명 정도가 적당한가?'라는 질문에도 명확한 답은 없다. 팀의 가장 적절한 사이즈는 어디까지나 팀의 목적에 따라 달라진다.

목적을 수행하기 위해 일정 수준의 인원이 필요하다면 꽤 큰 규모의 팀을 꾸려야 할지도 모른다. 두 명으로 목적을 수행할 수 있다면 두 명으로 팀을 꾸리는 것이 타당하다.

아마존 창업자인 제프 베조스는 '피자 두 판 규칙'을 제창한다.

그는 "한 팀의 규모는 피자 두 판으로 충분히 나눠먹을 수 있는 수준을 유지해야 한다"고 지적한다.

어느 일본인 경영자는 '가마를 짊어진다'고 표현한다.

작은 가마는 기본적으로 네 명이서 짊어진다. 누군가 한 명이 대충하면 바로 알 수 있다. 네 명이 힘을 합치지 않으면 가마를 짊어질 수 없다.

큰 가마를 몇십 명이 짊어지면 반드시 그저 매달려 있기만 하는 사람이 나오기 마련이다. '큰 가마'는 회사에 필요없다. '작은 가마'를 많이 만들어 모두가 짊어지는 것이 기본이다.

▸▸▸ '모두가 리더'인 조직을 만든다

조직론이란 리더십론이기도 하다. '오거나이즈 · 스몰'이란 '다수의 리더가 이끄는 조직을 만든다'는 것이기도 하다.

팀에는 리더가 필요하다. 각 팀의 미션을 수행하고 다른 팀과 연계하며 '회사의 목적'을 실현하기 위해 기여하는 리더가 반드시 필요하다.

각 팀 리더의 지휘하에 직원들도 각자의 리더십을 발휘한다. '살아 있는 회사'란 '모두가 리더가 되는 회사'다.

와세다대학의 럭비풋볼부 감독으로 2년 연속 일본 내 대학 1위를 차지하고 현재는 일본럭비풋볼협회 코칭 디렉터를 담당하고 있는 나카타케 류지 씨는 주장 시절의 경험에 관해 이렇게 말한다.(5)

"리더의 목표는 자기만 할 수 있는 일을 늘려 다른 사람들과 차이를 만드는 것이 아니라 그 반대라고 생각한다. (중략) **나만 할 수 있는 일을 가능한 한 줄이고 내가 없어도 돌아가는 조직을 만드는 데 집중했다."**

'리더'와 '직책'을 혼동하면 안 된다. '관리자'와 '리더'는 전혀 다른 개념이다.

부장이나 과장이라는 직책에 있다고 해서 반드시 리더라고 할 수는 없다. 반대로 직책 없이도 리더십을 발휘하는 사람이 있다.

진정한 리더란 자신이 먼저 솔선수범하며 팀 멤버의 리더십을 끌어내 '모두가 리더'인 팀을 만들 수 있는 사람이다. 그 가운데 회사의 미래를 짊어질 차세대 리더가 탄생한다.

7 기본원칙 6 – '실험적 회사'가 된다

에피소드:

'실패할 수 없는 실험'에 농락당하는 F사의 현장

사장님이 "우리 회사는 앞으로 '실험'을 중시한다. 새로운 일에 과감하게 도전해 큰 성과를 내기 위해서는 다양한 실험을 하는 것이 중요하다"고 했습니다.

원래 이 회사는 어떤 일에든 신중을 기하는 회사이기 때문에 무엇을 하든 절차나 순서가 중요하고 검토를 반복해 행동이 느려진다는 문제를 안고 있습니다. 그런 회사 분위기를 바꾸고 싶다는 것이 사장님의 생각이라고 이해했습니다.

하지만 현실은 좀처럼 쉽지 않습니다.

보통 '실험에 실패는 반드시 따르기 마련'이라 생각합니다만, 완벽주의자가 많은 우리 회사에서는 이런 생각이 통하지 않습니다. 그래서 실험 준비에 막대한 시간을 투자합니다.

화가 나서 참다못해 과장님에게 "빨리 합시다"라고 하면 "안 돼. 이 실험은 사장님이 주도하신 건이라 실패하면 안 돼"라고 말합니다.

'실패할 수 없는 실험' 따위는 있을 수 없다고 생각합니다. 실험이 우리 회사에 정착할 일은 없을 것 같습니다.

▶▶▶ 작게 시작해 크게 배운다

실천을 무엇보다 중시하는 '살아 있는 회사'는 '실험'을 잘 활용한다.

미지의 무언가에 도전해 목표에 도달하기 위해서는 아이디어나 가설이 떠오르면 먼저 작게 시작해서 이를 통해 학습하고 실험을 반복해 더 높은 단계로 나아간다. 이것이 현실적이고 효과적인 접근법이다.

'살아 있는 회사'는 실험정신을 소중히 여기고 이를 위한 효과적인 프로세스나 방법이 확립된 '실험 컴퍼니'가 된 상태다.

실험은 미지의 무엇인가에 도전하기 위한 방법이다. 시도해 본다, 일단 해본다. 이를 통해 다양한 것을 실증적으로 알게 되고 이를 반복해 미지의 무엇인가의 정체를 규명한다.

톰 피터스와 로버트 워터맨은 이렇게 지적한다.(6)

"실험이야말로 과학의 기본적인 도구다. 그리고 실험이라는 것은 오류를 발생시켜 정답에 가까이 다가가기 위해 실시하는 것이다."

iPS세포 연구로 노벨생리의학상을 수상한 야마나카 신야 교수는 실험의 중요성에 관해 이렇게 말했다.(7)

"'연구자 중에 재능이 있는 사람 혹은 없는 사람이 있나요?'라는 질문을 받는 경우가 있습니다. 만일 재능이 있는 사람이 있다고 한다면, 그 조건은 얼마나 실험을 많이 하는가와 실험 결과를 얼마나 겸허히 받아들이는가가 아닐까요."

에피소드에 등장하는 F사는 실험의 본질을 모른다.

모든 것을 미리 알고 있지 않으면 직성이 풀리지 않고 실패나 오류를 용납하지 않는 관료주의적인 완벽주의자는 실험에 적합하지 않다.

하지만 앞을 알 수 없는 환경 속에서 미지의 무언가를 창조하려면 실험 없이는 전진할 수 없다. '살아 있는 회사'가 된다는 것은 '실험 컴퍼니'가 된다는 것이다.

▸▸▸ 혁신은 우연에서 탄생한다

실험은 때때로 생각지도 못한 커다란 혁신의 힌트를 준다. 이러한 힌트는 예상하지 못한 우연에서 탄생하는 경우도 많다. 많은 혁신은 '세렌디피티(우연의 행운)'에서 탄생한다.

노벨상을 수상한 위대한 과학자들도 하나같이 실험의 중요성, 우연의 덕택에 관해 말한다. 실패에 굴하지 않고 끈기를 갖고 실험을 반복하는 것이 창조의 문을 여는 것으로 연결된다.

내가 사외이사를 담당하는 닛신제강은 표면처리 강판이나 스테인리스강, 특수강 등이 우수한 철강 제조업체다. 이 회사의 원류는 오사카의 아연도금회사다. 창업 때부터 이어져 내려온 도금기술을 활용한 표면처리 강판에 독자적인 강점을 지닌다.

그 중에서도 'ZAM'브랜드로 알려진 고내식성 용융 아연-알루미늄-마그네슘 합금 도금강판은 다양한 분야에서 사용되는 회사의 간판상품이다.

이 'ZAM'시리즈에 독특한 신상품이 추가됐다. 그것은 바로 '흑ZAM'이다.

이 상품은 이름 그대로 검은색 도금강판이다. 철의 중후함과 은은한

멋을 겸비한 아름다운 외관을 지녔다. 자동차부품이나 주택설비, 가전 등 폭넓은 용도에 응용될 것으로 예상된다.

'흑ZAM'이 탄생한 계기는 어느 기술자가 전혀 다른 실험을 하고 있었을 때 우연히 흑색으로 변한 실험파편을 발견한 것이었다. 실로 '세렌디피티(serendipity)'라 할 수 있다.

개발에 관여한 표면처리 연구소의 나카노 다다시 씨는 이렇게 말한다.[8]

"왜 까맣게 된 걸까? 연구자로서 흥미를 갖게 된 것이 시작이었다. 처음에는 주변에서도 생산할 수 있을까, 이게 팔릴까 하고 반신반의했다. 하지만 꾸준히 실험 데이터를 추적하는 사이 '이거 재밌겠는데?' 하는 방향으로 분위기가 바뀌었다."

혁신의 힌트, 창조의 싹은 현장에 숨어 있다.

현장이 끈기있게 실험을 반복하고 실패와 생각을 축적함으로써 생각지도 못한 창조의 문이 열린다.

▸▸▸ '생각하는 현장'을 만든다

실험은 기술개발이나 신규사업, 새로운 업태개발 등 창조의 현장에만 국한된 것이 아니다. 오히려 일상적인 오퍼레이션이야말로 실험정신이 중요하며 실험이라는 도구를 유효하게 활용해야 한다.

오퍼레이션은 단순한 루틴 업무라고 생각하기 쉽지만 그곳에는 독창적인 아이디어의 가능성이나 개선의 여지가 많다. 현장의 깨달음이나 작은 아이디어를 바탕으로 오퍼레이션 효율이나 품질을 충분히 향상시킬 수 있다.

이러한 오퍼레이션을 '크리에이티브 · 루틴'이라고 부른다. 루틴 업무도 창조적인 업무로 전환할 수 있다.

현장이라는 곳은 업무방식이나 프로세스의 변화를 망설인다.

익숙한 업무를 변경하는 데 저항감이 있고 예측하지 못한 문제가 발생하면 오퍼레이션에 지장이 생긴다. 그렇기 때문에 오퍼레이션 부문은 변화를 싫어하고 실험을 신중하게 생각한다.

하지만 이대로는 오퍼레이션이 진화하지 못한다.

더 높은 생산성과 효율성을 추구하기 위해서는 현장의 깨달음이나 지혜를 활용해 작은 실험을 효과적으로 사용하며, 그 결과를 바탕으로 오퍼레이션을 진화시키는 구조를 도입해야 한다.

'생각하는 현장'을 만들기 위해서도 실험이라는 도구의 활용이 중요하다.

8 기본원칙 7 - '말하기'를 중요하게 여긴다

에피소드:

사장님이 '바람이 잘 통한다고' 착각하고 있는 G사의 실체

상사인 과장으로부터 "너희 세대는 정말 조용하네. 더 거리낌없이 말해"라는 소리를 듣습니다.

물론 조심스럽기 때문에 말하고 싶은 것이 있어도 굳이 입 밖으로 내지 않는 경우가 많다고 생각은 합니다. 그렇지만 결코 각자의 의견이나 아이디어가 없는 것은 아닙니다.

동기들끼리 회식을 하면 다양한 의견이 나옵니다. 모두 각자 생각하고 있습니다.

하지만 회사 내에서는 이렇게 이야기할 수 없습니다. 자유롭게 말을 하면 안 되는 분위기이기 때문입니다.

동기 중 한 명이 상사에게 의견을 제시했더니 "너는 아무것도 몰라. 뭐가 잘났다고 그런 소리를 하는 거야"라고 혼났다고 합니다. 그날 이후 동기는 입을 다물어 버렸습니다.

사내보 인터뷰에서 사장님이 "우리 회사는 바람이 잘 통하는 좋은 회사다"라고 말하는 것을 읽고 아무것도 모르는구나 싶어 허무해졌습니다.

▸▸▸ 일 앞에서는 모두가 평등하다

다이버시티(diversity)란 여성이나 외국인의 활약을 촉진하는 것에 그치지 않는다. 진정한 다이버시티는 개인을 존중하고 개인의 의견이나 아이디어를 최대한 활용하는 것이다.

우리는 한 명 한 명이 다른 존재다.

그 누구도 같은 사람은 존재하지 않는다. 한 명 한 명이 자신의 의견을 갖고 이를 업무에 살리는 것이야말로 진정한 다이버시티다.

혼다는 '기술 앞에서는 모두가 평등하다'는 전통을 소중히 여긴다.

상하관계는 기술을 검토할 때 아무런 상관이 없다. 직위가 높다고 해서 상사가 자신의 주장을 부하에게 강요하는 것은 용납되지 않는다. 부하에게도 자기 나름대로의 의견과 주장이 요구된다. 혼다 소이치로는 이렇게 지적했다.(9)

"(인용자 주: 중요한 것은) 담당자 자신의 판단이 들어가 있느냐는 점이다. 지시받은 것을 그대로 실행하는가, 자신의 판단에 따라 실행하는가, 담당자가 자율적으로 일을 하고 있는가. 그 점이 관건이다."

이는 결코 기술에 국한된 이야기가 아니다. 경험치는 다양한 업무에서 중요한 요소지만 반대로 거기에 얽매이면 새로운 발상이 탄생하지 못한다. 새로운 관점에서 보기 때문에 깨달을 수 있는 것이 많다. 즉, '일 앞에서는 모두가 평등하다'는 말이다. 상사의 발언을 명령이나 지시로 인식하고 비판 없이 수용하는 것이 아니라, 한 명 한 명이 스스로 생각하고 자기 나름대로의 의견을 갖고 스스로 판단해야 한다.

이러한 일상의 반복이야말로 자율적인 직원을 육성한다.

▸▸▸ '말하기'에는 '듣기'가 필수다

연령이나 경험, 직책, 직위, 성별 등에 관계없이 한 명 한 명이 의견이나 아이디어를 자유롭게 발언할 수 있는 것을 '말하기 가능화'라 한다. 아카기유업의 이노우에 히데키 회장이 알려준 말이다.

직원들은 매일의 업무를 통해 다양한 것을 깨닫고 다양한 아이디어를 지니고 있다. 하지만 대부분의 회사에서는 이러한 현장의 지혜가 잠들어 있거나 파묻혀 있는 상태다.

이노우에 회장은 이러한 현장의 지혜를 발굴해서 경영에 활용하기 위해서는 무엇이든 자유롭게 '말할 수 있는' 회사를 만드는 것이 중요하다고 지적한다.

실로 많은 회사가 '말하지 못하는' 혹은 '말하지 않는' 상태에 빠져 있다.

에피소드에 등장하는 G사는 이러한 회사의 전형적인 예지만, 이는 G사에 국한된 이야기가 아니다.

회사는 방책을 강구하지 않으면 '말하지 못하는' 혹은 '말하지 않는' 상태가 당연해지는 곳이다. 상하관계나 경험치 차이 등의 영향으로 인해 직원들은 입을 다물고 만다.

'말하기 가능화'를 회사의 풍토로 만들기 위해서는 '듣기 가능화'가 필수다. 상사에게 부하들의 목소리를 들을 수 있는 귀가 없다면 '말하기 가능화'는 실천할 수 없다.

임원들이나 관리직이 수평적인 열린 마음을 갖고 부하들의 의견을 자주 듣는 자리를 마련하고 '이거 괜찮네'라고 생각되는 의견이나 아이디어를 바로 실행에 옮겨야 한다.

'듣기 가능화'와 '말하기 가능화'의 순환이 시작될 때 회사는 '생명체'로서 빛나기 시작한다.

9 기본원칙 8 – 다 함께 좋은 '분위기'를 만든다

에피소드:

아무 말도 하지 않고 하루가 끝나는 H사의 현장

저희 직장은 왠지 모르게 공기가 탁한 것 같습니다.

모두가 성실하고 자신의 업무를 제대로 해냅니다. 하지만 자신만의 껍질에 갇혀서 나오려고 하지 않습니다.

아침에 회사에 와도 아무도 인사를 하지 않습니다. 바로 컴퓨터를 켜고 자기만의 세계에 빠져듭니다.

그리고 시간이 되면 조용히 귀가합니다. 누구와도 말 한 마디 나누지 않고 하루를 마무리하는 사람도 꽤 있습니다.

직장 내에서는 거의 대화를 하지 않습니다. 사람과 얘기하는 것은 귀찮은데다 쓸데없는 이야기를 한다는 소리를 듣고 싶지 않은 것이겠죠.

저는 이 회사로 이직을 한 사람입니다. 이전의 직장은 좀 더 활기가 있었기 때문에 처음에는 어색했지만 저만 혼자 티가 나기는 싫기 때문에 이 회사의 관례에 맞추고 있습니다.

'이건 별로 좋지 않은데'라고 생각은 하지만 이 분위기에 익숙해져 가는 제 모습이 두렵습니다.

▸▸▸ 회사의 '분위기'가 생산성과 창조성을 결정한다

회사에는 각기 '공기'가 있다.

'살아 있는 회사'는 공기가 신선하고 활기가 넘친다. 한편, '죽어 있는 회사'는 H사처럼 공기가 탁하고 무겁다.

공기란 환경이다. 사람은 환경에 크게 영향을 받는다.

'살아 있는 공기' 속에서 일을 하면 생산성이나 창조성이 높아진다. 반대로 '죽어 있는 공기' 속에 머무르면 사람은 우울해지고 힘을 발휘하지 못한다.

이 정체를 알 수 없는 공기는 누가 만드는 걸까?

사장도 아니고 관리직도 아니다. 직원 모두가 일상 속에서 의식적으로 만드는 것이다.

예를 들어, 양품계획은 '풍토개혁(風土改革)'이라는 이름으로 철저하게 기본을 지키기 위해 노력하고 있다.

매일 아침 본사 1층 엘리베이터 홀에는 자발적으로 손을 든 직원 3명이 교대로 서서 출근하는 직원들에게 "안녕하세요"라고 힘차게 인사한다. 때로는 임원이 서 있는 경우도 있다.

이렇게 직장에 출근하면 매일 아침 모두가 5분 동안 청소를 한다.

매일 아침 청소를 하기 때문에 눈에 보이는 부분은 깨끗하다. 그러다 보니 자연스럽게 눈에 보이지 않는 부분도 신경을 쓰게 된다.

이 외에도 '이름 뒤에 씨를 붙여 부르기' 운동을 철저히 실시하며 정시퇴근과 휴가취득 추진 등 '제대로 일하기 위한 기본적인 환경은 모두가 만드는 것'이라는 의식이 사내에 뿌리내리고 있다. 양품계획은 '반복연타(反復連打)'라는 말로 철저하게 기본을 지키고 있다.

인사와 청소, 씨를 붙여 부르기 등 모두 당연하고 상식적인 것뿐이다.

'공기와 생산성, 창조성의 관계를 과학적으로 입증'하는 것은 어렵지만 '살아 있는 회사'는 감각적으로 그 중요성을 알고 있다.

▸▸▸ 특별할 것 없는 한 마디가 모이는 것이 매우 중요하다

'행동전시'라 불리는 독특한 동물 전시방법으로 현재 일본에서 높은 인기를 자랑하는 홋카이도 아사히카와시의 아사히카와동물원을 취재한 일이 있다.

여성 사육사를 취재했을 때 "아사히카와동물원은 어떤 직장인가요?"라는 나의 질문에 그 사육사는 이렇게 대답했다.[10]

"정말 일하기 좋은 직장이에요. 좋은 직장환경은 빨리 집에 갈 수 있거나 사무실이 깨끗하다거나 그런 것이 아니라고 생각합니다. 제게 있어 좋은 직장환경이란 좋은 인간관계입니다. 여기는 모두가 '화기애애'하기 때문에 기분좋게 일을 할 수 있어요."

그리고 그녀는 이렇게 덧붙였다.

"직장의 '환경'은 주어지는 것이 아니라 모두가 노력해서 만드는 것 같습니다. 도움을 받으면 부끄러워하지 말고 '고마워요'라고 말한다거나 좁은 직장이지만 '안녕하세요', '내일 봐요'라는 인사를 제대로 하는 것 등이요. 이런 소소한 한 마디가 쌓이는 것이 중요하다고 생각합니다."

아사히카와동물원의 유례없는 창조성은 양질의 직장환경에서 비롯된 것이다.

'살아 있는 회사' 현장에는 다음과 같은 세 가지 공통점이 있다. 그것은 '활기가 있다' · '대화가 있다' · '미소가 있다'는 것이다.

'생명체'로서 빛나기 위해서는 반드시 모두가 양질의 직장환경을 만들어야 한다.

10 기본원칙 9 - 관리를 최소화한다

에피소드:

'1:n' 관계로 인해 피폐해지는 I사의 현장

우리 영업소에는 본사나 본부에서 다양한 의뢰나 요청이 연이어 전달됩니다.

영업 업무에 직접 연관이 있으면 물론 대응하지만 '이거 진짜로 필요한 거야?', '이거 전에도 했잖아'라고 생각할 수밖에 없는 요청도 상당히 많습니다.

컴플라이언스(준법감시), 내부통제, 리스크 관리, 종업원 조사, 고객설문조사… 다양한 부문과 부서에서 요청이 들어오지만 처리하는 곳은 우리뿐입니다.

'1:n' 관계죠. '이거 내놔라 저거 내놔라, 이건 했냐 저건 했냐' 현장은 계속 쫓기고 관리직은 피폐해집니다.

정말 'OKY(역주: '오마에 키테 얏테미로'의 앞글자를 딴 약어로 '네가 와서 직접 해봐'라는 의미)' 상태입니다. 전에 우리 영업소는 좀 더 여유로웠는데 말이죠….

▸▸▸ 관리의 기본은 어디까지나 '자발적 관리'

경영에는 관리가 필요하다. 관리라는 업무를 누군가가 하지 않으면 회사는 제대로 운영되지 못하고 기능부전상태에 빠진다.

하지만 관리는 방치하면 반드시 비대해진다. 이윽고 현장을 압박하고 관리비용이 늘어난다.

관리의 기본은 어디까지나 '자발적 관리'가 되어야 한다. 실행 당사자가 스스로 업무를 관리하는 것이다. 자신의 업무에 책임감을 갖고 업무의 품질을 스스로 관리해야 한다.

일하는 사람 한 명 한 명이 스스로 관리할 수 있게 되면 '누군가가 다른 누군가를 관리'하는 중복적인 관리기능을 최소화할 수 있다.

관리는 아무런 이익도 창출하지 않는다. 관리비용에 막대한 돈을 투자할 바에는 직원 한 명 한 명의 교육이나 사기향상에 투자해야 한다.

자주성과 자발성, 자율성이 높은 직원을 육성하는 것이야말로 관리 최소화로 이어진다.

▸▸▸ 관리에서 지원으로

빅데이터, AI(인공지능) 등 새로운 기술은 경영의 관리업무에 매우 큰 영향을 미칠 가능성이 있다.

그 중 하나는 관리라는 업무 자체가 사라진다는 것이다.

모든 설비나 기계, 과정이 IOT(사물인터넷)로 연결되고, 수행상황을 실시간으로 파악하며 축적된 데이터를 바탕으로 AI가 최적의 판단을 내릴 수 있게 되면, 관리자는 필요가 없어진다.

인간의 경험과 감에 의지하기보다 축적된 데이터를 바탕으로 한 AI의 판단이 더 빠르고 정확해지는 시대가 눈앞에 다가왔다.

생산관리나 영업관리, 물류관리 등 관리라는 말이 붙는 대부분의 업무는 사람의 손을 떠나 AI가 자동으로 실시하는 시대가 올 것이다.

이러한 가능성에 적극적으로 도전하는 회사는 관리비용의 최소화라는 큰 이점을 손에 넣는다. 반대로 이러한 변화를 거부하는 회사는 비대해진 관리비용이 경영의 심각한 짐이 될 것이다.

관리라는 업무를 축소하는 것은 본사와 본부의 역할이 크게 바뀐다는 것을 의미한다. 관리업무에 종사해 온 직원 대부분은 가치를 창조하는 현장으로 이동해야 한다.

그리고 본사와 본부는 '센터'에서 '허브'로 역할을 변경해야 한다. '어떻게 가치창조를 담당하는 현장을 지원해야 하는가?'라는 새로운 미션과 함께 각 사업과 현장을 연결하고 가치창조를 가속시키기 위한 지원에 전념하게 될 것이다.

이것이야말로 '살아 있는 회사'의 본사와 본부가 담당해야 할 가장 중요한 역할이다.

11 기본원칙 10 - 존경을 잊지 않는다

에피소드:

해고에 대한 분노를 참을 수 없는 J사 반장의 목소리

경기가 나빠지면 번번이 비정규직 직원을 해고하곤 했습니다.

비정규직 직원은 이런 상황을 대비하기 위한 완충제라는 경영이론은 이해하지만, 현장의 상황은 그렇게 단순하지 않습니다.

정규든 비정규든 협력회사든, 지위나 입장을 떠나 현장을 하나로 만들지 못하면 좋은 일을 해낼 수 없습니다. 현장은 '한 척의 배'와 같기 때문입니다.

몇 년 전에 실적 악화로 인해 연도 말에 모든 비정규직 직원을 해고하도록 본사에서 지시가 내려왔습니다. 비정규직 직원 중에는 정규직 직원보다 훨씬 가치 있는 일을 하는 소중한 사람이 많습니다.

그런 현장의 사정을 무시하고 일률적으로 해고명령을 내립니다. 단순한 인원 맞추기에 불과하다는 생각만 듭니다.

소소한 위로회 모임을 열고 모두가 울었습니다. 이래서야 정말 좋은 회사가 될 수 있을지….

▸▸▸ 사람은 '비용'이 아니라 '가치'다

대형 신용카드 기업인 크레디세종은 촉탁직 등 네 종류로 분류하던 직원 구분을 철폐하고 아르바이트를 제외한 전 종업원을 정규직으로 전환했다.

과거에는 촉탁직 · 전문직 · 파트타임 등으로 고용형태가 분류됐으며 종합직 직원과 급여제도 등에 차이가 있었다. 이 구분을 철폐하고 무기계약 정규직으로 전환했으며 상여를 포함한 급여체계나 복리후생을 통일했다.(11)

크레디세종만이 아니라 많은 회사가 전 직원 공통 인사제도를 도입하기 위해 움직이고 있다. 그 배경에는 '동일노동 동일처우'를 요구하는 세상의 흐름이나 노동력 부족 등의 이유가 있다.

하지만 이러한 움직임을 단순한 제도변경으로 받아들여서는 안 된다.

그 근간에 있는 것은 사람에 대한 사고의 변화다. '돈'이 아니라 '사람'을 회사의 중심으로 삼고자 하는 근원적 회귀다.

일본 기업은 어느새 사람을 '비용'으로 보고 있었다. 단순한 노동력으로 생각하고 있었다.

비용을 줄이기 위해서는 쌀수록 좋다. 그렇다면 사람의 지위나 구분을 다양하게 나누고 회사에 편리한 방식으로 나눠서 사용하면 된다.

이러한 안일한 발상이 '죽어 있는 회사'가 늘어난 이유 중 하나라는 사실은 틀림이 없다.

사람은 '비용'이 아니라 가치를 창출하는 '밸류'다. 현장은 '비용 센터'가 아니라 '밸류 센터'다.

'비용'이라 생각하면 줄이는 것 외에는 방책이 없다. 어떻게 하면 비용을 최소화할 수 있을까만 생각하게 된다.

하지만 '밸류'로 생각하면 그 잠재력을 끌어내고 최대한 살리는 것이 중요해진다. 창출하는 가치를 최대화할 수 있다면 다소 비용이 늘어도 충분히 흡수할 수 있다.

'살아 있는 회사'로 돌아가고자 한다면 사람을 '밸류'로 생각하고 현장을 '밸류 센터'로 규정해야만 한다.

▸▸▸ 생기의 원천은 자부심이다

'살아 있는 회사'는 '생명체'로서 빛이 나는 회사다. '생명체'로서 빛나기 위해서는 그곳에서 일하는 모든 사람이 생기가 넘쳐야 한다.

'이런 이야기는 이상론에 불과하고 불가능하다'라고 생각하는 사람도 많을 것이다. 하지만 우리는 그 이상을 한층 더 높이고 이를 실현하는 것을 목표로 삼아야 한다.

인간이 행복해지기 위해 회사는 존재한다.

이를 실현하기 위해서는 먼저 그곳에서 일하는 모든 사람들이 행복해져야 한다. 이것조차 이루지 못하면 사람을 위하거나 사회에 공헌하는 것은 불가능하다.

'살아 있는 회사'는 그곳에서 일하는 모든 사람들이 자부심을 갖고 일한다. 자신의 역할, 자신의 공헌, 업무의 의의를 인식하고 눈앞의 일에 집중한다. 생기의 원천은 자부심이다.

제7장에서 소개한 청소회사 TESSEI에서 일하는 '아주머니' 중 한 분은 만면에 미소를 띠고 내게 이렇게 말했다.[12]

"저는 이 회사에 입사할 때 자부심을 버렸습니다. 하지만 이 회사에 입사

해서 새로운 자부심을 얻었습니다.”

TESSEI는 현장을 소중히 여기는 회사다. 현장을 주역으로 여기고 현장이 힘을 낼 수 있도록 다양한 노력을 기울인다.

그 뿌리에는 현장에 대한 존경이 있다.

가치를 창출하고 항상 도전하며 진화하고자 하는 사람들에 대한 존경이 자부심을 부여한다.

첫 흑인 미육군 4성장군으로 취임하고 국무장관으로 근무한 콜린 파월은 그의 저서에서 이렇게 말한다.[13]

“부하에게 존경받으려 하지 말라. 먼저 부하를 존경하라.”

‘살아 있는 회사’가 되기를 진심으로 바란다면 항상 존경하는 마음을 잊어서는 안 된다.

제9장

'돌파하는 중간관리자(미들)'를 만든다

1 회사가 '살아 있는가'는 중간관리자를 보면 알 수 있다

▸▸▸ 미들업 · 미들다운

'살아 있는 회사'에서는 부장 · 과장 · 계장 등 미들, 즉 중간관리자가 중추적인 역할을 담당한다.

이 중간관리자가 회사의 본분인 가치창조나 변혁을 담당하고 회사의 주요 엔진으로서 업무를 수행한다. 최고 경영자와 현장을 연결하는 '미들업 · 미들다운'의 움직임이 매우 활발하다.[그림 9-1]

그리고 중간관리자라는 위치에서 창조와 변혁을 실제로 체험한 사람이 젊은 나이에 경영층에 참여해 도전의 의의와 창조정신이 계승된다.

용기를 내서 도전하는 중간관리자가 얼마만큼 있느냐? 이로 인해 회사의 '생명체'로서의 빛이 결정된다.

에너지가 넘치고 이례적이며 틀에 갇히지 않는 중간관리자야말로 '살아 있는 회사'의 상징이다. 노나카 이쿠지로 명예교수는 이렇게 지적한다.[1]

"과거 일본 경영은 중간관리자 매니지먼트가 매우 전략적인 위치를 취한다는 특징이 있었습니다. 이를 통해 최고 경영층의 비전과 현장의 실천력이 하나가 되어 발전하는 '미들 업다운'이 성립됐습니다."

'과거'라는 부분이 포인트다.

현재 많은 일본 기업은 중간관리자의 존재가 희박해진 상태다. 조직

그림 9-1	미들업 · 미들다운

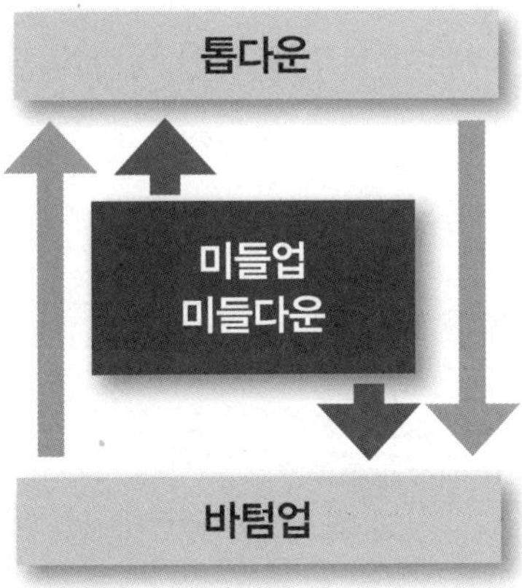

속에 매몰되어 번뜩이는 중간관리자가 줄어들었다.

스마트하고 세련된 중간관리자는 늘어났을지 모르지만 이는 조촐하고 약삭빠른 중간관리자가 늘었다는 말이기도 하다. 현재 상태를 부정하고 상식을 초월하는 중간관리자 없이는 회사의 미래를 창조할 수 없다.

창조나 변혁이라는 '큰일'에서 중간관리자가 얼마만큼 주도적인 역할을 담당하고 있는가?

회사가 '살아 있는가'는 중간관리자의 역할과 움직임을 보면 알 수 있다.

▸▸▸ '과장'이 살아 있어야 한다

중간관리자의 대표가 '과장'이라고 불리는 집단이다.

과장이 창조자 · 변혁자로서의 역할을 다하는 회사는 틀림없이 살아 있다. 반대로 과장이 현재 상태에 만족하거나 도전을 망설이면 새로운 창조를 이루어낼 수 없다.

회사라는 '생물'을 구성하는 기본 조직단위가 '과'다.

'살아 있는 회사'가 되고자 한다면 모든 과를 활성화시켜 '살아 있는' 상태로 만들어야 한다. 그리고 과의 리더인 과장이 생기가 넘쳐야 한다.

'살아 있는 회사'가 되기 위해서는 어째서 과장이라는 사람들이 중요한 것인가? 그 이유로 다음의 세 가지를 꼽을 수 있다.

❶ 시간축의 길이

먼저 첫 번째는 과장의 '시간축의 길이'다.

과장의 연령층은 폭넓지만 대체적으로 40세 전후다. 그 혹은 그녀가 정년까지 일을 한다고 가정하면 그들에게는 아직 20년 가까운 시간이 남아 있다. 과장들에게는 미래가 있다. 자신들의 손으로 미래를 개척해야 한다. 만일 과장이 과거에 집착한다면 그 회사에는 미래가 없다.

❷ 집단의 크기

두 번째는 과장의 '집단의 크기'다.

과장은 중간관리직으로서 회사를 변화시킬 만큼의 영향력을 행사할 능력이 있는 커다란 집단이다. 과장들의 사고와 행동이 도전적으로 바뀌고 하나로 모인다면, 이는 큰 흐름이 되어 회사 전체에 엄청난 영향을 미치게 될 것이다.

❸ 리스크를 감수할 수 있는 위치

그리고 세 번째는 과장이 '리스크를 감수할 수 있는 위치'라는 점이다.

같은 중간관리자라고 해도 계장은 아직 조직을 움직일 힘이 없다. 부장이 되면 각 회사의 '색'에 물들어 현재 상황을 부정할 수 없다. 또한 임원으로 승진할 가능성도 있기 때문에 위험을 감수할 수 없다.

과장이기 때문에 아직 실패해도 용서받을 수 있고 무모한 도전도 할 수 있다. 회사의 좋은 점도 나쁜 점도 알고 있기 때문에 '풋내 나는' 일을 벌일 수도 있다.

'살아 있는 회사'가 되고자 한다면 회사의 기본 조직단위인 과를 활성화해 '살아 있는' 상태로 만들어야 한다. 그리고 과의 리더인 과장들의 의식과 행동이야말로 '살아 있는 회사'가 되기 위한 커다란 기폭제가 된다.

▸▸▸ 경영자를 자극하고 부하를 움직이게 한다

그렇지만 과장은 어정쩡하고 애매한 위치라는 것 또한 사실이다. 어느 대기업의 과장은 내게 이렇게 토로했다.

"엔도 씨는 과장이 중요하다고 하지만, 요구가 많은 임원이나 부장 그리고 움직임은 둔한 주제에 자기주장만 강한 부하들 사이에 끼어서 솔직히 오도 가도 못하는 상황입니다. 마치 '꾹 눌린 샌드위치' 같습니다."

위에서는 계속해서 지시가 내려오고 아래에서는 치고 올라온다.

그 사이에서 짓눌리지 않기 위해 버티는 것이 중간관리직의 비애다. "과장은 힘들어…"라는 한탄도 자주 듣는다.

하지만 창조자 · 변혁자의 역할을 해내는 과장들은 이 '사이'에 낀 자신의 위치를 최대한 활용해서 큰일을 해낸다.

사이에 끼어 있기 때문에 전체를 볼 수 있고 영향력을 행사할 수 있다. 과장은 '조직의 배꼽'과 같은 존재다.

적자에 빠진 고마쓰를 재생시킨 사카네 마사히로 전 사장은 경영구조개혁을 위한 '네 가지 테마'의 두 번째 축으로 '미들업 · 미들다운'을 내걸었다.

최고 경영자와 현장 사이에서, 때로는 최고 경영자를 자극하고 한편으로는 현장을 끌어들여 움직인다. 조직 내부를 종횡무진하는 중간관리자의 움직임이 없으면 고마쓰의 재생은 불가능하다며 과장들을 격려하고 고무시켰다.

창조자이자 변혁자로서의 과장의 역할을 다시금 인식시키고 이들을 '불덩이'로 변신시킨 것이 고마쓰 부활의 큰 열쇠였다.

▸▸▸ 과장이 회사를 움직인다

태평양전쟁 후 일본을 복구하는 가운데 일본 기업이 약진하고 성장할 수 있었던 원동력은 과장을 중심으로 한 중간관리자의 엄청난 활약이었다.

열정이 넘치고 복안적이며 다면적인 행동이 가능한 매우 뛰어난 과장들의 존재가 일본 기업 약진의 큰 요인이었다는 것은 틀림없는 사실이다.

이는 회사원 시절의 내가 체험한 것이기도 하다.

대학을 졸업하고 나는 대형 전기제조업체에 입사했다.

배치된 공장은 큰 전환기를 맞이한 상황이었다. 그때까지 산업용 모터나 전력용 변압기 등 기존 산업용기기를 제조했지만 수요는 저조해졌고 수익도 악화된 상태였다.

공장은 새로운 성장을 찾아 공장 자동화를 위한 순서제어장치나 인버터 등 FA(Factory Automation)기기로 구조를 전환하기 위해 모색하고 있는 단계였다. 이 전환은 후에 큰 성공을 거두고 이 회사의 수익을 지탱하는 기둥으로 성장하고 발전했다.

이 전환의 추진력이 된 것이 '세 개의 화살'이라 불리는 세 명의 과장이었다.

설계과장 · 영업과장 · 원가과장 세 명이 기탄없는 논의를 반복하며 큰 전략이나 방침을 정하고 상부를 설득해 현장을 이끌었다.

과장 위에는 차장 · 부장 · 공장장이 있었지만 공장 재생 시나리오를 짜고 이를 실현하기 위해 발벗고 나선 것은 세 명의 과장이었다.

종종 진심으로 화를 내는 경우도 있었지만 세 사람은 '공장 재생'이라는 공통된 목적과 유대감으로 하나가 됐다.

갓 입사한 신입이었던 나는 회의의 가장 끝자리에 앉아 있었지만, 열띤 토론을 마주할 때마다 '이 회사는 과장이 움직이고 있구나!'라고 생각했다. 업적은 저조했지만 이 시절의 공장은 진짜로 살아 있었다.

2 과장들의 '돌파력'을 갈고 닦는다

▸▸▸ '해내다' · '수습하다'에 그쳐서는 안 된다

'살아 있는 회사'가 되기 위해서는 과장을 중심으로 한 중간관리자의 활약이 반드시 필요하지만, 그럼에도 불구하고 현실에서는 중간관리자가 매몰되어 버린 회사가 늘어나고 있다.

경영자로부터 "요즘 과장은 기개가 없다", "힘이 없다", "조직의 틀을 벗어나지 못한다" 등의 이야기를 자주 듣는다.

회사의 본분은 창조다.

하지만 현실을 보면 대부분의 과장은 '만드는 것'보다 '해내는 것'과 '수습하는 것'에 치중하고 있다. 주어진 업무를 수행하고 눈앞의 일을 무난하게 해내는 것이 자신의 역할이라고 생각한다.

그곳에는 회사를 둘러싼 시대환경에 큰 차이가 있다.

태평양전쟁 후의 고도성장기와 달리 현재 과장들은 입사 후 바로 '잃어버린 20년'이라 불리는 경제침체기에 돌입했다. 대부분의 일본 기업은 '공격'보다 '수비'에 집중했고 이것이 과장들의 의식과 행동에 큰 영향을 미치고 있다.

현재 과장들에게는 실제 체험이 부족하다. 성공체험도 없고 실패체험도 없다. 회사 전체가 '수비' 태세였기 때문에 무엇인가 도전한다는 체험이 부족했다. 시도해 보려고 해도 그 기회 자체가 부족했다.

나는 결코 중간관리자의 질이 떨어졌다고 생각하지 않는다. 비즈니스 리터러시(역주: 리터러시란 잘 읽고 잘 쓰고 정보를 다루는 능력), IT 리터러시, 국제적인 감각 등 잠재능력은 지금의 중간관리자가 높다고 할 수 있다.

가능성을 품고 있는 과장들에게 불을 붙이고 각성시킬 수 있는가? '살아 있는 회사'로 재생되기 위한 열쇠는 과장의 활성화에 달려 있다.

▸▸▸ '돌파'하기 위해 필요한 여섯 가지 힘

과장이야말로 창조와 변혁의 추진 엔진이 되어야 한다.

하지만 창조나 변혁에는 벽과 장애가 반드시 따른다. 여러 개의 벽을 넘고 장애물을 통과하지 않으면 목표로 삼은 골인 지점에 다다를 수 없다.

회사의 엔진이 되어야 하는 과장들은 '돌파하는 힘'을 키워야 한다. 창조나 변혁은 '돌파' 없이는 결코 탄생하지 않는다.

나는 이전에 과장이라는 위치에서 새로운 창조나 회사의 변혁을 이루어낸 몇 명의 과장들을 실제로 인터뷰를 하고 사례조사를 실시했다. 몇 시간에 걸친 심층 인터뷰를 통해 이들의 공통된 특성을 분석했다.

그 결과 '돌파하는 과장'은 다음의 여섯 가지 힘을 갖추고 있다는 사실을 알아냈다. '미니 사례'와 함께 각 포인트를 보도록 하자.(2)[그림 9-2]

그림 9-2	'돌파'하는 과장의 여섯 가지 힘

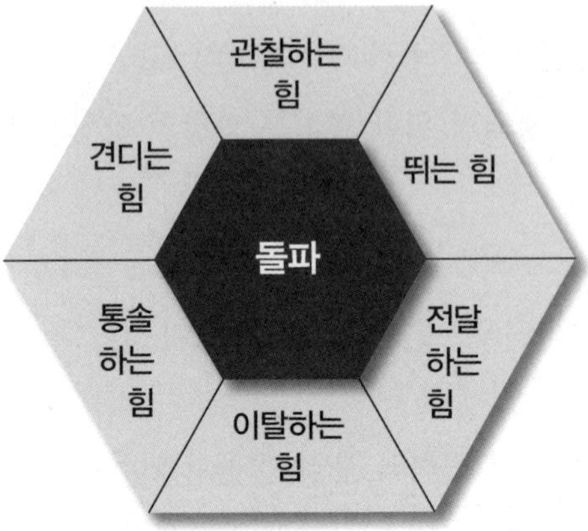

제1의 힘 **관찰하는 힘**

미니 사례 ❶

'슌소쿠(瞬足)'라는 대히트 상품을 탄생시킨 영업과장이 깨달은 것

아킬레스의 아동용 운동화 '슌소쿠'는 "100만 켤레가 팔리면 대히트다"라는 말이 있는 신발업계에서 630만 켤레(2009년도)가 팔린 메가 히트 상품이다.

이 상품은 운동회에서 반시계 방향 코너를 돌 때 넘어지지 않도록 신발 바닥에 특수한 가공처리를 했다. "코너에서 차이를 만들어라!"라는 상품 콘셉트는 아이들 사이에서 단번에 인기를 얻었고 폭발적

인 매출로 이어졌다!

영업과장인 A씨가 딸의 운동회에서 넘어지는 아이들이 많다는 사실을 깨달은 것이 상품을 개발하게 된 계기다.

A씨는 운동장을 반시계 방향으로 돈다는 사실에 주목해 '반시계 방향 코너에서 넘어지지 않는 신발'이라는 상품 콘셉트를 떠올렸다. 그리고 이 아이디어를 사내에 제안해 상품화를 이루어냈다. 대히트 상품은 과장의 깨달음에서 탄생했다.

대부분의 과장은 회사의 최전선에서 일하고 있다. 즉, 현장에 가까운 존재 또는 현장 그 자체다.

지금 현장에서 무슨 일이 일어나고 있는지, 고객은 무엇을 원하는지, 경쟁상대는 어떤 생각을 하고 있는지. 과장들은 항상 현실을 짊어지고 있다. 이것이야말로 과장의 '특권'이며 최대의 강점이다. 현장이야말로 창조나 변혁의 힌트나 '씨앗'이 숨어 있는 곳이다.

하지만 '현장에 있는 것'과 '현장을 보는 것'은 다르다.

현장을 자세히 관찰하고 1차적인 정보와 함께 현실감을 동반한 아이디어나 계획을 고안한다. 현장에 매몰되는 것이 아니라 현장을 골고루 '관찰하는 힘'을 갖추어야 한다.

미니 사례 ❷

아미노콜라겐으로 이어진 과장의 발상 전환

메이지가 '마시는 콜라겐'으로 발매한 '아미노콜라겐'은 '단골상품'이 좀처럼 탄생하지 않는 미용 관련 상품 분야에서 매출 100억 엔을 돌파하는 대형상품이 됐다.

이 상품이 탄생하게 된 계기는 마케팅 부문 과장이던 B씨의 발상의 전환이었다. 그때까지도 비슷한 상품을 취급하긴 했지만 어디까지나 건강식품으로만 취급했다.

이대로는 새로운 수요를 창출할 수 없다고 느낀 B씨는 '아미노콜라겐'을 '미용식품'으로 세상에 소개해야겠다고 생각했다. 이 생각에 간단하게 마실 수 있는 '마시는 콜라겐'이라는 아이디어를 더해 함께 제안했다.

B씨의 제안은 적중했다. 새로운 고객층을 창출하는 데 성공해 '아미노콜라겐'은 대형 단골상품으로 자리잡았다.

과장에게 요구되는 것은 회사의 상식이나 과거의 연장선이 아닌 대담하고 비연속적인 발상이다.

'상자 밖으로 튀어나갈(out of box)' 정도의 '발상의 비약'이 요구된다. 현장에서 관찰한 사실(fact)이나 작은 깨달음을 살려 '대담한 가설'로 승화시키는 힘이 필요하다.

이러한 힘을 기르기 위해서는 회사에 갇혀 있어서는 안 된다.

'다른 업계'나 '다른 세계'와 접점을 만들고 항상 '새로운 자극'과 '새로운 시점'을 찾아 헤매야 한다. 회사의 상식에 물들어 회사와 동질화된 과장은 '뛰는 힘'을 기를 수 없다.

제3의 힘 전달하는 힘

미니 사례 ❸

양품계획의 대히트 상품 '아로마디퓨저' 탄생 비화

양품계획의 대히트 상품 '아로마디퓨저'를 개발한 것은 상품개발 담당인 여성과장 C씨였다.

다양한 에센셜 오일의 향기를 초음파 진동으로 확산시켜 즐기는 이 상품은 2008년에 출시하자마자 대히트 상품이 됐다.

C씨는 이 상품 외에도 화장품 등 다양한 히트 상품을 탄생시켰지만, 처음에는 "화장품은 무인양품답지 않다"는 부정적인 목소리도 많았다고 한다.

C씨는 '무인양품다운 화장품을 개발하면 반드시 수요가 있을 것이다'라고 강하게 믿었다. 그녀는 고객의 목소리나 요청을 꼼꼼히 모아 상부를 설득했다. 그리고 "시도해 볼 수 있게 해주십시오"라고 상부에 결단을 요청했다.

이와 동시에 C씨는 점포 스태프들의 이해와 협력을 얻기 위해 점포를 자주 방문해 점장과 스태프들에게 신상품의 콘셉트를 열정적으로 설명했다.

이러한 착실한 노력이 결실을 맺어 무인양품의 헬스&뷰티 부문이 크게 발전했다.

과장은 팀 리더이며 팀을 움직여야 하는 존재다. 또한 상사인 부장이나 임원들을 설득해 이해와 승인, 지원을 받아내야 한다.

아무리 독창적인 발상, 아이디어, 콘셉트를 떠올려도 상대방에게 전달하고 이해시키고 공감을 얻지 못하면 사안을 진행시킬 수 없다.

하지만 비연속적인 아이디어일수록 상대방의 수용성은 낮아진다.

합리적인 설명만으로는 상대방이 납득하지 않는다. 중요한 것은 '스토리'다.

담담하게 자신의 이야기를 하는 것이 아니라, 큰 스토리를 만들고 그 속에 설득력 있는 사실을 포함시킨다. 미래를 개척하는 과장은 '전달하는 힘'을 키워 '스토리텔러'가 되어야 한다.

제4의 힘 이탈하는 힘

미니 사례 ❹

스스로 영업을 담당해 사업개발에 성공한 기술자 과장

대형 화학품 제조업체 연구실에서 신기술을 개발하던 과장 D씨는 획기적인 신상품 개발에 성공했다. 세계 최초인 기술을 활용해 지금까지의 기능성을 월등히 뛰어넘는 가치를 실현했다.

D씨는 개발단계에서 완성도 높은 샘플을 만드는 것을 고집했다. 신상품의 뛰어난 기능성과 혁신성을 사내에 어필하기 위해선 모두가 직감적으로 상상할 수 있는 샘플을 만드는 것이 중요하다고 생각했기 때문이다. 경영진은 고품질 샘플에 놀랐고, OK 사인이 났다.

D씨의 도전은 여기서 그치지 않았다. D씨는 연구실을 뛰쳐나가 스스로 사업부로 이동했다.

아무리 뛰어난 기술이라도 판로가 없으면 팔 수 없다. D씨는 직접 판로와 고객 개척 최전선에 서서 필사적으로 땀을 흘리며 일했다.

기술이나 영업이라는 지금까지의 역할 분담을 고집하지 않고 '볼 수 있는 사람'이 일관적으로 책임을 지고 일을 해야 한다고 생각했기 때문이다.

D씨는 기존의 역할 분담이나 업무 간의 벽을 부정하고 기술자가 직접 영업하는 새로운 사업개발 방법을 확립했다.

과장은 '조직의 배꼽'이다. 수직 라인만이 아니라 조직의 수평이나 사선으로도 '이탈'할 수 있다. 창조와 변혁 능력이 뛰어난 유능한 과장은 '이탈'하는 힘이 월등하다. 직접적으로 관련이 있는 부문이나 부서만이 아니라 향후 관여할 가능성이 있는 부문이나 부서, 영향력 있는 사람들을 끌어들여 협력하게 만들고 지원을 받는 능력이 뛰어나다.

창조나 변혁에는 반드시 저항세력이 있다. 미니 사례에 등장하는 D씨는 기술자이면서 직접 영업을 지원해 사업개발을 성공시켰다.

추진을 반대하는 '적군'이 있으면 사안은 원활히 진행되지 않는다. 찬성하는 '아군'을 만드는 것도 중요하지만, '적군'이라고 생각되는 사람들을 적극적으로 찬성하지는 않지만 반대하지도 않는 '중립'으로 바꾸는 것이 과장의 능력이다.

제5의 힘 **통솔하는 힘**

미니 사례 ❺

'슌소쿠'를 대히트 상품으로 성장시킨 '네이밍'에 대한 고집

아킬레스에서 '슌소쿠'를 대히트 상품으로 키운 A씨는 상품의 네이밍에 엄청난 공을 들였다.

팀 내에서 회의를 반복했고 다양한 선택지 중에서 '슌소쿠'라는 상품명을 제안했다. A씨는 반드시 상품의 참신함을 어필하는 상징적인 이름을 붙이고 싶었다.

임원들 사이에서는 "슌소쿠의 '슌(瞬)'이라는 한자는 초등학생에게 너무 어렵지 않은가?", "외래어 이름이 더 임팩트가 있지 않은가?" 등 부정적인 의견이 있었다. 하지만 A씨는 '슌소쿠'라는 이름을 고집했다. 팀원들과 함께 반대하는 임원들을 만나 "양보할 수 없습니다"라고 강하게 주장하고 밀어 붙였다.

A씨는 팀 내에서 의논을 거듭한 소중한 이름을 고집했기 때문에 '슌소쿠'가 대히트 상품이 됐다고 믿는다.

과장은 '과'라는 팀의 힘을 최대한 이끌어내야 한다. 부하의 능력과 의욕은 다양하다. 개개인의 능력과 특성을 파악하고 적재적소에 배치해 활용해야 한다. 과는 단순한 사람의 '모임'이 아닌 하나의 팀으로서 생각을 공유하고 그 기능을 다해야 한다. 일체감을 조성하고 서로의 업무에 관심을 갖고 협력한다. 이를 위해서는 과장이 직접 '마음'을 논하고 '마음'을 고집하는 것이 중요하다. 자신의 '분신'을 만들고 업무를 맡기고 육성하는 것이 과장의 책무이기도 하다.

제6의 힘 견디는 힘

미니 사례 ❻

깜깜무소식이던 '아미노콜라겐'이 히트를 친 이유

대히트 상품이 된 '아미노콜라겐'이지만 출시 초반에는 그다지 반응이 없었다. 첫해의 매출은 수천만 엔 정도였기 때문에 B씨도 '이건 실패인가…' 하고 좌절했다고 한다.

이 때 담당 임원에게 불려가 "왜 저렇게 좋은 상품이 팔리지 않는 거야?", "대체 너는 뭘 하고 있어?", "어떻게든 히트 상품으로 만들어라"라고 혼이 났다고 한다.

B씨는 상품화로 만족하고 결과가 나지 않는 상황으로부터 도망치는 자기 자신에게 화가 났다. 그리고 새로운 판촉책과 상품 리뉴얼 등 수단을 가리지 않고 시도하기 시작했다. 착실한 노력 끝에 판매실적이 오르기 시작할 무렵, TV 광고라는 과감한 승부에 나섰다.

이 광고를 통해 상품 인지도는 급격히 상승했고 '아미노콜라겐'은 대히트 상품이 됐다.

창조나 변혁에는 벽이나 장애가 반드시 따른다. 벽에 부딪히기 때문에 '돌파'해야 한다. '돌파'에는 반드시 '끈기'가 필요하다. 벽에 부딪혔을 때야말로 승부에 나서야 할 시점이다. 철저하게 공을 들인다. 끈질기다 싶을 정도로 매달린다. 포기하지 않고 마지막까지 '견디는' 분위기를 과 내부에 조성해야 한다. 과장은 '행동'으로 모범을 보여야 한다. '돌파는 집착에서 비롯된다'는 사실을 솔선수범해서 보여주는 것이야말로 과장의 가장 큰 업무다.

3 CRAZY한 '0 → 1' 과장을 만들어라

▸▸▸ '살아 있는 회사'에는 '0 → 1' 과장이 반드시 존재한다

창조란 '0에서 1을 만들어내는 것'이다. 무에서 유를 창조하는 것이다. 황량한 대지를 갈고 씨를 뿌리고 물을 주고 잡초를 뽑은 끝에 과실을 손에 넣는 것은 엄청난 노력과 인내 그리고 지혜를 요구한다.

이러한 일을 해낼 수 있는 사람은 드물기 때문에 회사에는 매우 소중한 인재가 된다.

특히 과장 시절에 '0 → 1'을 경험한 인재는 향후 경영인재가 될 가능성을 갖추고 있다.

만일 좌절하거나 실패로 끝나도 창조에 도전하고 이런 역동성을 중간관리자로 근무하는 시기에 체험한다는 것은 무엇과도 바꿀 수 없는 재산이다. '살아 있는 회사'를 유지하기 위해서는 '0 → 1' 과장을 육성해야 한다.

물론 모든 과장이 '0 → 1' 인재가 되어야 하는 것은 아니다. 1에서 10을 키울 수 있는 사람, 10을 100으로 늘릴 수 있는 사람도 회사에는 필요하다. 각각의 능력과 특징을 살린 인재 포트폴리오를 작성할 수 있게 되면 회사는 지속적으로 발전하고 성장할 수 있다.

문제는 조직이 발전하고 성공할수록 '0 → 1' 과장이 탄생하기 어려워진다는 점이다.

현재의 성공에 매달려 어느새 모두가 리스크를 감수하려 하지 않는다. 이것이야말로 회사의 노화현상이 시작되었다는 징조다.

'0 → 1'이란 상식에 대한 도전이다. 지금까지의 상식을 부정하고 과감하게 도전하려고 하는, 어떤 의미에서는 CRAZY한 시도다.

99%의 사람이 반대해도 1%의 가능성에 걸고 도전하려는 야심 넘치는 과장을 용인하는 회사는 '살아 있는 회사'다.

'HUNGRY & CRAZY한 과장'이 있는가?

그것이 바로 회사의 '생명체'로서의 가치를 결정한다고 해도 과언이 아니다.

▸▸▸ '0 → 1' 과장을 육성하는 세 가지 요령

그러면 어떻게 해야 '0 → 1' 과장을 육성할 수 있는가? 그 요령은 다음의 세 가지다.

❶ 꿰뚫어보다

'0 → 1' 인재는 매우 희소성이 높다. 모두가 도전과 창조를 원하지만 실제로 그 어려운 과정을 견딜 수 있는 인재는 그리 흔치 않다.

입사 후 10년이 지나면 그 업무를 통해 '0 → 1' 인재의 가능성을 알아볼 수 있다.

얼마만큼 용기가 있는지, 얼마만큼 도전을 즐기는지, 얼마만큼 과정을 통해 학습하는지, 얼마만큼 사람을 끌어들일 수 있는지… 창조에 필요한 자질과 마인드를 올바로 파악해야 한다.

발굴한 '0 → 1' 인재는 조기에 창조 업무에 배치해야 한다.

다른 인재들과의 균형도 배려해야 한다. 설령 20대나 30대라 해도 '0 → 1' 과장으로 등용해 도전과 창조의 경험을 이른 단계에서 축적할 수 있도록 해야 한다.

20대 때는 '0 → 1' 인재로 여겨지던 사람이 다른 사람들과 '공평'하게 취급된 결과 10년 후에는 '평범한 사람'이 되어 버린 사례를 나는 많이 보았다. 이는 '보물을 가지고도 썩히는 꼴'이다.

다시 한번 말하지만 '0 → 1' 인재는 매우 희소성이 높다.

그들이 회사의 미래를 창조한다. '0 → 1' 인재를 꿰뚫어보고 등용하는 것은 경영층의 책무다.

❷ 단련하다

등용한 '0 → 1' 인재에게는 연속적인 '아수라장의 경험'을 쌓게 해야 한다. 도전과 창조를 할 수 있는 기회와 권한을 부여하고 실천을 통해 단련시켜야 한다.

'0 → 1' 인재는 아수라장을 거치며 한 꺼풀 벗겨진다.

하나의 도전을 마쳤다고 해서 그 자리에 안주하게 두어서는 안 된다. 바로 다음 도전의 장을 마련해 '터프한 마음'을 단련시키는 것이 중요하다.

양품계획의 가네이 마사아키 회장은 이렇게 말한다.(3)

"젊은 시절부터 우수하고 눈에 띄는 사람이 있지만 그 중에는 콧대만 높아져서 소중한 기회를 놓치는 사람도 있습니다. 그렇기 때문에 우수하다고 응석을 받아주는 것보다 젊은 시절부터 어려운 환경에서 많은 경험을 쌓게 하는 것이 매우 중요하다고 생각합니다. (중략) '또 이렇게 어려운 업무야?'라고 본인은 생각할지 모르지만, 30대 중반에서 40대 초반 사이에 겪는 고생이 지니는 의미는 역시 크지요."

최고 경영자가 직접 관여하는 업무나 회사 전체가 관여하는 프로젝트를 맡기는 것도 좋은 방법이다.

경영자의 시선과 시야를 체험시켜 향후 경영인재로 육성시킨다는 것을 의식해야 한다.

③ 발탁하다

경험을 쌓고 실적을 낸 '0 → 1' 과장은 연령과 상관없이 부장 · 집행임원 · 이사로 조기에 발탁해 등용해야 한다.

도전과 창조의 중요성이나 소중함을 체감한 젊은 힘을 경영에 살려 회사에 끊임없이 '새로운 숨결'을 불어넣어야 한다.

양품계획은 40대 초반의 '0 → 1' 인재 세 명을 한번에 이사로 발탁해 해외사업을 단기간에 회사의 중추로 발전시켰다. 이들은 회사의 미래를 창조하는 업무를 등에 업고 서로 경쟁하며 엄청난 속도로 성장하며 회사를 이끌고 있다.

'0 → 1'이란 'DAY 1'이다.

'무'의 가능성을 체감한 인재가 리더의 자리에 있기 때문에 회사는 '살아 있는' 상태를 유지할 수 있는 것이다.

제10장

경영자의 일이란 무엇인가

1 ‘리더십’이란 일

▸▸▸ 직원 모두를 ‘주인공’으로 만든다

이 책의 가장 큰 명제는 어떻게 하면 ‘살아 있는 회사’를 만들 수 있는가, 어떻게 하면 ‘살아 있는 회사’를 유지할 수 있는가이다.

‘열’ · ‘이’ · ‘정’이라는 세 가지 조건을 충족하면 ‘살아 있는 회사’가 될 수 있다. 그러면 회사의 목적인 ‘가치창조’를 끊임없이 해낼 수 있다.

해야 하는 일은 명백하다. 하지만 실현은 쉽지 않다.

회사의 리더인 경영자가 전심전력을 다해 노력하지 않으면 ‘살아 있는 회사’가 될 수 없다.

여기서 말하는 경영자란 사장이나 CEO 등 최고 경영진을 의미한다. 경영자에게 생기가 넘치면 회사도 생기가 넘친다. 경영자가 죽어 있으면 회사도 죽는다.

부사장에서 사장으로 승진한 사람과 이야기를 나누면 모두가 이구동성으로 같은 말을 한다.

“사장의 책임이 무겁다는 사실은 잘 알고 있었다. 하지만 실제로 그 입장이 되어보니 아무것도 모르고 있었다는 사실을 깨달았다. 부사장과 사장은 하늘과 땅 차이이다. 사장은 절대적 자리이며 결코 도망칠 수 없다.”

‘살아 있는 회사’는 경영자 한 사람에게 의존하지 않는다. 직원 한 명 한 명이 각자의 위치에서 자신의 역할을 다한다. 마치 세포가 하나하나

살아 있는 것처럼 말이다. '살아 있는 회사'는 직원 모두가 '주인공'이다.

하지만 이런 조직을 만들기 위한 리더십은 경영자만이 발휘할 수 있는 것이다.

직원 모두를 '주인공'으로 만들기 위해 경영자는 어떤 '일'을 해야 하는가? 이것이야말로 경영자에게 가장 중요한 테마다.

▸▸▸ 경영자는 '네 가지 일'을 해야 한다

'살아 있는 회사'를 유지하기 위해서 경영자가 해야 하는 '일'이란 무엇인가? 그 일은 다음 네 가지로 집약시킬 수 있다.

❶ 선동자(agitator)

회사의 목적과 목표를 당당히 제시하고 직원들을 선동하며 힘차게 고무시킨다.

❷ 나침반(compass)

목적달성을 위해 구체적이고 현실적인 길을 제시한다.

❸ 지휘자(conductor)

전 직원을 하나로 통솔해 훌륭한 하모니를 만들어낸다.

❹ 연출가(producer)

직원들이 자율적으로 행동하는 구조와 장치를 강구하고 전 직원을 '주인공'으로 만든다.

이 네 가지 업무의 밸런스는 회사의 성장단계, 규모, 경쟁환경 등에 따라 크게 달라진다.

초창기에는 당연히 '선동자'와 '나침반'의 업무가 매우 중요하다.

회사의 기반이 어느 정도 다져진 후에는 '지휘자'로서 전체를 통솔하는 업무가 중요해진다.

그리고 회사가 안정기에 접어들면, '연출가'로서 직원들을 위한 '무대장치'를 마련하는 역할이 요구된다. 동시에 다음 성장을 위해 '선동자'와 '나침반'의 업무도 병행해야 한다.

이 네 가지는 어디까지나 '일'이며 리더십의 '스타일'이 아니다. '스타일'은 당연히 개인의 특징이나 특성에 따라 개성이 있지만 리더가 해야 하는 '일'은 동일하다.

경영자는 회사의 상황에 따라 지금 요구되는 '일'을 바르게 인식하고 실행해야만 한다. 경영자가 적시에 적절한 '일'을 하지 않는 회사는 '살아 있는 회사'가 될 수 없다.

▸▸▸ 카리스마는 필요없다

리더십을 논할 때 카리스마에 관한 논의가 반드시 뒤따른다.

물론 카리스마적인 리더가 존재하는 회사는 화제성이 있고 존재감이 있다.

하지만 직원 모두를 '주인공'으로 삼고자 할 경우 카리스마는 반드시 필요한 조건이 아니다. 오히려 카리스마가 '살아 있는 회사'의 방해요소가 될 수도 있다.

드러커는 "카리스마성은 리더로서의 성과를 보증하는 것이 아니다"라고 했으며 "카리스마성이 리더를 파멸시킨다"라고 지적하기까지 했다.

양품계획의 가네이 마사아키 회장은 "리더가 카리스마가 되는 것이 아니라 사상이 카리스마가 되어야 한다"고 말한다.

'무인양품'이라는 흔들림 없는 사상이야말로 결정적으로 소중한 것이고 "경영자가 개인의 '표지'를 나타내는 것은 좋지 않다"고도 말한다.

기업은 오래도록 이어져야 한다. 카리스마성으로 한때 영화를 누린다 해도 그 영화가 영원히 계속되리라는 보장은 없다.

하지만 사상은 남길 수 있다.

보편적이고 공감성이 뛰어난 사상을 구현하고 계승할 수 있다면 '살아 있는 회사'를 유지할 수 있다.

다음 절 이후에서는 경영자가 해야 하는 '네 가지 일'의 구체적인 내용에 관해 생각해 보고자 한다.

2 경영자는 '선동자'가 되어야 한다

▸▸▸ 경영자만이 '깃발'을 세울 수 있다

경영자의 첫 번째 일은 '선동자(agitator)'로서 조직을 이끄는 것이다. 조직의 선두에 서서 목적과 목표를 뜨겁게 이야기하고 직원들을 고무시켜야 한다.

회사에는 '깃발'이 있어야 한다. '깃발'이 없으면 회사라 부를 수 없다.

그렇다면 누가 '깃발'을 세워야 하는가? 바로 경영자다.

'깃발'을 세운다는 '일'은 경영자만이 할 수 있는 것이다. '회사의 목적'을 이야기하고 '회사의 목표'를 정하는 것은 경영자의 가장 중요한 '일'이다.

'깃발'을 세운다는 것은 목적과 목표를 정하는 것만이 아니라 직원들에게 의욕을 심어주고 실현을 향해 갈 수 있도록 하는 것이다.

즉, 경영자는 '선동자'가 되어야 한다. 회사의 리더로서 '깃발'을 높이 들고 직원들을 힘차게 선동해야 한다.

혼다 소이치로는 귤상자 위에 올라서서 우승을 목표로 TT 레이스에 출전하겠다고 당당하게 선언했다.

이 때 소이치로는 명백한 '선동자'였다. 연이은 적자로 사기가 떨어진 현장 직원들에게 큰 목적과 목표를 제시하고 힘을 모았다.

경영자가 항상 직원들을 선동해야 하는 것은 아니다. 새로운 일을 시작할 때, 위기에 처했을 때, 큰 변화가 요구될 때야말로 '선동자'로서의 경영자의 일이 중요하다.

평소에는 조용한 경영자가 정말 힘을 내야 할 때 직접 '깃발'을 들고 흔든다. 이 모습을 본 직원들은 사기가 오른다. 경영자는 선동할 기회와 시기를 냉정하게 판단해야 한다.

▸▸▸ 비전은 독창적일 필요가 없다

'깃발을 세운다'고 하면 독창적이고 야심 있는 '깃발'을 세워야 한다고 생각하기 쉽다. 물론 누구도 생각하지 못할 독창적인 '깃발'을 세우는 것을 부정하지는 않는다. 하지만 '깃발'의 독창성과 성공 확률 사이에 반드시 상관관계가 있는 것은 아니다. 드러커는 이렇게 지적한다.(1)

"상상력이 풍부한 비전이 더 성공할 확률이 높은 것은 아니다. 평범한 비전이 성공하는 경우가 더 많다."

페이스북의 저커버그는 회사의 기본방침을 '연결하다'에서 '연대를 강화하다'로 변경했다. 양쪽 다 페이스북답지만 비슷한 이념이나 비전을 내거는 회사는 이 외에도 많다.

설령 일반적이고 평범해 보이는 '깃발'이라 해도 경영자가 진심을 담으면 '깃발'은 열을 띤다.

▸▸▸ 경영자가 진심이면 직원은 따라온다

나는 비전이 평범해도 경영자가 진심으로 비전을 이야기하면 직원들이 따라온다는 것을 실제로 체험했다. 내 이야기를 하자니 부끄럽지만 잠시 들어주길 바란다.

2000년에 롤랜드버거의 일본법인 사장에 취임한 나는 직원들을 고무시키기 위해 어떤 '깃발'을 세울지 고심하고 있었다.

내가 입사했을 당시의 직원 수는 겨우 10명에 불과했다. 누가 봐도 미미한 존재였다. 내 입사 전후로 그만둔 사람도 많았다.

자신감을 잃고 불안해하는, 앞날이 캄캄한 직원들이 신임 사장인 내가 어떤 비전을 내놓을지 주목하고 있었다. '다른 컨설팅회사와는 차별화된 독특한 비전을 내놓지 않을까?'라고 기대하는 사람도 있었다. 하지만 나는 평범한 직구로 승부에 나서기로 했다.

"일본에서 세 손가락 안에 드는 경영 컨설팅회사가 되겠다"고 큰소리를 친 것이다. 이 선언은 언젠가 맥킨지나 보스턴 컨설팅그룹이라는 양대 컨설팅기업과 어깨를 나란히 하겠다는 말이었다.

당시 회사의 실력으로 보자면 '천지차이'였지만 나는 진심이었다. 아직 역량은 부족하지만 모두가 머리를 맞대고 노력을 거듭하면 반드시 그렇게 되리라 믿었다.

내가 내건 '깃발'은 나름대로 위력을 발휘했다. 처음에는 반신반의하던 직원들도 내 진심을 이해하고 함께 땀을 흘리기 시작했다. 일본을 대표하는 일류 클라이언트로부터 의뢰가 들어오기 시작했고, 직원들은 차츰 내가 내걸었던 '깃발'이 꿈같은 이야기가 아니라는 사실을 실감했다.

이 '깃발'에 공감한 우수한 컨설턴트들이 다른 컨설팅회사를 그만두고 참여하기 시작했다.

여전히 실력은 부족하지만 이 '깃발'을 내걸었기 때문에 우리는 도전자로서 양대 컨설팅기업과 맞설 수 있게 됐다.

3 경영자는 '나침반'이 되어야 한다

▸▸▸ '지도'가 없기 때문에 '나침반'이 반드시 필요하다

경영자의 두 번째 '일'은 경영자 스스로가 '나침반(compass)'이 되어 나아가야 할 길을 명확하게 제시하는 것이다.

도요타의 도요타 아키오 사장은 자동차 업계의 현재 상황을 '지도 없는 싸움'이라고 표현했다.

이는 자동차 업계에 국한된 이야기가 아니다.

'VUCA'라 불리는 불안정하고 앞이 보이지 않는 경영환경, 기존 업계의 벽을 초월한 메가컴피티션(Mega-Competition, 대경쟁)의 도래 등 '지도'가 없는 상황 속에서 회사는 지속적으로 성장하고 발전해야 한다.

이럴 때일수록 경영자 스스로가 '나침반'이 되어 나아가야 할 길을 제시해야만 한다. 아무리 목적지를 제시해도 그곳에 도달하기 위한 길과 진로를 제시하지 못하면 배는 길을 잃고 만다.

진로 결정은 합리적이고 현실적이어야 한다.

회사의 강점과 약점을 냉정하게 객관적으로 파악하고 사실이나 숫자로 증명되는 '이론'적인 판단과 결단을 해야 한다.

▸▸▸ 가야 할 길을 제시해 단토쓰 경영을 실현한 고마쓰

'나침반'의 중요성은 고마쓰의 재생 사례에서 여실히 드러난다.

2001년 미국에서 9.11 테러가 발생했다. 그 전년에는 IT 거품이 터져 세계경제는 혼돈상태였다.

이런 환경 속에서 사카네 마사히로 씨는 고마쓰의 사장으로 취임했다.[(2)]

건설기계 업계도 전 세계적으로 침체된 상태였다. 일본 국내시장의 상황은 저조했고 중국 등 신흥시장의 상황도 미지수였다.

고마쓰는 2002년 3월기에 130억 엔의 영업적자, 800억 엔의 순손실을 기록했다. 이 적자사태는 사카네 사장이 성역 없는 '구조개혁'을 추진하겠다고 선언하는 계기가 됐다.

이 때 사카네 사장이 나아가야 할 길로 제시한 것이 '강점을 키우고 약점을 개혁한다'는 사고방식이었다. 이 사고방식이 바로 고마쓰의 재생을 실현하기 위한 굵직한 '나침반'이 됐다.

먼저 착수한 것은 내부 약점 극복이었다.

사카네 사장은 사실을 꼼꼼히 파악해 적자의 진짜 원인을 찾아냈다. 원인을 모르면 구조개혁 방침을 내놓을 수 없기 때문이다.

전 세계에 있는 고마쓰 공장의 실력을 비교해 변동비용 부문을 따져보니 일본 국내 공장만으로도 충분히 경쟁력이 있다는 사실이 드러났다. 일본 국내 생산비용이 비싸다는 것은 착각에 불과했다.

적자의 근본적인 원인은 고정비용이었다. 공장이나 개발 부문은 경쟁력이 충분하지만 높은 고정비용이 짐이 되어 적자를 낸 것이다.

그리하여 사카네 사장은 1회 한정이라는 조건부로 지금까지 금기시되었던 고용 부문을 개혁하겠다는 결단을 내렸다.

희망퇴직 신청을 받고 자회사로 파견된 직원들을 전적(轉籍)시켰다. 이를 통해 2001년부터 1년 반 사이에 약 400억 엔에 달하는 고정비를 삭감했다.

또한 자회사의 통폐합이나 비전략 부문 매각 등도 실시했다. '약점을 극복하면 고마쓰를 반드시 재생시킬 수 있다'는 강한 신념이 있었다.

한편, 강점을 키우는 일에도 주력했다. 그 대표적인 예가 '단토쓰 · 프로젝트'라 불리는 신상품 개발이다.

앞서 말했듯이 자신의 특기 분야를 철저히 키워서 라이벌이 따라잡을 수 없는 '단토쓰 상품(역주: 단토쓰는 최선두를 의미)' 개발에 착수했다.

이렇게 합리적인 골조를 세운 덕에 고마쓰의 수익성은 시간이 지날수록 높아졌다. 그리고 최대 라이벌인 캐터필라와 어깨를 나란히할 정도의 수익성을 내기에 이르렀다.

고마쓰는 사카네 사장이 제시한 굵직한 '나침반' 덕분에 살아났다.

4 경영자는 '지휘자'가 되어야 한다

▸▸▸ 모두를 통솔해 창조를 실현한다

경영자의 세 번째 '일'은 회사의 '지휘자(conductor)'로서 직원들의 능력을 최대한 끌어내고 그 힘을 하나로 통솔해 조직의 힘으로 바꾸는 것이다.

최근 미국에서는 '오케스트라 형식' 매니지먼트라는 개념이 주목을 받고 있다.

지금까지와 같은 '톱다운 형식'의 강력한 리더나 카리스마형 리더의 시대는 끝을 맞이했다. 전 세계적으로 요구되는 리더는 지휘자로서 직원들의 개성이나 전문성을 살리고 동시에 직원들이 하나의 팀으로서 기능을 다할 수 있도록 만드는 사람이다.

지휘자는 '오케스트라'라는 '공동체'의 리더다. 고도의 전문가 집단인 오케스트라를 하나로 통솔해 음악이라는 감동을 창조한다.

베를린 필하모니 관현악단 등 세계 일류 오케스트라를 지휘해 온 사도 유타카 씨는 이렇게 말한다.(3)

"지휘자는 오케스트라 중에서 유일하게 소리를 내지 않는 음악가다. 그런 지휘자의 지휘에 따라 연주자가 현을 움직이거나 숨을 내쉬고 악기를 두드리거나 목소리를 낸다. 이로 인해 공기가 진동해 사람의 고막을 울리고 사람의 마음을 흔든다. 감동이 탄생한다. 즉, 음악이란 기호에 불과한 악보를 구체적인 공기의 진동으로 바꿔 사람들에게 감동을 주는 예술이다."

음악가의 일은 감동을 창조하는 것이다. 경영자의 일은 가치를 창조하는 것이다.

양쪽 모두 지휘자나 경영자 혼자서는 창조를 실현할 수 없다. 창조에 참여하는 모든 사람들을 통솔하는 역량이야말로 경영자에게 요구되는 것이다.

▸▸▸ '전체적인 하모니를 어떻게 만들어낼 것인가'가 묘미다

지휘자는 소리를 내지 않는다. 그러면 지휘자의 '일'은 구체적으로 어떤 것인가?

사도 유타카 씨는 지휘자라는 '일'의 본질에 대해 이렇게 지적한다.(4)

"지휘자는 지휘를 해서 그 장소의 '기(氣)의 덩어리'를 움직인다. 궁극의 지휘법이란 기를 컨트롤하는 것이다. 소리는 단순한 공기의 진동이다. 하지만 이 소리가 사람의 생각에 따라 울릴 때 비로소 음악이 된다."

지휘자로서 탁월한 수완을 발휘하고 있는 경영자의 좋은 예시가 SOMPO홀딩스의 사쿠라다 켄고 CEO다.

SOMPO와 같은 거대한 조직을 한 명의 지휘자가 통솔하기는 어렵다.

그렇기 때문에 사업 오너 제도를 도입하고 네 개의 핵심사업에 사업 오너를 임명해 큰 권한과 책임을 부여했다. 또한 그룹 전체를 관통하는 기능으로 C×O 제도를 도입해 그룹 전체를 파악하는 CFO, CIO 등의 역할을 명확히 했다.

그룹 CEO는 사업 오너와 C×O를 지휘한다. CEO와 사업 오너, C×O

의 생각이 하나가 되어 '기의 덩어리'가 생성되면 그룹 전체를 바른 방향으로 이끌어갈 수 있다.

그리고 각 사업의 오너, C×O는 자신의 위치에서 지휘자로서 자신의 팀을 통솔한다.

소리를 연주하는 것은 어디까지나 연주자들이다. 지휘자는 소리를 낼 필요도 없고 소리를 내서도 안 된다.

훌륭한 하모니를 어떻게 만들어낼 것인가?

이것이야말로 경영자의 '지휘자'로서의 '일'이자 묘미다.

5 경영자는 '연출가'가 되어야 한다

▸▸▸ 현장을 '주인공'으로 만들고 조명을 비춰라

경영자의 네 번째 '일'은 무대 뒤편의 '연출가(producer)'다.

지금까지 이야기한 '선동자' · '나침반' · '지휘자'는 모두 무대 위의 일이다.

하지만 뛰어난 경영자를 보면 직원들을 '무대'에 세우고 직원들을 '주인공'으로 만든다. 자신이 '주인공'이 되는 것이 아니라 무대 뒤편에서 무대를 연출하는 '일'을 수행하는 능력이 뛰어나다.

직원들을 위한 '무대'를 마련하거나 구조나 장치 등의 '대도구'를 준비하고 직원들에게 '조명'을 비추는 등 연출가의 '일'을 매우 소중히 여긴다.

탁월한 '현장력'을 자랑하는 회사에는 반드시 '뛰어난 연출가'가 존재한다. '현장력'은 자체적으로 생성되는 경쟁력이 아니다.

경영자가 현장을 '주인공'으로 만들고 평소에는 조명이 닿지 않는 현장을 전면에 내세워 잠재능력이나 의욕을 끌어낸다.

가치창조를 담당하는 곳은 현장이다. 현장이야말로 가치를 창조하는 당사자이며 우위성의 원천이다.

하지만 현장의 잠재력을 방치하면 잠든 채로 끝나고 만다.

현장을 각성시키고 잠재력을 최대한 끌어내 이를 경쟁력 수준까지 끌어올리기 위해서는 경영자가 뛰어난 '연출가'가 되어야 한다.

▸▸▸ 철저히 배후 역할에 집중해라

그렇다면 '지휘자'와 '연출가'는 어떻게 다른가?

'지휘자'는 직접 무대 위에 선다. 소리를 내지는 않지만 틀림없이 소리를 내는 음악의 일부다.

이에 반해 '연출가'는 무대에 서지 않는다. 무대 옆이나 객석 뒤편에서 무대 전체를 내려다보며 좋은 무대를 만들기 위한 배후 역할의 '일'에 집중한다.

'연출가'는 시야가 넓어야 한다. 항상 전체를 보고 어떻게 하면 좋은 방향으로 갈 수 있을지 생각하고 필요한 시책을 강구해야 한다.

무대와 대도구를 준비하고 배우와 감독을 선정하고 티켓도 판매한다. 직접 무대에 서거나 스포트라이트를 받지는 않지만 무대의 모든 책임은 '연출가'에게 있다.

배우가 좋은 연기를 한다. 대도구나 조명이 장인정신으로 무대를 완성시킨다. 관객이 기립박수를 치며 흥분한다…

감동을 창조하고 다른 이들에게 감동을 주고 이를 통해 자신도 감동한다.

이것이야말로 '연출가'의 묘미이며 가장 큰 기쁨이다.

▸▸▸ 사람을 치켜세워 힘을 끌어내는 마술사가 되어라

하버드경영대학원의 교재로 채택될 만큼 주목을 받고 있는 청소회사 JR동일본 테크노하트TESSEI에는 전무이사 야베 데루오 씨라는 비범한 '연출가'가 있었다.

야베 씨는 모회사인 동일본에서 TESSEI로 부임했다. 이때까지 철도의 안전을 담당하는 업무가 메인 커리어였던 야베 씨에게는 청소회사로의 전출은 마치 청천벽력과도 같았다.

당시의 TESSEI는 JR동일본그룹 내에서도 그다지 소문이 좋지 않았다.

야베 씨는 '또 고생을 해야 하나…' 싶어 우울했다고 본심을 토로했다.

하지만 현장에서 매일 성실하게 청소 업무를 수행하는 '아주머니'와 '아저씨'들의 모습을 보고 야베 씨는 '이 사람들은 더 큰일을 할 수 있다'고 생각하기 시작했다.

그리고 다양한 장치와 구조를 연달아 강구했다.

더운 현장 휴게실에 에어컨 설치, 제복의 재검토, 파트 타임 직원의 시급 인상, 정규직 등용제도 재검토, 현장의 좋은 노력을 칭찬하는 제도의 도입, 현장에서 나온 제안의 적극적 활용…

야베 씨는 현장의 잠재력을 믿고 그 능력을 끌어내기 위한 구조나 장치를 생각하고 실현시켰다. 야베 씨는 이렇게 말한다.(5)

"사람을 바꾸는 것보다 현장을 바꾸는 것이 빠르다."

환경을 바꾸면 사람은 바뀐다. 그리고 이 환경을 조성하는 것이 '연출가'로서의 경영자의 '일'이다.

'연출가'란 구조나 장치를 통해 직원들에게 의욕을 불어넣고 한 사람 한 사람의 능력을 끌어내는 마법사다.

6 '살아 있는 회사'의 리더는 '불완전'하다

▸▸▸ '불완전한 리더'는 매력적이다

경영자의 '일'이 네 개나 된다는 사실에 마음이 무거워지는 사람이 있을지도 모른다. 물론 회사라는 '공동체'의 리더는 때에 따라 다양한 역할을 해내야 한다.

하지만 그렇다고 해서 반드시 경영자가 완벽한 인간이어야 한다는 것은 아니다. 신격화된 완전무결한 리더 없이는 '살아 있는 회사'가 될 수 없다는 것도 환상에 지나지 않는다.

오히려 '살아 있는 회사'의 리더는 '불완전'하다는 점이 중요하다.

불완전성이야말로 리더의 큰 매력이다. 모두가 '따르고 싶다'고 생각하는 매력적인 리더는 인간의 불완전성을 드러낸다.

압도적인 전략이나 결단력, 통솔력 등으로 부하를 매료하지만 한편으로는 인간적인 모습이나 자신의 약점, 미숙함을 숨기지 않고 드러낸다. 내 주위에 있는 '살아 있는 회사'의 경영자들은 불완전성을 무기로 삼는다.

"나는 만능이 아니다", "모두의 도움이 필요하다", "여러분과 함께 일하고 싶다" 등의 이야기를 때로는 명시적으로 혹은 암묵적으로 나타낸다. 사람들은 이런 꾸밈없는 모습에 공감하고 리더를 따르게 된다.

'생명체'로서의 회사를 이끄는 리더가 '생명체'로서의 자신을 드러낸다.

이것이야말로 '살아 있다'는 사실을 구현하는 진정한 리더십이다.

▸▸▸ 어째서 부하들은 야마구치 다몬을 따랐는가

비즈니스 리더는 아니지만 불완전성의 매력을 유감없이 발휘한 리더로 내가 꼽는 사람은 야마구치 다몬이다.

야마구치 다몬은 미드웨이 해전에 제2항공전대 사령관으로 참전한 군인이다. 야마모토 이소로쿠 등과 비교하면 지명도는 낮지만 현장이라는 '공동체'를 이끄는 리더로서 탁월한 리더십을 발휘했다.(6)

야마구치는 엘리트였다. 젊은 시절 미국의 프린스턴대학교로 유학을 떠나 국제적인 감각을 키웠다. 훌륭한 선견지명을 지닌 사람이었기 때문에 해군 전투의 주류가 항공전이 될 것이라는 점도 일찍부터 예견했다. 대국적인 시야로 미드웨이 작전 중지를 여러 번 상부에 요청한 것도 야마구치다.

그는 '한 척의 배는 운명 공동체다'라는 생각을 가지고 있었다. 모두가 하나가 되지 않으면 배는 생각대로 움직이지 않는다는 사실을 그는 알고 있었다.

그렇기 때문에 그는 젊은 병사에 이르기까지 모든 부하를 평등하게 취급했다. 배 가장 깊은 곳에 있는 기계실도 자주 방문해 부하들에게 편안하게 말을 걸었다.

그의 행동은 선내에 그치지 않았다. 배에서 내려 집으로 돌아갈 때는 가정부 몫까지 선물을 챙겼다. 그에게 있어 모든 사람은 평등했다.

한편, 그는 자신을 드러내는 것을 망설이지 않았다.

화를 잘 냈고 때로는 부하들을 윽박지르고 진심으로 소리를 질렀다. 걸핏하면 싸우고 상관에게도 반발했기 때문에 부하들도 가슴을 졸였다.

외모도 결코 스마트하지 않은 둥그스름한 체형이었다. 하지만 이러한 결점도 부하들에게는 야먀구치의 매력으로 느껴졌다.

야마구치는 자신을 잘 알고 있었다. 자신의 불완전성을 굳이 숨기지 않고 오히려 부하들이 보완하도록 하려는 생각이 있었던 것 같다.

하지만 리더로서의 야마구치는 결연했다.

미드웨이 작전에 반대해 여러 번 상부에 요청했음에도 불구하고 무모한 전투에 돌입한 후부터는 행동에 흔들림이 없었다. 하겠다고 결정한 이상 최선을 다하는 데 전력을 기울였다.

원하던 전쟁이 아니었다. 그리고 사람의 생명은 무엇보다 존엄하다.

하지만 여기서 이기지 못하면 장기적으로 더 많은 사람들이 생명을 잃게 된다. 그는 이러한 큰 시야를 가진 리더였다.

그리고 마지막에는 패배의 책임을 지고 항모 '히류(飛龍)'에 남아 배와 함께 태평양 깊은 곳으로 가라앉았다.

▸▸▸ 리더에게 요구되는 다섯 가지 자질과 행동방식

야마구치 다몬은 리더십의 한 가지 예시에 지나지 않지만, 거기에는 '살아 있는 회사'의 리더에게 요구되는 자질과 행동양식의 힌트가 숨어 있다. 이는 다음과 같은 다섯 가지로 집약된다.

❶ 시대를 앞서간다

세상을 항상 대국적으로 보고 반걸음 혹은 한 걸음 앞서서 생각하고 전략을 짜서 행동에 옮긴다.

❷ 긍정적이다

어떤 상황에서도 뒤돌아보지 않고 항상 긍정적으로 생각한다.

❸ 현장을 가까이한다

직접 3현주의를 실천하고 현장에 대한 존경을 몸으로 표현한다.

❹ 도망치지 않는다

하겠다고 결정하면 퇴로를 없앤다. 힘들 때일수록 리더가 도망치지 않는 모습을 보인다.

❺ 마지막을 책임진다

리더의 가장 큰일은 마지막에 책임을 지는 것이다. 리더가 최악의 사태를 각오하고 있다는 점이 부하들의 의욕에 더욱 불을 지핀다.

회사란 '공동체'다. 회사란 '생명체'다.

'살아 있는 회사'를 이끄는 리더에게 요구되는 것은 한 명의 벌거벗은 사람으로서 직원들과 마주하는 것이다.

7 경영자의 보수는 어떻게 해야 하는가

▸▸▸ 경영자의 '일'을 어떻게 보상해야 하는가

어떻게 하면 '살아 있는 회사'를 만들 수 있는지에 관해 길게 설명했다. 마지막으로 보수라는 '적나라한' 이야기를 할 필요가 있다.

일은 보람이 있어야 하고 한편으로는 생활하는 데 필요한 양식을 얻는 수단이어야 한다는 점도 현실이다. 공평하고 납득할 수 있는 보수체계를 확립하지 못하면 '살아 있는 회사'가 될 수 없다.

이러한 보수체계의 근본이 경영자의 보수다.

경영자의 '일'에 대해 어떤 기준으로, 어느 정도 수준의 보수를 지불할 것인가? 이것이 회사 전체의 보수체계에 대한 기본적인 사고방식을 정한다고 해도 과언이 아니다.

최근 많은 일본 기업이 임원의 보수체계를 재검토하기 위해 움직이고 있다.

일본 기업의 임원보수는 오랫동안 고정보수와 퇴직위로금을 중심으로 구성되어 있었다. 하지만 해외투자자가 늘어남에 따라 불투명한 퇴직위로금에 대한 반대 목소리가 높아졌다.

이에 따라 고정보수와 실적연동보수를 조합해 임원의 보수를 정하는 회사가 늘어나고 있다. 단기간 업적에 따른 상여만이 아니라 중장기 기업가치에 연동하는 보수로 임원에게 자사 주식을 제공하는 주식보수도 확산되고 있다.

이러한 흐름 가운데 일본 기업의 임원보수는 상승되는 경향을 보인다.

윌리스타워스왓슨의 조사에 따르면, 매출 1조 엔 이상인 일본 기업의 CEO 보수 총액(2016년도)은 1.4억 엔(중간치)이다. 전년의 1.27억 엔에서 11.6% 증가했다.(7)

도쿄상공리서치의 조사에서는 1억 엔 이상의 보수를 받은 임원이 있는 기업(2017년 3월기 결산을 한 2,426개사 대상)은 221개사이며 인원은 457명이었다. 2010년에는 300명 미만이었기 때문에 1.5배 증가한 것이다.(8)

하지만 일본 기업의 임원보수는 세계 수준과 비교하면 여전히 낮은 편이다. 윌리스타워스왓슨에 따르면, 미국 기업 CEO의 임원보수 총액은 13.1억 엔이며 독일기업은 6억 엔으로 일본보다 훨씬 높다.

임원보수가 늘어나는 것은 결코 나쁜 것이 아니다. 실적과 연동해 임원의 보수가 올라가면 직원들의 보수 수준도 확실히 상승한다.

또한 일본 기업이 치열한 국제경쟁에서 살아남으려면 현재 보수 수준으로는 시장가치가 있는 우수한 인재를 확보할 수 없다.

미국의 수준은 너무 동떨어져 있기 때문에 일본 기업이 참고하기는 어렵지만 세계와 충분히 어깨를 나란히할 만큼의 보수체계 정비가 필요하다는 것은 틀림없는 사실이다.

▸▸▸ 경영자의 보수를 정하는 두 가지 관점

경영자나 임원의 보수에 관한 사고방식이나 수준은 각 회사에 따라 크게 달라진다.

"경영자의 보수는 이러해야 한다"라는 획일적인 토론은 의미가 없다.

하지만 경영자의 보수를 생각하는 데 빼놓을 수 없는 관점은 반드시 존재한다. 이는 다음의 두 가지라 할 수 있다.

❶ '미래의 책임에 대한 보수'로서 적당한가

첫 번째 관점은 '미래의 책임에 대한 보수'여야 한다는 점이다.

경영자뿐만 아니라 향후 보수체계의 기본은 실적연동이다.

실적에 따라 보수가 변동하는 것은 어찌 보면 당연하다. 특히 '기업의 가치를 높인다'라는 책임이 있는 임원은 고정부분 비율을 줄이고 실적연동 비율을 늘려야 한다.

하지만 최고 경영자에게는 더욱 중대한 '일'이 있다. 그것은 '미래에 대한 책임'이다.

한 해의 실적을 개선하는 데 그치지 않고 10년 후, 20년 후를 내다보며 장기적이고 전략적인 포석을 얼마만큼 강구하고 있는가? 이것이야말로 최고 경영자만이 할 수 있는 가장 큰'일'이다.

경영자의 보수는 그 '일'의 가치에 걸맞아야 한다.

❷ '공동체 수장으로서의 보수'로 적당한가

두 번째 관점은 '공동체 수장으로서의 보수'를 책정해야 한다는 점이다.

'살아 있는 회사'란 '공동체'다.

단순한 '사교모임'이 아니라 연대감과 일체감을 최대한 활용해 가치창조를 가속시키는 '공동체'가 되어야 한다.

경영자는 그 '공동체'의 수장이며 경영자의 '업무'에 합당한 보수 수준을 고려해야 한다.

개인주의가 철저한 미국에서는 CEO의 보수가 10억 엔을 넘는 경우도 있지만 일본에서는 좀처럼 있을 수 없는 일이다. 직원들과 너무 동떨어진 보수 수준은 '공동체'의 질 자체를 훼손할 가능성이 있다.

일본과 비슷하게 공동체 의식이 강한 대부분의 유럽 기업이 미국 기업과 비교했을 때 경영자나 임원의 보수가 상대적으로 낮은 데는 이러한 이유가 있다. 그런 의미에서 볼 때 유럽 기업의 보수 수준은 일본 기업이 벤치마킹하기에 적절하다 할 수 있다.

중요한 것은 경영자뿐만 아니라 모든 직원의 '업무'의 질과 가치를 공평하고 적절하게 평가하는 것이다.

'좋은 업무'를 제대로 평가해야 한다. 이는 '살아 있는 회사'를 유지하기 위한 필수조건이기도 하다.

제3부의 핵심

실천해야 하는 '10가지 기본원칙'

① 신진대사의 메커니즘을 도입한다.

–'기준'을 토대로 신진대사를 일상적인 것으로 만든다.

② '되고자 하는 모습'을 제시한다.

–회사의 '깃발'을 높이 내건다.

③ 굵직하고 단순한 '대전략'을 정한다.

–'흔들리지 않는 축'을 제시한다.

④ '필사적인 커뮤니케이션'을 위해 노력한다.

–'전달하는 것'이 아니라 '전달되는 것'을 마음에 새긴다.

⑤ 오거나이즈 · 스몰

–작은 팀을 많이 만든다.

⑥ '실천 컴퍼니'가 되어야 한다.

–작게 시작해서 크게 배운다.

⑦ '말하기 가능화'를 소중히 여긴다.

–자유롭게 무엇이든 '말할 수 있는' 회사가 되어야 한다.

⑧ 다 함께 좋은 '공기'를 만든다.

–좋은 직장환경을 정비한다.

⑨ 관리를 최소화한다.

–'자기관리'를 기본으로 삼고 지원을 강화한다.

⑩ 존경을 잊지 않는다.

–사람을 '비용'이 아닌 '밸류'로 인식한다.

'돌파하는 중간관리자'를 만든다

- ▶'살아 있는 회사'는 중간관리자가 창조와 변혁의 엔진이 되어 '미들업 · 미들다운' 기능이 작동하고 있다.
- ▶회사의 기본 조직단위인 '과'를 활성화시켜 '살아 있는 과장'을 육성해야 한다.
- ▶창조와 변혁의 주체인 과장에게는 '돌파력'이 요구된다. 돌파력은 ① '관찰하는 힘', ② '뛰는 힘', ③ '전달하는 힘', ④ '이탈하는 힘', ⑤ '통솔하는 힘', ⑥ '견디는 힘'으로 형성된다.
- ▶'살아 있는 회사'에는 0에서 1을 창조하는 '0 → 1' 과장이 존재한다. 이런 인재를 육성하기 위해서는 ① '꿰뚫어보다', ② '단련하다', ③ '발탁하다' 세 가지를 실천해야 한다.

경영자의 일이란 무엇인가

- ▶'살아 있는 회사'를 유지하기 위해서 경영자는 ① '선동자', ② '나침반', ③ '지휘자', ④ '연출가'라는 네 가지 '일'을 해내야 한다.
- ▶'살아 있는 회사'의 리더의 매력은 불완전하다는 점이다. 자신을 드러내고 포장하지 않는 모습이 공감을 형성하고 직원들을 따르게 만든다.
- ▶'살아 있는 회사'는 공평하고 납득할 수 있는 보수체계를 확립해야 한다. 이를 위해서는 ① '미래에 대한 책임', ② '공동체의 수장에게 합당한 보수'라는 두 가지 원칙을 바탕으로 경영자의 보수를 결정해야 한다.

맺음말

나이 들어 '생기가 없는 회사'는 더 이상 필요없다

이 책을 쓰기 위해 수십 권의 유명한 저서와 고전이라 불리는 경영서적 그리고 비즈니스 서적을 다시 천천히 읽어 보았다.

그러자 당연하게도 내가 생각하고 느끼고 믿고 있는 대부분의 것들이 이미 오래 전부터 많은 이들이 이야기해 온 것들이라는 사실을 다시금 깨닫게 됐다.

내가 이 책에서 전하고자 하는 것은 소위 말하는 당연하고 보편적이며 상식적인 것들뿐이다. 특별히 기발하거나 독창적인 이야기가 아니다. 지금까지 많은 이들이 끊임없이 이야기한 식견을 내 체험사례와 함께 '재편집'한 것에 불과하다.

만일 이 책에 특이한 점이 있다고 한다면, 그것은 회사를 '생물'로 인식하고 있다는 점일지도 모른다.

회사는 '생물'이다. 이런 이야기는 오래 전부터 있었다. '그럼 대체 회사라는 생물은 어떤 존재인가?'를 알아내고 싶다는 것이 내가 갖고 있던 문제의식이었다.

다행히도 내 주변에는 회사의 규모와 역사는 다르지만 '생명체'로서 반짝반짝 빛이 나는 '살아 있는 회사'가 여러 곳 있었다.

마더 하우스, 양품계획, SOMPO 등 미국 서해안에 위치한 회사들에게 지지 않을 만큼 열정이 넘치고 전략성이 뛰어난데다 직원들의 마음을 소중히 여기는 회사들을 가까이서 보아 왔다. 이 책을 쓰게 된 큰 동기는 이러한 '생명체'의 매력이나 본질, 공통점을 규명하고 싶다는 것이었다.

세상에는 회사를 '좋다' 혹은 '나쁘다'로 판단하려는 흐름이 있다. '좋다'는 것도 'good', 'great', 'excellent', 'admired' 등 다양한 단어로 표현된다.

솔직히 말하면 경영자에게는 그런 말장난은 아무런 의미가 없다. 'good'이나 'great'는 어디까지나 주위에서 본 비평가적 점수에 지나지 않는다.

진짜로 중요한 것은 회사의 규모나 역사, 수익성, 명성 등이 아니라 '생명체'로서의 빛, 즉 지금 이 순간 그 회사가 '살아 있는가' 혹은 '죽어 있는가'다.

안타깝게도 일본에는 '죽어 있는 회사'가 너무도 많다. 적자나 파산은 면했을지 모르지만 내 눈에 보이는 것은 '죽어 있는 회사'뿐이다.

눈앞의 실적만큼은 다행히 좋아 보일지 몰라도 실체는 '죽어 있는 회사'도 많이 알고 있다. 그런 회사는 자신의 회사가 '죽어 있다', '죽을 것 같다'는 사실을 자각하는 것부터 시작해야 한다.

나는 일본 기업의 창조성이 조금도 뒤떨어진다고 생각하지 않는다. 일본 기업은 지금까지 전 세계가 놀랄 만한 다양한 혁신을 이루어냈다.

문제의 본질은 '창조'가 아니라 '신진대사'가 매우 낮아 노폐물이나 군살이 많이 붙어 있다는 것이다. 신진대사의 중요성과 필요성을 깨달아야 한다.

개혁 · 변혁 · 재생 등 흔한 말은 아무런 소용이 없다.

지금 해야 하는 것은 과감한 신진대사다.

신진대사야말로 '살아 있는 회사'가 되기 위한 필수조건이며 창조로 가는 길이다.

지금 경영은 큰 전환점을 맞이했다.

AI, 빅데이터, IOT, 로보틱스 등 다양한 선진기술이 동시다발적으로 탄생해 지금까지의 기업전략이나 비즈니스 모델이 단번에 진부해지는 상황이다.

AI 활용이나 디지털화의 진보로 인해 기존의 사람들이 일하는 방식이나 역할도 크게 바뀌려 하고 있다.

노무라종합연구소가 일본 국내의 601종 직업에 대해 AI나 로봇 등으로 대체될 가능성이 있는 확률을 계산했다. 이 결과에 따르면, 10~20년 후에는 실로 49%나 되는 직업이 대체될 가능성이 있다고 한다.(1)

AI나 로봇을 위협으로 인식하며 노동자가 직업을 빼앗기게 될 것이라는 불안감이나 염려도 있다.

하지만 나는 사실 이러한 흐름이 경영에 있어 '살아 있는 회사'로 탈바꿈하기 위한 절호의 기회라고 생각한다.

기술의 발전은 우리에게 '인간이 해야 하는 일이란 무엇인가?', '인간만이 할 수 있는 일이란 무엇인가?', '인간의 가능성은 어디까지인가?'를 다시금 묻고 인간이 중심이 되는 회사로 되돌아가기 위한 기회를 제공하고 있다고 생각해야 한다.

정신과 사고와 신체가 하나가 되어 미래를 향해 나아간다. 인간성을 되찾는 것이야말로 '살아 있는 회사'가 되기 위한 필수조건이다.

디지털시대에 살아남는 회사는 사실 아날로그적인 회사다.

사람의 '마음'을 소중히 여기는 마음이 풍요로운 회사, 인간미 넘치고 어딘가 촌스럽지만 표정이 풍부한 회사, 즉 인간을 전면에 내세우는 '살아 있는 회사'야말로 디지털시대의 승자가 된다.

늙어서 생기를 잃은 회사는 더 이상 일본에 필요없다. 모든 일본 기업은 '살아 있는 회사'가 되어야 한다.

일본의 미래는 거기에 있다.

나는 1988년에 경영 컨설턴트라는 일을 시작했다. 올해는 30주년이라는 한 고비를 맞이하는 해다.

그리고 이 책은 30권째 단독저서다.

기념비적인 30주년에 불완전하지만 30번째 책을 남길 수 있었던 경험은 매우 감회가 깊다.

솔직히 이렇게 오랫동안 이 일을 할 수 있으리라고는 생각하지 않았다.

경영 컨설턴트는 '촉매'라는 매우 수수한 일이다. 회사의 변혁을 돕는 중대한 일이기는 하지만 화학반응이 일어나서 회사가 성장하고 재생궤도에 오르면 '촉매'는 더 이상 필요없다.

그럼에도 불구하고 '촉매에도 다섯 푼의 혼이 있다'는 마음을 품고 이 길을 걸어왔다. 다 세지 못할 만큼 많은 인연 덕분에 여기까지 겨우 올 수 있었다. 만났던 모든 분들에게 감사를 전하고 싶다.

이 책은 처음부터 동양경제신보사에서 출판할 생각이었다. 《경영자의 현장력》, 《미에루카 경영전략》, 《현장론》 등의 편집을 담당해 주신 나카자토 유고 씨의 적절한 조언에 감사드린다. 시간이 흘러도 함께 책을 만들 수 있다는 것이 무엇보다 큰 기쁨이다.

그리고 항상 책을 집필할 수 있는 환경을 마련해 주고 도표나 디자인에 관해서도 협력해 준 비서 야마시타 히로코 씨에게도 감사를 전한다.

일본에서 '살아 있는 회사'를 늘리기 위해 조금 더 힘을 내고자 한다.

2018년 1월

엔도 이사오

주석

머리말

(1) 나카가와 가즈마사(1987) 《뱃속 벌레》 주코(中公)문고

제1장

(1) 《니혼게이자이신문》 2017년 6월 18일
(2) 가고노 다다오(2010) 《경영의 정신》 세이산세이(生産性)출판
(3) 마쓰시타 고노스케(2001) 《꿈을 키우다》 닛케이비즈니스인문고
(4) 피터 드러커(2012) 《매니지먼트》 상, 다이아몬드사
(5) 노나카 이쿠지로(2017a) 《일본의 기업가 7 혼다 소이치로》 PHP연구소
(6) 《니혼게이자이신문》 2017년 8월 9일
(7) 《니혼게이자이신문》 2017년 6월 30일
(8) 《니혼게이자이신문》 2017년 7월 31일
(9) 에릭 슈미트/조너선 로젠버그/앨런 이글/래리 페이지(2014) 《구글은 어떻게 일하는가》 니혼게이자이신문출판사
(10) 노나카 이쿠지로(2017a)
(11) 《MISAKI News Letters》 Vol.8, 2017년 5월, 미사키투자주식회사
(12) 히로나카 헤이스케(2006) 《가변사고》 고분샤(光文社)
(13) 《DIAMOND Quaterly》 2016년 가을호
(14) 《DIAMOND Quaterly》 2017년 특별 편집호(제3호)

제2장

(1) 피터 드러커(2007) 《기업가 정신》 다이아몬드사
(2) 오구라 마사오(2003) 《해보면 알 수 있다, 하면 할 수 있다》 고단샤(講談社)

⑶ 《니혼게이자이신문》 2017년 6월 16일

⑷ 《니혼게이자이신문》 2017년 7월 19일

⑸ 사카네 마사히로(2017) 《단토츠 경영》 니혼게이자이신문출판사

⑹ 오구라 마사오(2003)

⑺ 노나카 이쿠지로(2017b) 《지적 기동력의 본질》 중앙공론신사(中央公論新社)

⑻ 톰 피터스/로버트 워터맨(2003) 《초우량기업의 조건》 에이지(英治)출판

⑼ 오구라 마사오(2003)

⑽ 《니혼게이자이신문》 2017년 7월 21일

⑾ 노나카 이쿠지로(2017a)

⑿ 《닛케이비즈니스》 2017년 8월 28일

⒀ 《니혼게이자이신문》 2017년 8월 9일

⒁ 《니혼게이자이신문》 2017년 6월 23일

⒂ 엔도 이사오/야마모토 다카아키(2011) 《디지털 단식》 니혼게이자이신문출판사

⒃ 엔도 이사오(2009) 《경쟁력의 원점》 PHP연구소

⒄ 《니혼게이자이신문》 2017년 6월 22일

⒅ 《Wedge》 2017년 7월호

⒆ 혼다 소이치로(2001) 《혼다 소이치로 꿈을 힘으로 삼아 내 이력서》 닛케이비즈니스인문고

제3장

⑴ 《DIAMOND Quarterly》 2014년 특별 편집호(제3호)

⑵ 미셸 알베르(2011) 《자본주의 대 자본주의》 다케우치(竹内)서점신사

⑶ 가고노 다다오(2014) 《경영은 누구의 것인가》 니혼게이자이신문출판사

⑷ 마에카와 마사오 《재기(再起) 일본!》 다이아몬드사

(5) 《이념과 경영》 2017년 7월호

(6) 가와무라 다카시(2015) 《더 라스트 맨》 KADOKAWA

(7) 《럭비 매거진》 2018년 2월호

(8) 혼다 소이치로(2001)

(9) 가고노 다다오(2010)

(10) 《DIAMOND Quarterly》 2017년 특별 편집호(제3호)

(11) 다쓰카와 쇼지(2010) 《기(氣)의 일본인》 소고샤(綜合社)

(12) 모리타 아키오(1987) 《MADE IN JAPAN》 아사히신문사

제4장

(1) 《Voice》 2017년 11월호

(2) 가고노 다다오(2010)

제5장

(1) 오카 기요시(2008) 《정서와 일본인》 PHP연구소

(2) 에릭 슈미트/조너선 로젠버그/앨런 이글/래리 페이지(2014)

(3) 《니혼게이자이신문》 2017년 6월 19일

(4) 데마치 유즈루(2011) 《청빈과 부흥 도코 도시오 100가지 말》 문예춘추(文藝春秋)

(5) 《니혼게이자이신문》 2017년 6월 24일

(6) 시미즈 가쓰히코(2017) 《리더의 기준》 닛케이BP사

(7) 시미즈 가쓰히코(2017)

(8) 《아사히신문》 2017년 6월 20일

(9) 《닛케이비즈니스》 2017년 5월 8일

(10) 엔도 이사오(2014a) 《현자의 리더십》 닛케이BP사

⑾ 《닛케이비즈니스》 2017년 8월 21일호
⑿ 《DIAMOND Quarterly》 2017년 특별 편집호(제5호)

第6장

(1) 혼다 소이치로(2001)
(2) 《이념과 경영》 2017년 10월호
(3) 톰 피터스/로버트 워터맨(2003)
(4) 《DIAMOND Quarterly》 2017년 창간 1주년 기념호
(5) 《주간 다이아몬드》 2016년 11월 19일호 등
(6) 《주가이제약주식회사 회사안내》
(7) 《월간 격류》 2017년 11월호 등
(8) 혼다 소이치로(2001)
(9) 프레드릭 윈슬로 테일러(2009) 《과학적 관리법》 다이아몬드사
⑽ 프레드릭 윈슬로 테일러(2009)
⑾ 마쓰이 다다미쓰(2013) 《무인양품은 90%가 구조다》 KADOKAWA
⑿ 샤를 에두아르 부에/엔도 이사오(2015) 《LFP》 PHP연구소
⒀ 엔도 이사오(2016) 《오능선 이야기》 PHP연구소
⒁ 엔도 이사오(2014b) 《현장론》 동양경제신보사

第7장

(1) 오카 기요시(2008)
(2) 오카 기요시(2008)
(3) 노나카 이쿠지로 감수(2009) 《조직은 사람이다》 나카니시야출판
(4) 피터 드러커(2001) 《매니지먼트》(에센셜판) 다이아몬드사
(5) 톰 피터스/로버트 워터맨(2003)

⑹ 모리타 아키오(1987)
⑺ 가고노 다다오(2010)
⑻ 오카 기요시(2008)
⑼ 엔도 이사오(2011) 《성장하는 회사가 흐름을 타는 법칙》 니혼게이자이신문출판사
⑽ 다오 마사오(1999) 《조직의 심리학》 유희카쿠(有斐閣)
⑾ 오카 기요시(2008)
⑿ 세토 가오루(2013) 《구로네코야마토의 '개성을 살리는' 업무론》 미카사쇼보(三笠書房)
⒀ 《니혼게이자이신문》 2017년 9월 26일
⒁ 엔도 이사오(2012) 《신칸센을 청소하는 천사들》 아사출판
⒂ 엔도 이사오(2013) 《미에루카》 우시오(潮出)출판
⒃ 가고노 다다오(2010)

제8장

⑴ 《Wedge》 2017년 10월호(사카모토 유키오와 대담 중에서)
⑵ 노나카 이쿠지로(2017a)
⑶ 혼다 소이치로(2001)
⑷ 《아사히신문》 2017년 9월 16일
⑸ 엔도 이사오(2014a)
⑹ 톰 피터스/로버트 워터맨(2003)
⑺ 야마나카 신야/히라오 세이지 · 게이코(2017) 《우정》 고단샤
⑻ 《닛신제강 CSR보고서 2017》
⑼ 노나카 이쿠지로(2017a)
⑽ 엔도 이사오(2010) 《미래의 스케치》 아사출판

(11) 《아사히신문》 2017년 8월 15일

(12) 엔도 이사오(2012)

(13) 콜린 파월/토니 콜츠(2012) 《콜린 파월의 실전 리더십》 아스카(飛鳥)신사

제9장

(1) 노나카 이쿠지로/엔도 이사오(2011) 《일본 기업에게 지금 중요한 것》 PHP연구소

(2) 엔도 이사오(2010) 《과장력》 아사히신문출판사

(3) 엔도 이사오(2014a)

제10장

(1) 피터 드러커(2012)

(2) 사카네 마사히로(2011)

(3) 사도 유타카(2017) 《봉을 휘두르는 인생》 PHP문고

(4) 사도 유타카(2017)

(5) 야베 데루오(2015) 《리더는 꿈을 논해야 한다》 PHP비즈니스신서

(6) 《역사가도》 2017년 8월호

(7) 《니혼게이자이신문》 2017년 7월 13일

(8) 《주간 아사히》 2017년 7월 14일

맺음말

(1) 《Newsletter MIRAI》 No.14, 2017년 10월, 미래를 만드는 재단

Dead or Alive

살아있는 회사 죽어있는 회사

초판 1쇄 인쇄 2019년 6월 10일
초판 1쇄 발행 2019년 6월 15일

발행인 박해성
발행처 (주)정진라이프
지은이 엔도 이사오
옮긴이 김지혜
출판등록 2016년 5월 11일
주소 02752 서울특별시 성북구 화랑로 119-8, 3층(하월곡동)
전화 02-917-9900
팩스 02-917-9907
홈페이지 www.jeongjinpub.co.kr

편집 김양섭·조윤수
기획마케팅 이훈·박상훈·이민희

ISBN 979-11-90027-01-4 *13320

• 이 도서의 국립중앙도서관 출판예정도서목록(CIP)은 서지정보유통지원시스템 홈페이지(http://seoji.nl.go.kr)와 국가자료공동목록시스템(http://www.nl.go.kr/kolisnet)에서 이용하실 수 있습니다. (CIP제어번호: CIP2019018998)
• 파본은 교환해 드립니다. 책값은 뒤표지에 있습니다.